beck ische reihe

b sr

Zwar geben die meisten Menschen an, am liebsten mit Partner und Kindern zu leben, die Realität sieht aber anders aus: Immer mehr Menschen leben, freiwillig oder nicht, allein. Für viele bedeutet Alleinsein nach wie vor Leiden und Entbehrung, eine steigende Zahl lebt hingegen «freiwillig und lustvoll» allein. Wie kommt es zu dieser Entwicklung? Wie gehen wir damit um? Welche Rolle spielt der gestiegene Erfolgsdruck für jeden Einzelnen und welche Rolle spielen die Frauen dabei, die weitaus häufiger den Männern den Laufpass geben als umgekehrt? Eine erfahrene Therapeutin und sensible Beobachterin analysiert Glück und Unglück einer neuen Lebensform.

Marie-France Hirigoyen ist eine der bekanntesten Psychotherapeutinnen Frankreichs. Ihr Buch *Masken der Niedertracht* war in Frankreich ein Bestseller, und die deutsche Ausgabe machte sie auch bei uns einem großen Publikum bekannt. Sie praktiziert als Psychoanalytikerin und Familientherapeutin in Paris.

Marie-France Hirigoyen

Solotanz – Anleitung zum Alleinsein

Glück und Unglück
einer neuen Lebensform

Aus dem Französischen
von Thomas Schultz

Verlag C. H. Beck

Titel der Originalausgabe:
Les nouvelles Solitudes
© Editions La Decouverte, Paris 2007

Für die deutsche Ausgabe:
© Verlag C. H. Beck oHG, München 2008
Gesamtherstellung: Druckerei C. H. Beck, Nördlingen
Umschlagentwurf: malsyteufel, willich
Umschlagabbildung: malsy
Printed in Germany
ISBN 978 3 406 57373 6

www.beck.de

Inhalt

Einleitung

Gern verlier ich mich in den Lichtern der Nacht.
Dort erfinde ich mir neue Einsamkeiten.
Neue Leben.
Wenn unsere Welt mich nicht mehr interessiert.
Wenn die Menschen nur noch vorhersehbar sind.
Wenn ich keine Lust mehr habe.
Mich zu wehren.
Und die Gleichgültigkeit zu ertragen.
Die Zeiten ändern sich.
Aber Gegenwart und Vergangenheit sind sich seltsam ähnlich.
Komm, verbirg dich mit mir in den Lichtern.
Mein Engel ...
Ich liebe dich.
Und verlasse dich.
Hier.
Gaëtan Hochedez

Es besteht kein Zweifel daran, dass die zunehmende Einsamkeit ein gesellschaftliches Phänomen darstellt, das in allen reichen Ländern der Erde voranschreitet, insbesondere in den Großstädten; aber wenn die Einsamkeit auch unverzichtbarer Teil der Geschichte der Menschheit ist, hat sie sich im Laufe der Zeit doch grundlegend verändert. Im Sinne eines «Zuviel» oder eines «Zuwenig» ist das Verhältnis zum anderen eine der großen Sorgen unserer Zeit geworden. Während wir in einer Ära der Kommunikation leben, die von einem permanenten, bisweilen überhandnehmenden Austausch zwischen den Individuen gekennzeichnet ist, leiden zahlreiche Menschen an quälender Einsamkeit. Und gleichzeitig entscheiden sich andere, in zunehmendem Maße, für das Alleinsein.

Wir stehen vor einem Paradox: Derselbe Begriff Alleinsein bedeutet uns Leiden wie auch Wunsch nach Frieden und Freiheit. Einerseits sagt man uns, die Einsamkeit sei eines der großen Übel unseres Jahrhunderts und wir müssten um jeden Preis Nähe und Kommunikation herstellen; und auf der anderen Seite predigt man Selbstständigkeit. Dennoch evoziert die Einsamkeit, ungeachtet des Individualismus unserer Zeitgenossen, nach wie vor ein negatives Bild, das die Bedeutung des Innenlebens leugnet. Das Alleinbleiben wird meistens als Folge einer missglückten Beziehung gesehen, und erscheint es doch einmal als freie Entscheidung, wird es als der sichere Weg in Askese und Unglück wahrgenommen.

Begegnen wir einem alleinstehenden Menschen, projizieren wir unsere eigene Wahrnehmung der Einsamkeit auf ihn, und aus der einfachen Feststellung einer Tatsache wird ein Urteil. Ähnlich der Verbannung aus der Gemeinschaft in früheren Zeiten begegnet uns heute die Verhängung der Einsamkeit oft in der Drohung eines gewalttätigen Ehemanns gegenüber seiner Frau, die ihm zu entkommen sucht: «Wenn du mich verlässt, bleibst du allein. Dich wird keiner mehr wollen!» Am negativsten beurteilen die Einsamkeit bezeichnenderweise diejenigen, die nicht allein leben, vermutlich weil sie sie nicht ertragen würden. Sie sehen darin nichts als die Isolation alter Menschen, gesellschaftlicher Randgruppen oder vom Partner Sitzengelassener.

Selbst wenn das Singledasein heute «in» ist, bleibt die Paarbeziehung, ob in Form einer offiziellen Ehe oder nicht, doch die Regel. Die Medien preisen die «neuen Paare», die Liebe, die sorglosen Wege zum Glück. Aber damit verstärken sie nur noch die Frustrationen, denn die Liebesbeziehungen sind komplexer geworden, und die Zahl der Trennungen und Scheidungen wächst unaufhörlich. Die Eigenständigkeit der Frauen hat das Verhältnis zwischen Mann und Frau entscheidend verändert und die geschlechtlichen wie die gesellschaftlichen Bindungen labiler und ungewisser gemacht. Heutzutage lavieren Männer wie Frauen zwischen ihrem Bedürfnis nach Liebe und ihrem Wunsch nach Unabhängigkeit. Tatsächlich lehnen viele Frauen es ab, ihre Unabhängigkeit für ein bequemeres Leben zu zweit zu opfern, seitdem sie zumindest theoretisch finanzielle und sexuelle Eigenständigkeit erlangt haben. Als Folge dessen verschwindet die traditionelle Ehe, und die neuen Zweierbeziehungen werden immer ungebundener und kurzlebiger.

Infolge der längeren Lebenserwartungen, der ständigen Zunahme an Scheidungen und Trennungen und der immer häufiger sehr individuell gestalteten Lebensweisen ist heute jeder irgendwann einmal allein. In einem einzigen Leben haben wir Zeiten, in denen sich die Begegnungen vor allem auf das Geschlechtsleben konzentrieren, Phasen fester Zweierbeziehungen, die mit Phasen des Alleinlebens abwechseln, auch Fernbeziehungen und dann wahrscheinlich erneut Zeiten des Alleinseins.

Zweifellos existiert eine Form der Isolation, die durch die moderne Gesellschaft geschaffen wurde. Der als einer der höchsten Werte gepriesene Individualismus erzeugt in allen Bereichen Unsicherheit. Die Verschlechterung der Arbeitsbedingungen und die Verarmung des gesellschaftlichen Lebens führen dazu, dass man sich und den anderen nicht mehr traut und nur zögernd Verpflichtungen eingeht. Unsere Gesellschaft richtet das Interesse der Menschen auf die Möglichkeiten materiellen Glücks, auf die Bedeutung des Habens und des Konsums. Doch die Mannigfaltigkeit der Auswahl, das Übermaß an Information und der Zwang zum Glücklichsein können die Individuen nicht zufriedenstellen, die darauf vielmehr enttäuscht, frustriert und ernüchtert reagieren.

Man hatte geglaubt, das Internet würde mit seinen Datingsites den Mangel an Kontakten beheben. Aber auch dort findet sich ein *Einzelner* in einer Menge von «Gleichartigen» wieder, von denen er sich kaum zu unterscheiden vermag. Die Begegnungen, die diese Sites ermöglichen, sind oft frustrierend, denn die Bewerber verhalten sich misstrauisch, lassen sich nur zögernd auf etwas ein und haben manchmal das Gefühl, zu einer Art Wegwerfartikel geworden zu sein.

Aber wenn die Einsamkeit bisweilen auch schmerzlich und hoffnungslos ist, kann sie doch stimulierende Momente mit sich bringen, aus denen wir neue Energie und Inspiration schöpfen. Selbstverständlich ist es wichtig zu lernen, in einer Gemeinschaft zu leben, aber genauso unerlässlich ist es zu lernen, allein zu leben, und dass man in der Einsamkeit einen Raum der Ruhe und Erholung finden kann: Eine gewisse Einsamkeit zu akzeptieren bedeutet auch, sich die Möglichkeit und Gelegenheit zu geben, der Schnelllebigkeit und Oberflächlichkeit einer narzisstischen Welt zu entfliehen.

Die kommenden Generationen von Männern und Frauen werden unweigerlich immer mehr allein sein. Aber das heißt nicht, dass die gesellschaftlichen Bindungen verschwinden, sie haben sich nur gewandelt. Zwar hat die heutige Lebensweise durch die Vielfalt der Auswahl, die sie bietet, zu einer größeren Isolation der Menschen geführt, aber gleichzeitig hat sie den Zugang zu neuen Arten von Kontakten eröffnet, die zu anderen Bindungen führen können. Neue Formen der Gesellschaftlichkeit haben sich entwickelt, um unserer unsicheren Welt entgegenzutreten. Und das Gefühlsleben wird nicht mehr allein in der Zweierbeziehung geführt, denn man kann auch mit den anderen ganz unterschiedliche Arten von Kontakten pflegen: in kleinen unkonventionellen Gruppen und Vereinigungen, intensiven Freundschaften, herzlichen Kameradschaften und solidarischer Nähe. So wird es möglich, jede Bindung den verschiedenen Facetten einer Persönlichkeit anzupassen, damit sich jeder besser verwirklichen kann.

Ich habe beschlossen, das vorliegende Buch den vielfältigen Aspekten dieser seltsamen Wandlung zu widmen, wobei ich mich ausgiebig auf die Erfahrungen mit meinen Patienten stütze, denen ich an dieser Stelle für ihren Beitrag danken möchte. Es ist frappierend, wie sich in rund fünfzehn Jahren die Berichte der Frauen und Männer verändert haben: Denn weniger die Einsamkeit an sich – egal, ob nur erduldet oder selbst gewählt – macht ihnen Probleme als vielmehr deren Auswirkungen im täglichen Leben.

Anhand dieser Beobachtungen habe ich den Eindruck gewonnen, dass in den modernen Industriegesellschaften die Übergangsjahre vom 20. zum 21. Jahrhundert von einem tiefen Wandel geprägt sind, den man als «anthropologisch» bezeichnen könnte: Zwar bleibt die traditionelle Darstellung der Beziehungen zwischen Mann und Frau infolge ihrer massiven Verbreitung durch gewisse Medien und die Werbung – die ihrer Zeit gewissermaßen hinterherhinken – in der kollektiven Vorstellung weiterhin verhaftet, doch zeigt sich ihr bereits in den Siebzigerjahren einsetzender Wandel heute Tag für Tag an neuen Umgangspraktiken und neuen Lebensentwürfen, und zwar in allen Generationen, vor allem aber natürlich bei den Jugendlichen.

Nach einem einleitenden Kapitel, in dem ich das Phänomen der allgemeinen Zunahme eines «Gefühls der Einsamkeit» und der «zwischenmenschlichen Isolation» näher erläutere, setze ich anschließend meine Ausführungen in drei Etappen fort. Im ersten Teil zeige ich, wie Frauen und Männer emotional und gesellschaftlich mit dieser Veränderung «fertig werden», wobei die Frauen dies leichter als die Männer bewerkstelligen, die sich oftmals mit einer für sie völlig neuen Verhärtung in den Beziehungen zu ihren inzwischen emanzipierten Lebensgefährtinnen konfrontiert sehen. Gleichzeitig werde ich näher darauf eingehen, wie unterschiedlich diese Entwicklungen von den einzelnen Generationen erlebt werden.

Der zweite Teil befasst sich mit den Auswirkungen der aus einem gesteigerten Individualismus erwachsenen Widersprüche, der Intensivierung der Arbeit sowie der aus der explosionsartigen Entwicklung der neuen Kommunikationstechnologien und des virtuellen Raums geborenen Illusionen, neben denen die patriarchalischen Vorstellungen von gestern weiterexistieren. Die phänomenale Anziehungskraft der Datingsites und die meist damit verbundenen Enttäuschungen sind nur ein Beispiel dafür.

Dennoch – und das ist das Thema des dritten Teils – werden auch neue Formen des Zusammenlebens erprobt. Einige sind radikal, wie etwa die Entscheidung für ein Leben ohne Sex, aber bei allen zeichnet sich der Weg zu einer neuen Lebensweise ab, in der die Ungebundenheit, die Fähigkeit zum Alleinsein und die bewusst gewählte Einsamkeit auf unbeschwerte Weise mit Phasen eines «Lebens zu zweit» vereinbart werden.

1 Das Gefühl der Einsamkeit

«Wir sind allein.
Wir können nicht kennen
und nicht gekannt werden.»
Samuel Beckett, Proust

«Seit einigen Jahren verzichte ich auf gewisse Dinge,
ich bin versiegt.»
Christian, 62

Die Welt der Einsamkeiten ist vielfältig, die Grenzen zwischen ihren verschiedenen Formen sind fließend, und dahinter verbergen sich ganz unterschiedliche Realitäten: die von Einzelgängern, jungen Singles, getrennten, geschiedenen oder verwitweten Personen, aber auch die, die man in der eigenen Familie, im Büro oder in der Menge erlebt. Denn es gibt Formen des Alleinseins zu zweit, die schlimmer sind, als wirklich allein zu sein. Wenn von Einsamkeit die Rede ist, versteht man darunter oft nur die leidvollen Erfahrungen von sozial Benachteiligten, von Verlassenen. Man denkt auch an die Klagen derer, die sich aufgrund einer Charakterstörung zunehmend selber isolieren, aus mangelndem Selbstvertrauen, unter dem Eindruck, nicht anerkannt oder geliebt zu werden, oder aus einer Haltung stolzer Überlegenheit heraus, die sie von den anderen distanziert. Oder man spricht von Gehemmtsein, von der Zurückgezogenheit in sich selbst, über die man klagt, um sich schließlich doch mit ihr abzufinden. Diese Klagenden sagen: «Niemand mag mich», dabei müssten sie sagen: «Ich mag niemanden.»

Aber neben der leidenden Einsamkeit existiert auch eine auf-
bauende, heitere Einsamkeit. Nach allgemeinem Verständnis betrifft sie Außenseiter, Sonderlinge, ungewöhnliche Persönlichkeiten
wie Eremiten, Leuchtturmwärter, Einhandsegler oder schöpferische Menschen. Findet sie sich aber bei Personen, die offenbar ganz normal in die Gesellschaft eingegliedert sind, neigt man
zu der Annahme, sie seien charaktergestört, wie Bertrand, 42, bezeugt:

> Die Leute haben Mühe, meine selbst gewählte Einsamkeit zu verstehen,
> aber sie ist Teil meines Lebenswegs. Einige wollen das nicht akzeptieren
> und raten mir, mich im Internet auf die Suche zu machen, um die Frau
> meines Lebens zu finden. Und da ich mich weigere, das zu tun, gelte ich
> als schwierig und wählerisch.

Dabei kann man einen Abend allein mit einem guten Buch durchaus einer Abendgesellschaft oder einem Abend zu mehreren vorziehen. Oder man kann, wenn man in einer Paarbeziehung lebt, das
Bedürfnis verspüren, sich für einen Tag, ein Wochenende oder länger zurückzuziehen, um sich besser zu konzentrieren, um einige
Momente allein zu genießen, oder in Anwesenheit einer Person, die
sich nicht aufdrängt. Zu behaupten, dass man sein Alleinsein ge-
nieße, wird als Absonderlichkeit, als eine Art asoziales Verhalten
aufgefasst. So sind die Reaktionen auf einsame Menschen dann auch
nicht immer gerade zartfühlend. Entweder beklagt man sie:
«Der/die Ärmste hat eben kein Glück gehabt!» Oder man äußert
sich argwöhnisch: «Was ist mit ihm/ihr, warum hat er/sie keine/n
abgekriegt?» Einen Menschen, der allein lebt, pflegt man zu beklagen. Man bedauert, dass er niemanden gefunden hat, der ihn
auf seinem Lebensweg begleitet, und man spricht dann von einem
unglücklichen Sexual- oder Gefühlsleben. Man stellt sich seinen
Verdruss, seine Niedergeschlagenheit, seine Frustration vor. Und
die überzeugten Einsamen, die an keinem dieser Symptome leiden,
wagen es kaum, über ihr Befinden zu reden, da sie das negative Bild
fürchten, das mit ihrer Situation verbunden wird.

Die Ehegemeinschaft «in Freud und Leid» war tatsächlich sehr lange Zeit der Normalfall, und die Einzelexistenz stand, sofern sie nicht aus einer religiösen Verpflichtung erwuchs, unter dem Verdacht der Perversität. Alleinleben war nur für eine vorübergehende Zeit oder im Ausnahmefall denkbar. Während der Französischen Revolution ging man sogar so weit, Alleinstehende aus dem öffentlichen Leben zu verbannen: «Die Volksgemeinschaft von Mayenne fordert, dass Alleinstehende, Priester und alle Personen, deren Müßiggang von einer antirepublikanischen Gesinnung zeugt, von jeder öffentlichen Funktion ausgeschlossen bleiben.»[1]

Noch heute gilt ein Alleinstehender oft als Misanthrop oder als kaltherzig: unfähig zu lieben, Liebe zu empfangen oder sich der Allgemeinheit anzupassen. Bei einem allein lebenden Mann vermutet man perverse Neigungen, und eine Frau wird schnell zur garstigen Hexe: Ihre Freiheit wird als Egoismus gewertet, als bedeutete die Tatsache, für sich selbst statt den Erwartungen der anderen gemäß zu leben, eine Gefahr für die soziale Gruppe. Denn nach allgemeinem Verständnis muss die Isolation eine Sanktion, eine Strafe bleiben. So verlegt man widerspenstige Gefangene in Einzelhaft in der Erwartung, dass sie dadurch gebändigt werden und sich fortan ruhig verhalten, obwohl man weiß, dass eine erzwungene Isolation infolge des Mangels an sensorischen Stimuli zu seelischer Verkümmerung und Orientierungsverlust bis hin zu psychischen Störungen führen kann.

Indem man nur die negativen Seiten des Alleinseins sieht, vergisst man leicht, dass viele große Denker und Schöpfer von Kunstwerken häufig die Einsamkeit suchten, um geeignete Bedingungen für ihre geistige, intellektuelle und künstlerische Entfaltung zu schaffen. Sich von der Welt zurückzuziehen bedeutete für sie eine bewusste Entscheidung: «Früher war ein Alleinlebender jemand, der sich zurückgezogen hatte, ohne deshalb ausgegrenzt zu sein», erklärte 1993 der Arzt Michel Hannoun.[2] Das heißt, entweder entschloss man sich, seine natürliche Gruppe zu verlassen, oder aber man wurde zur Strafe isoliert, aus der Gruppe verbannt. Unsere heutige Gesellschaft jedoch verwechselt Einsamkeit mit Isolation, will partout jede Art von Alleinsein bekämpfen und sie als Fluch hinstellen. Einsamkeit ist aber etwas anderes als Isolation, denn sie hängt nicht von äußeren Faktoren ab, sondern von einem inneren seelischen Zustand. Nicht in allen Sprachen wird, wie im Englischen, zwischen *loneliness* und *solitude* differenziert.

Die Furcht vor der Ablehnung und dem Nichts

Das Gefühl der Einsamkeit ist ein subjektiver Begriff, eine Empfindung, die Deutung einer Situation, die manchmal als Zurückweisung oder Ausschluss erlebt wird. Allein fühlen kann man sich in einer Menge, in der Familie und auch als Paar. Diese Empfindung rührt dann von einer mangelhaften Bindung her, von dem Gefühl, nicht mit seiner Umgebung zu kommunizieren, sondern allein in der Welt zu sein. Sie ist ein Hinweis auf das Bedürfnis nach der Präsenz eines anderen und auf die Frustration, ohne Gefährten zu sein. Es ist ein Gefühl der inneren Leere und Isolation, das nicht unbedingt dem Bedürfnis nach einer bestimmten Person entspricht, sondern vielmehr dem Gefühl, abseits zu stehen, von der Welt abgeschieden und unverstanden zu sein. Das Gefühl der Einsamkeit ist der Melancholie vergleichbar, die ihrerseits eng mit Verdrossenheit und Langeweile verwandt ist. Viele sehen darin eine Art Depression: die Versuchung, niemanden sehen zu wollen, in sich selbst Zuflucht zu suchen, nur um zu schlafen oder ständig Probleme zu wälzen. Um die Furcht vor der Öde zu bannen, suchen wir dann den Raum mit Reden und Geschäftigkeit auszufüllen. Wir fürchten die Stille, in der wir eine Abwesenheit oder das unabwendbare Nahen des Todes sehen. In diesem Sinne äußert sich Sophie, 27:

> Wenn es mir schlecht geht, schließe ich mich zu Hause ein und gehe nicht mehr ans Telefon. Einen Großteil des Tages bleibe ich im Bett und vermeide vor allem Kontakte mit Leuten, denen es gut geht, weil ich ihr Glücklichsein als Angriff empfinde. Gleichzeitig schäme ich mich, nicht in Form zu sein, und habe Angst, dass man mir Vorwürfe machen könnte: «Los, rapple dich auf, tu was dagegen!»

Um der drohenden Langeweile vorzubeugen, stopfen viele Eltern die Freizeit ihrer Kinder mit Sport, Aktivitäten in Vereinen oder mit Fernsehen voll: «Sitz nicht rum, als hättest du nichts zu tun!»

Sie fürchten den leeren Blick eines Kindes, das seinen Gedanken nachhängt, und vergessen dabei, dass jeder einen Freiraum benötigt, um über sich selbst und die eigenen Wünsche nachzudenken. Nun ist Langeweile ja nicht zwangsläufig mit Isolation verbunden. Sie entsteht gewöhnlich, wenn wir nicht das tun können, was wir wollen, oder wenn wir etwas tun müssen, das uns nicht gefällt. Didier, 28, alleinstehend, Grafiker:

> Wenn ich allein bin, langweile ich mich nie. Ich lese, träume vor mich hin oder höre Musik. Aber es gibt nichts Schlimmeres für mich, als auf einem Gesellschaftsabend zu sein, wo ich keinem etwas zu sagen habe. Künstliche Heiterkeit kann ich nicht ausstehen. Ich habe dann das Gefühl, meine Zeit zu verlieren.

Und doch ist diese Geisteshaltung nicht gerade häufig anzutreffen: In unseren hypermodernen Gesellschaften suchen die Individuen sich eher in Gruppen zusammenzutun, um ihren Ängsten aus dem Wege zu gehen. Viele suchen ein Liebesabenteuer oder eine Pseudofreundschaft, um ihrer Einsamkeit abzuhelfen, ihre innere Leere auszufüllen. Sie entwickeln eine wirbelnde Geschäftigkeit, suchen sich immer neue Treffen, Liebschaften und Projekte. Sie wollen nichts von Altern und Krankheit wissen, doch ändert es nichts an der Feststellung: Dem Tod kann niemand entrinnen. Die Betriebsamkeit der Welt dient nur dazu, die Tatsache zu verschleiern, dass wir allein geboren werden und allein sterben. Am Anfang wird man von den Eltern begleitet, danach von Gefährten oder Gefährtinnen, mit denen man ein Stück Weges gemeinsam zurücklegt, danach hat man Kinder und zieht sie auf, bis sie ihren eigenen Weg gehen. Mit zunehmendem Alter mögen manche sich schwertun, diese Einsicht zu leben, insbesondere die Männer, so zum Beispiel Francis, 64, geschieden, leitender Angestellter im Vorruhestand:

> Der Tod meiner Eltern hat in mir erneut eine Leere aufgetan, die ich vor mir verbergen wollte. Ich habe keine Familie mehr, meine Eltern sind nicht mehr da, und meine Kinder leben ihr eigenes Leben. Ich habe niemanden mehr, mit dem ich reden kann. Am häufigsten sehe ich meine Haushilfe. Sicher gibt es da noch die Freunde, aber es ist gefährlich, sich zu abhängig von ihnen zu machen, denn sie können einen plötzlich sitzen lassen. Das Alleinsein macht einen sehr flexibel, aber es darf nicht

dazu verleiten, von den anderen dieselbe Verfügbarkeit zu verlangen, das könnte leicht Enttäuschungen nach sich ziehen.

Obwohl man in der Stadt in hohem Maße von physischen Präsenzen umgeben ist – ständig vorbeifahrende Autos, die alltäglichen Geräusche eines Nachbarn, eine Toilettenspülung, das Klappen einer Tür, der Lärm eines Fernsehers –, scheint dort die Einsamkeit paradoxerweise schwerer ertragen zu werden: Viele Städter fühlen sich einsam und haben nur selten Gelegenheit, anderen gegenüber auszudrücken, was sie im Innersten bewegt. Christian, 62, geschieden und Rentner, erklärt die Leiden eines vereinsamten Menschen folgendermaßen:

> Das Problem, das jeder hat, ist das «Ganz allein»-Sein. Die Zeit vergeht nicht, die Tage sind endlos lang. Ich muss mir jeden Tag etwas Neues einfallen lassen. Manchmal bekomme ich eine Woche lang keinen einzigen Anruf und spreche mit niemandem. Seit einigen Jahren verzichte ich auf gewisse Dinge, ich bin versiegt, ich bin geschrumpft. Man sollte über das sexuelle Elend einsamer Menschen reden. Manchmal ist es einfach zu viel. Es gibt zwar Pornos, aber toll ist das auch nicht. Sicher, wenn von meiner Seite was käme, gäbe es Frauen, die mich wollten, aber von mir kommt nichts. Ich habe eine mehr oder weniger feste Freundin. Wir sehen uns ab und zu, und dabei belassen wir es.
>
> Niemand wartet auf mich. Nichts zieht mein Interesse auf sich. Man kann ein schönes Bild betrachten, aber wenn man es allein tut, bleibt es ohne Tiefe. Um nicht auf der Stelle zu treten, ist ein äußerer Anlass nötig, der einem ein neues Ziel gibt. Das Einzige, was einen mitreißen kann, ist das eigene Verlangen, aber manchmal ist man wie abgeschaltet. Der Tagesablauf eines Menschen, der an nichts denkt und kein Verlangen hat, ist wie im Gefängnis, als wäre er in der Welt eingesperrt.
>
> Ich werde mein Leben allein beenden, und ich muss mich damit abfinden. Wie werde ich es schaffen, die Zeit abzubüßen, die mir noch zu leben bleibt? Ich fühle, dass ich nicht den Mut habe, Selbstmord zu begehen, obwohl ich der Meinung bin, dass ich es tun müsste. All die Leere, all das Nichts, das schafft nur neues Leiden, aber auch das Leiden verschwindet irgendwann. Kann man leben, ohne etwas zu erwarten?

Einige, die sich vor der Einsamkeit fürchten, fühlen sich an ihrem Alleinsein schuldig. Als wäre ihre Situation die Folge eines Fehlverhaltens: «Ich bin allein, weil ich nicht so bin, wie man sein soll, weil mich die anderen nicht ertragen.» Kommen diese Menschen dann in die Sprechstunde, besteht die Gefahr – ich werde noch darauf zurückkommen –, dass viele heutige Psychotherapeuten ihnen nicht dabei helfen, ihr Alleinsein zu schätzen und es fruchtbar zu machen, sondern ihnen Techniken vorschlagen, die ihren Narzissmus noch verstärken: Sie veranlassen sie, sich in eine Vielzahl von Begegnungen und Bekanntschaften zu flüchten, statt zu lernen, sich zu akzeptieren und zu lieben. Denn ihr tatsächliches Problem besteht im Allgemeinen darin, dass sie von sich selbst ein krankhaftes Bild haben, wie Francis, 64:

> Die Einsamkeit gibt mir das Gefühl, nicht «liebenswert» zu sein. Wenn ich mich in der Sauna ein bisschen umtue und niemand etwas von mir will oder wenn ich ein Fest für fünfzig Leute gebe und später von keinem eine Gegeneinladung erhalte ... Es ist klar, dass sich im Alter die Einsamkeit verschärft, gerade was das Gefühlsleben anbelangt: Die Haut wird welk, der Schritt auf der Straße verlangsamt sich, das Sexualleben wird immer unbefriedigender; all das bewirkt, dass man nicht mehr beachtet wird.

Tatsächlich ist die Ablehnung durch die anderen am schwersten zu ertragen, wie der Philosoph Tzvetan Todorov erklärt: «Einsamkeit ist der physische Umstand des Mangels an Anerkennung: Wenn die anderen abwesend sind, ist es uns logischerweise unmöglich, ihre Blicke auf uns zu lenken. Aber schmerzlicher als die körperliche Einsamkeit, die durch diverse Hilfsmittel behoben oder gelindert werden kann, ist vermutlich die Tatsache, unter anderen Menschen zu leben, ohne irgendein Zeichen von ihnen zu erhalten.»[3] Diese Isolation kann manchmal zum Los derer werden, die durch ihr schroffes oder unerhörtes Verhalten gegenüber ihrer Umgebung unbewusst selbst die Bedingungen dafür schaffen; vor allem aber ist sie das Schicksal von Mobbingopfern, von sozial Schwachen, von gesellschaftlichen Aussteigern und oft auch von Alten. Man interessiert einfach niemanden mehr und nähert sich so immer mehr dem Nichts.

Im Gegensatz zum Gefühl der Einsamkeit bildet die soziale Isolation im Prinzip eine objektive, beobachtbare Größe, die mehreren Kriterien gehorcht: allein oder zurückgezogen lebende Personen mit wenigen Beziehungen oder oberflächlichen Kontakten. So beschrieb es Eugène Ionesco in seinem Roman *Der Einzelgänger*: «Isolation bedeutet nicht die absolute Einsamkeit, die sich auf das Universum bezieht; die andere Einsamkeit, die kleine Einsamkeit, ist auf die Gesellschaft begrenzt.» 1999 wurde diese gesellschaftliche Einsamkeit in Frankreich durch das staatliche Institut für Statistik und Wirtschaftsforschung INSEE in der Studie «Beziehungen des täglichen Lebens und soziale Isolation»[4] untersucht, in der die Zahl der allein lebenden Personen mit 7,2 Millionen beziffert wurde, das entsprach 30% aller Haushalte, im Vergleich zu den etwas mehr als 25% zehn Jahre zuvor. Und der Studie «Soziale Isolation und zwischenmenschliche Beziehungen» zufolge, die 2006 im Auftrag des acht NGOs vereinigenden Kollektivs «Gegen Einsamkeit» durchgeführt wurde, hatte jede fünfte Person keine Gelegenheit, täglich mit jemandem zu sprechen. Die Hauptgründe für diese Situation waren: der Mangel an Freunden (100%), der Verlust eines nahestehenden Menschen (45%) und Krankheit (31%).

Aber entgegen einer weitverbreiteten Vorstellung zeigte die Studie von 1999 auch, dass die jungen Ledigen von dieser «zwischenmenschlichen Isolation» keineswegs am stärksten betroffen waren: Es waren nur 14% dieser Personengruppe, dagegen 25% der Geschiedenen und 35% der Verwitweten.

Die wachsende Zahl der Ledigen

Während «einsam» ein seelischer Zustand ist, bezeichnet «ledig» einen Familienstand. Seit den Neunzigerjahren haben in Frankreich Soziologen – wie François de Singly,[5] Jean-Claude Kaufmann[6] oder Serge Chaumier[7] – Fachbegriffe erfunden, um alleinstehende Personen zu bezeichnen: «single», «solo», «célibattantes» usw. Sie heben zu Recht die Freiheit hervor, deren sich die Ledigen oft erfreuen, ohne indessen auch immer der Leere und Verlorenheit Rechnung zu tragen, die sich bisweilen hinter ihrem Studienobjekt verbirgt, vor allem wenn es sich um ältere Menschen handelt.

Zweifellos lässt sich in den Industriegesellschaften ein Zuwachs an Ledigen, Geschiedenen und an alleinerziehenden Müttern beobachten, was häufig mit einer Zunahme an Vereinsamung und sozialer Isolation einhergeht, auch wenn das – wir kommen später darauf zurück – nicht immer der Fall sein muss. 2004 lebten einer Studie zufolge in Frankreich 8,3 Millionen Menschen allein in ihrer Wohnung, das entsprach 14% der Bevölkerung.[8] Diese Zahl hat sich in dreißig Jahren verdoppelt. Laut dem staatlichen Institut für Statistik und Wirtschaftsforschung INSEE wird diese Entwicklung anhalten und im Jahr 2030 den Wert von 17% erreichen. Die Zahl der Bewohner pro Unterkunft nimmt ab, vor allem in den Großstädten: Von 3,19 im Jahr 1954 sank sie auf 2,13 im Jahr 2004. Im Jahr 2003 lebten in ganz Europa 158 Millionen Menschen allein. Die Tendenz ist weiterhin steigend.

Allerdings werden die Statistiken durch die Ungenauigkeit der Begriffe verfälscht. Wenn zum Beispiel von 8,3 Millionen Menschen die Rede ist, die in Frankreich allein leben, geht daraus keinesfalls hervor, wie viele von ihnen einen Gefährten oder eine Gefährtin mit einem anderen Wohnsitz haben. Man kann nicht mehr von einem Steuerwohnsitz reden, denn fortan gibt es auch «nicht zusammenwohnende» und nicht verheiratete Paare, egal, ob sie in einer eingetragenen Partnerschaft verbunden sind oder nicht. Man kann ledig sein, ohne allein zu sein, und man kann in einer Paarbeziehung allein sein. Ebenso wird die Zahl von 120 000 Scheidungen pro Jahr genannt, ohne dabei die Trennungen nicht verheirateter Paare zu berücksichtigen. Eine weitere Gruppe «Alleinstehender» bilden getrennt lebende Eltern, die ihre Kinder regelmäßig und für längere Zeiten bei sich aufnehmen.

Abgesehen von der Tatsache, dass das traditionelle Ehepaar immer seltener anzutreffen ist, wird das Ledigsein je nach Alter anders wahrgenommen und eingestuft. Zwischen 20 und 35 Jahren entspricht es oft einem Lebensabschnitt, in dem man darauf wartet, der «großen Liebe» zu begegnen. Da ein Großteil des sozialen Umfelds sowieso aus Alleinstehenden besteht, spricht man dann eher von Unabhängigkeit als von Einsamkeit. Die Bekanntschaften entbehren jeglicher Zukunftspläne, zumal die längere Ausbildungs- oder Studienzeit und die Probleme, eine feste Arbeitsstelle zu finden, die Entscheidung zu einer dauerhaften Bindung auf einen späteren Zeitpunkt verschieben. Die Männer warten, bis sie um die dreißig sind, bevor sie an die Gründung einer Familie denken.

Damien ist gerade 30 geworden. Seit fünf, sechs Jahren hat er eine Arbeit, die ihn begeistert, aber er hat noch keine feste Anstellung. Da er bei Frauen gut ankommt, hat er keine Probleme, eine Freundin zu finden, aber es sind immer nur flüchtige Beziehungen. «Ich befinde mich in einem Lebensabschnitt, wo die Arbeit vorgeht. Natürlich brauche ich Sex, aber eine feste Beziehung, also wirklich mit jemandem zusammenleben, das ist mir zu anstrengend.» Sein Vater, der gerade in Rente gegangen ist, ermutigt ihn indirekt, eine feste Partnerschaft einzugehen. Damien glaubt, dass sein Vater sich jetzt, wo seine eigene Ehe nicht mehr funktioniert, Enkelkinder wünscht: «Die Männer aus der Generation meines Vaters sind meistens mehrfach geschieden und haben eine Geliebte, und da wollen sie, dass man sich fest bindet und eine Familie gründet. Wie soll man daran glauben!»

Für die nächste Altersstufe bedeutet Alleinleben im Allgemeinen eine Übergangsphase. Zwischen 35 und 45 Jahren stellt sich für Frauen die Kinderfrage, und gewisse Frauen mit akademischer Ausbildung, die einen leitenden Posten bekleiden, warten bis zur biologisch vertretbaren Altersgrenze, bevor sie daran denken, ein Kind zu bekommen. Nach dem 45. Lebensjahr kommt die Einsamkeit oft nach einer Scheidung. Drei Viertel aller Scheidungsanträge werden von Frauen eingereicht (wir kommen später darauf zurück). Die Ungleichheit zwischen alleinstehenden Frauen und Männern wächst mit zunehmendem Alter. Statistisch leben Frauen länger als Männer, und Letztere suchen sich im Alter eher jüngere Frauen, was das Ungleichgewicht weiter verschärft.

Einige «Senioren» (zwischen 60 und 75 Jahren) sind noch sehr aktiv und können durchaus den Wunsch haben, ein neues Liebesleben zu beginnen, seltener jedoch eine feste Paarbeziehung. Andere (Männer oder Frauen) verzichten und kapseln sich ab: «Es ist vorbei, in meinem Alter finde ich niemanden mehr, allein fühle ich mich wohler.» Wieder andere suchen sich abzulenken, indem sie in Gruppen die Welt bereisen. Aber bei alten Menschen entsteht Einsamkeit vor allem aus dem Verlust an Selbstständigkeit, aus der Tatsache, dass sie auf die Hilfe anderer angewiesen sind. Solange jemand noch an gemeinsamen Tätigkeiten teilnehmen, reisen und lesen kann, solange er noch im vollen Besitz seiner körperlichen und geistigen Fähigkeiten ist, bleibt er mit seinem sozialen Umfeld verbunden. Die Isolation entsteht durch den Verlust der Angehörigen, durch das Auftauchen und die Verschlimmerung gesundheitlicher Beschwerden, durch den Verlust an Autonomie und die fortschreitende Einschränkung der Beziehungen zu anderen Menschen. Marie, 65:

> Es kommt ein Moment, wo man sich eingestehen muss, dass das Fest zu Ende ist, dass man alt geworden ist, dass man es nicht mehr schafft, dass man nicht mehr hübsch ist, dass man nicht mehr lieben wird. Man sollte sich einfach freuen, auf den Beinen zu sein, und sich sagen, dass mehr nicht drin ist. Man kann immer noch auf ein wenig Abwechslung hoffen, während man das Ende erwartet.

In dem heutzutage als «viertes Alter» bezeichneten Lebensabschnitt macht die Vereinsamung sich noch stärker bemerkbar. Die kritische Phase liegt zwischen 79 und 83 Jahren. Sobald die alten Menschen abbauen, schiebt man sie in spezialisierte Heime ab, wo sie sich selbst in der Gemeinschaft allein fühlen und damit einem erhöhten Sterberisiko ausgesetzt sind. Es gibt in den Seniorenheimen alte Menschen, die außer zum Pflegepersonal keine Kontakte mehr haben.

Im Übrigen hat man festgestellt, dass das Alleinsein und das Gefühl der Vereinsamung das klinische Risiko seniler Demenz erhöht: Offenbar kann die Einsamkeit infolge fehlender Stimulation und mangels regelmäßigen Einsatzes der Nervensysteme, die für das Erkennen und Erinnern zuständig sind, deren Funktion beeinträchtigen und verschlechtern. Allein lebende Menschen seien aus diesem Grund anfälliger für altersmäßig bedingte Nervenkrankheiten.[9] Der körperliche und geistige Abbau wird bei alten Menschen aber nicht erst durch die soziale Isolation in Gang gesetzt, sondern häufig schon durch den Verlust einer nahestehenden Person. So ist nach dem 85. Lebensjahr das jährliche Sterberisiko für Witwer und Witwen wesentlich höher als für verheiratete oder ledige Männer und Frauen.

Hinter dem deutlichen Zuwachs an Ledigen haben etliche Unternehmen eine profitable Marktlücke entdeckt. Sie haben ihre Werbestrategien darauf abgestimmt und begonnen, spezielle Events und «Produkte» anzubieten. Für sie ist diese Entwicklung ein unverhofftes Glück, denn Alleinstehende konsumieren mehr, reisen häufiger, lassen ihrem Körper mehr Pflege angedeihen, kaufen öfter Fertiggerichte und diese auch noch in Einzelportionen. Parallel dazu hat sich der Sektor der Kontaktsuche entwickelt, zunächst über Kleinanzeigen und Heiratsagenturen, danach per Internet. Auch wenn auf diese Weise viele Bekanntschaften zustande kommen, werden wir sehen, dass es sich dabei meistens um einen Betrug handelt, der nur dazu dient, unsere existenzielle Einsamkeit vor uns selbst zu vertuschen.

Gleichzeitig haben auch die Massenmedien den Zuwachs an Ledigen wahrgenommen und sie als Figuren in ihre Fernsehserien und Filme eingebaut, um so den Mythos des erfüllten Single zu konstruieren und die positiven Werte des Alleinlebens in den Vordergrund zu stellen: Selbstbehauptung, Unabhängigkeit, Eigenständigkeit. Aber alle interessieren sich nur für eine Kategorie des Alleinseins, nämlich die, die man vorzeigen kann, die der Singles um die dreißig mit guten – wenn nicht gar hohen – Einkommen. Aber was hat eine dreißigjährige überzeugte Junggesellin, die beruflich aktiv und gesund ist und keine Geldprobleme kennt, mit einem oder einer 55-jährigen Arbeitslosen gemein? Wie sieht das Leben eines mittellosen oder alternden alleinstehenden Menschen aus?

Die Illusion der Suche nach dem idealen Partner

Die Ledigen werden also immer zahlreicher, doch der Argwohn ihnen gegenüber ist geblieben und veranlasst manche Alleinstehenden, sich ein heimliches Liebesverhältnis zu erfinden, um nicht in den Ruf eines Hagestolzes oder einer alten Jungfer zu geraten. Zwar hat das Alleinsein etwas von seinem negativen Image verloren, doch insgesamt wird es selten wirklich positiv gesehen, die Norm bilden nach wie vor die Ehe und die Familie. Und die an Ledige gerichteten Botschaften suggerieren fast immer, dass dieser Zustand nicht von Dauer sein wird. Es heißt dann gewöhnlich: «Lass mal, wenn erst die (der) Richtige kommt ...»

In unserer Sprechstunde klagen die Patienten übrigens nur selten direkt über ihre Einsamkeit, sondern viel mehr über die Schwierigkeiten, einen Partner zu finden, mit dem sie eine Zukunft aufbauen und auf den sie sich verlassen können: In Wahrheit ist das Problem nicht, wie man jemanden kennenlernt, sondern ob man auf Dauer ein Leben zu zweit will. Wenn ich beobachte, wie meine Patienten leben, sehe ich, dass sich inzwischen andere Konstellationen entwickeln als die der Ehe «auf Lebenszeit»: die symbiotische Partnerschaft, die ungebundene Partnerschaft, die getrennt wohnende Partnerschaft, der (die) Alleinstehende mit Liebesbeziehung, der (die) Alleinstehende mit sporadischen Abenteuern usw. Vor allem aber – und das ist neu – hat sich ein bedeutender Teil meiner Patienten, und zwar überwiegend Frauen, dazu entschlossen, allein zu leben.

Natürlich kann man mir entgegenhalten, dass diese Auswahl in einer psychiatrischen oder psychotherapeutischen Praxis getroffen wurde und dass diese Menschen sich demzufolge in einer Krise befinden oder gerade mit der Problematik ihres eigenen Werdegangs konfrontiert sind. Ich würde aber eher sagen, dass sie anderen sogar voraus sind, eben weil sie sich erneut infrage stellen.

Einige suchen in der Partnerschaft einen Ausweg aus ihrer Einsamkeit, aber diese Suche erweist sich oft als falsche Hoffnung, denn der Partner macht ihrer Einsamkeit nicht zwangsläufig ein Ende, er kann sie allenfalls darin begleiten. Um einen Ausweg aus ihrer Lage zu finden, sind diese Männer und Frauen oft zu allem bereit, zu illusionslosen Bekanntschaften, zu sexuellen Begegnungen, die nicht mehr als ein Gefühl der Traurigkeit hinterlassen. Alle suchen jemanden, um eine (wenn möglich Liebes-)Beziehung anzuknüpfen, und misstrauen zugleich einer möglichen Bindung. Man wünscht sich ein Verhältnis, aber nur unter der Bedingung, es beim leisesten Zweifel wieder lösen zu können. Ich finde in meinen Sprechstunden immer wieder ein doppeltes Bestreben: zum einen, sich in die Geborgenheit einer Paarbeziehung zurückzuziehen, und zum anderen, sich in einer von Leistungsdruck und Individualismus geprägten Welt selbst zu entfalten. Wie ist beides miteinander zu vereinbaren? Die Schwierigkeit besteht darin, die Verschmelzung oder Unzertrennlichkeit, die eine romantische Liebe fordert, mit dem Freiraum, der eine individuelle Erfüllung erlaubt, harmonisch abzustimmen.

Die Ehe, lange Zeit die soziale Bindung par excellence, gilt nicht mehr als sicherer Wert. In Frankreich endet fast jede zweite Ehe mit einem Bruch, und die häufigsten Trennungen sind im städtischen Umfeld zu verzeichnen. Das Vorhandensein eines oder mehrerer Kinder zögert die Scheidung oft hinaus, denn häufig warten Ehepaare mit der Trennung so lange, bis ihre Kinder selbstständig geworden sind. Dennoch werden Ehen in jedem Alter geschieden, nach zwei, drei Jahren Ehe oder nach dem Auszug der Kinder. Dem staatlichen Institut für demographische Erhebungen INED zufolge haben sich die Scheidungen der Über-60-Jährigen zwischen 1985 und 2005 verdoppelt.[10]

Ebenfalls neu ist, dass diese Entwicklung in erster Linie auf der Initiative der Frauen beruht: In beinahe 70% der Fälle reichen sie die Scheidung ein. Früher zögerten die Frauen eine Scheidung hinaus, da sie dadurch ihren sozialen und finanziellen Status einbüßten, während sie sich heutzutage, sobald sie sich von ihrem Mann betrogen oder psychisch bedroht fühlen oder sobald sie glauben, ihre Pflicht als Mutter und Behüterin der Familie erfüllt zu haben, sehr schnell zu einer Trennung entschließen.

Für die Frauen der geburtenstarken Jahrgänge war Sicherheit gleichbedeutend mit dem Eheleben. Seit Beginn dieses Jahrhunderts hat diese Auffassung für viele unter ihnen ihre Gültigkeit verloren und erst recht für die jüngeren Frauen, die ihre Sicherheit eher in der Unabhängigkeit suchen. Die Tatsache, dass an die Ehe nicht mehr wirklich geglaubt wird, auch wenn man sie weiterhin sucht, kann nur bedeuten, dass Männer und Frauen sich geändert haben: Die nach wie vor das Denken beherrschende Norm, nämlich die der Idealisierung der Paarbeziehung, veranlasst unsere Zeitgenossen, weiterhin nach dem idealen Partner zu suchen. Allerdings hat dieser hohe Anspruch zu einer gewissen Ernüchterung geführt und auch ein größeres Risiko an Einsamkeit mit sich gebracht, das deshalb aber nicht automatisch mit Unbehagen gleichzusetzen ist.

I Eine unmögliche Begegnung

2 Die Unabhängigkeit der Frauen

«Ich mache mir keine Illusionen mehr über Männer,
ich kenne sämtliche Sorten.»
Christine, 53

Selbstständigkeit und sexuelle Freiheit haben das Verhältnis der
Frauen zu Männern beträchtlich verändert. Der Wandel in der
Paarbeziehung wurde von den Frauen herbeigeführt, denn sie stellen sich am ehesten den Fragen und infrage. Die Monogamie ent-
stand ursprünglich, um die Mütter beim Aufziehen der Kinder zu
unterstützen; heute hingegen kommen sie, ob ledig oder verheiratet, oft allein mit ihren Kindern zurecht. Wozu brauchen sie dann
also noch die Männer? Erstmals in der Geschichte der Menschheit
gibt es keinen konkreten Grund mehr für sie, sich ehelich zu binden. Sicher ist da noch die Liebe, aber die Vorstellung, die sie von
ihr haben, entspricht nicht immer der der Männer.

Arbeit, Emanzipation und Einschränkung

Ein erster Wandel im Leben der Frauen betrifft die Berufstätigkeit:
Selbst wenn die Frauen finanziell und sozial den Männern bei Weitem nicht gleichgestellt sind, wächst unter ihnen ständig der Anteil
der Erwerbstätigen (47,5 % von ihnen arbeiten) wie auch derjenigen
mit einer Fach- oder Hochschulausbildung (2005 besaßen 51 % der
Frauen einen höheren Abschluss als das Abitur, im Gegensatz zu
43 % der Männer).[1] Doch obwohl die Frauen 46 % der arbeiten-
den Bevölkerung stellen, nehmen sie in den Privatunternehmen nur
24 % der verantwortungsvollen Positionen ein und besetzen nur

zwischen 6 und 8 % der leitenden Posten. Auch wenn die Medien einige außergewöhnlich erfolgreiche Frauen in den Vordergrund rücken, bleibt die Ungleichheit zwischen Mann und Frau in der Arbeitswelt weiter bestehen. Bei gleicher Qualifikation erhalten Frauen einen um 15 bis 20 % niedrigeren Lohn als Männer; und eine genaue Studie zeigt, dass man Frauen vor allem in Berufen findet, die die Männer nicht wollen, weil sie schlechter bezahlt sind.[2]

Aufstiegschancen hatten Frauen früher nur in den sogenannten Frauenberufen – Kindermädchen, Lehrerin, Krankenschwester –, die also der althergebrachten Rolle der Frau und Mutter entsprachen;[3] um dort genehm zu sein, war man besser ledig. Und an den wenigen Frauen, die in den traditionellen Männerberufen reüssierten, wurde hämisch die männliche Seite ihrer Persönlichkeit hervorgehoben. Natürlich hat sich seitdem einiges geändert; Frauen können heute Kurse in Selbstverteidigung oder Heimwerken besuchen und Berufe in der Armee oder bei der Polizei ausüben. Theoretisch spricht nichts dagegen, dass sie für sich dieselben Berufe beanspruchen wie die Männer, denn mit der fortschreitenden Automatisierung in den meisten Berufszweigen, einschließlich der Industrie, sind die körperlichen Beanspruchungen und damit verbundenen Einschränkungen weniger geworden. Dennoch wird den Mädchen weiterhin beigebracht, dass sie zerbrechlich und körperlich schwächer sind, dass sie nicht fähig sein werden, mit Werkzeug umzugehen, und deshalb einen Mann brauchen, der sie beschützt und unterstützt. Einige haben die Botschaft ihrer Zerbrechlichkeit ganz verinnerlicht, was manchmal zu einem ausgesprochenen Handicap werden kann.

Obgleich sich die Lage der Frauen seit den Siebzigerjahren deutlich verbessert hat, beklagen sich auch heute noch viele von ihnen über die Schwierigkeiten, eine echte Gleichberechtigung zu erlangen und nach ihren tatsächlichen Fähigkeiten beurteilt zu werden. Selbst wenn sie sich in Sachen Beruf, Familie und Sex alle Mühe geben, haben sie oft das Gefühl, dass ihr Misserfolg bei den Männern daher rührt, dass sie sich nicht genügend anstrengen.

Für die Frauen ist die Arbeit ein Mittel zur Selbstverwirklichung, während die Männer dazu neigen, die Arbeit ihrer Frau als eine Nebeneinnahmequelle, ja als Sicherheitspolster für den Fall zu sehen, dass sie arbeitslos werden. Und wenn die meisten Frauen arbeiten, geschieht das durchaus nicht immer im Hinblick auf ihre Emanzipation, sondern aus ganz banalen finanziellen Gründen, um über zwei Einkommen zu verfügen, zum Erhalt der Familie oder als Notreserve, falls sie eines Tages allein dastehen sollten. Oft werden in einer Ehe mit dem «Nebeneinkommen» der Frau die kleinen Ausgaben des täglichen Lebens bestritten, während das Gehalt des Mannes für große Anschaffungen und Kredite benutzt wird. Diese Aufteilung mag unwichtig erscheinen, hat aber bei einer Scheidung bisweilen schwerwiegende Folgen, denn der Mann kann vorbringen, er allein habe die Hypothek bezahlt und sei damit alleiniger Besitzer der gemeinsam gekauften Wohnung. Darüber hinaus haben die Frauen zwar an Freiheit und Selbstständigkeit gewonnen, sind jedoch nicht die Hausarbeit losgeworden: Unter wachsendem Druck tun sie ihr Bestes, um alles auf einmal zu bewältigen. Die Berufstätigkeit enthebt sie nicht ihrer traditionellen Rolle, denn in Ehegemeinschaften haben in 80% der Fälle weiterhin sie die Hauptlast der Arbeiten im Haushalt zu tragen. Sie sind zu Mädchen für alles geworden, erledigen (so gut wie) allein die traditionellen Frauenarbeiten und übernehmen auch noch die Tätigkeiten, die früher den Männern vorbehalten waren. Um noch Zeit für die Erziehung ihrer Kinder zu finden oder sich um ihre Familie kümmern zu können, arbeiten sie häufig in Berufen, die zwar schlechter bezahlt sind, ihnen dafür aber mehr Abkömmlichkeit gestatten.

Nicht nur in Frankreich, in ganz Europa hat sich bei der Verteilung der Hausarbeit nur wenig geändert. Danach verbringen die Frauen wöchentlich im Durchschnitt dreiunddreißig Stunden mit Haushalt, Einkaufen, Wäschewaschen und Betreuung der Kinder. Die von den Männern im Haus verrichteten Arbeiten und die auf die Frauen entfallenden Haushaltspflichten sind in keiner Weise vergleichbar, was die Mühe anbelangt, die sie machen, die Befriedigung, die sie verschaffen, und den Zeitaufwand und die Verantwortung, die sie erfordern. Wenn man bedenkt, dass selbst in modernen Ehen, wo beide Partner berufstätig sind, die Frauen sechzehn Stunden in der Woche mit Hausarbeiten zu tun haben, die Männer dagegen nur sechs Stunden,[4] und dass Letztere, sofern sie überhaupt im Haushalt mithelfen, sich in erster Linie die am wenigsten zeitraubenden Tätigkeiten (wie Geschirrspülen, Einkaufen oder Staubsaugen) aussuchen, versteht man, dass viele Frauen sich reingelegt fühlen. Zur Entlastung der Männer muss gesagt werden, dass oftmals gerade die Frauen nur schwer in der Lage sind, sich von den weiblichen Klischees der perfekten Hausfrau zu verabschieden, und häufig lieber selbst die lästigen Arbeiten auf sich nehmen, um sich nicht das Gemurre ihres Mannes anzuhören oder mitansehen zu müssen, wie dieser widerwillig seinen Pflichten nachkommt.

Die Falle der Abkömmlichkeit

Die finanzielle Unabhängigkeit ist eine wichtige Voraussetzung für die Selbstständigkeit der Frauen, aber sie reicht nicht aus. Denn selbst wenn sie berufstätig sind und genügend verdienen, definieren sie sich weiterhin über ihre Rolle als Hausfrau und Mutter und machen sich Vorwürfe, wenn es in der Ehe kriselt oder die Kinder Probleme haben. Die Frauen, deren Partner sich weigern, die alltäglichen Arbeiten im Haushalt gemeinsam zu erledigen, müssen im Beruf oft auf verantwortungsvolle Positionen verzichten; und man findet es weiterhin normal, dass die Frau zurücksteht, um ihrem Partner zu folgen. Auch wenn es darum geht, sich um die Kinder zu kümmern, sind es, bei gleicher Verantwortlichkeit der Partner, meistens die Frauen, die in ihrem Beruf zurückstecken. Erkrankt zum Beispiel ein Kind, wird als Erste die Mutter in die Pflicht genommen.

Nach einer Scheidung erklären nicht wenige Frauen, dass ihnen die neue Situation im Vergleich zu ihrem Eheleben kaum zusätzliche Belastungen gebracht hat. So erklärt mir Lara, 45, Pressereferentin, geschieden mit zwei Kindern:

Jedes Mal, wenn ich in einer Zweierbeziehung gelebt habe, musste ich einen Großteil meiner persönlichen Interessen aufgeben. Als meine Kinder klein waren, konnte ich weniger in meinem Beruf arbeiten, konnte nie ausgehen und musste sogar auf eine Universitätsstelle verzichten, denn der Vater weigerte sich, die zusätzlichen Belastungen gemeinsam zu tragen: «Du bist die Mutter!» Im Hause kümmerte ich mich um fast alles: Einkaufen, Essenmachen, Betreuung der Schulaufgaben. Mein

Mann kümmerte sich um das Finanzielle und organisierte die Ferien. Nach der Scheidung versuchte ich eine neue Partnerschaft, aber das war auch nicht viel besser. Darum lebe ich jetzt erst einmal allein.

Da es ihnen verwehrt ist, ein eigenes Lebensprojekt zu verwirklichen, investieren viele Frauen ihre ganze Energie in das Projekt ihres Mannes, aber damit laufen sie Gefahr, nach langen Jahren der Ehe und des Verzichts auf eine eigene Karriere, eines Tages allein dazustehen. Mariette, 62, Schauspielerin und Schriftstellerin, hat diese traurige Erfahrung gemacht:

> Am Anfang unserer Ehe schätzte ich meinen Mann, ja ich bewunderte ihn und folgte ihm in seinen Vorschlägen und Plänen. Heute ist er ein reifer, ausgeglichener Mann von 60 Jahren, das finden jüngere Frauen anziehend. Er nutzt das aus und flirtet herum.
> Ich dagegen habe meine Attraktivität verloren; an einer Frau meines Alters interessiert nichts mehr, außer vielleicht ihre Erfahrung, ihr Können oder auch noch ihre geistige Regsamkeit. Sicher habe ich jetzt in den Wechseljahren die Möglichkeit, etwas anderes aufzubauen, das nicht nur auf weiblichen Hormonen beruht, aber ich weiß nicht, wie, ich habe es noch nie versucht.

Die Frauen der geburtenstarken Jahrgänge sind somit in Beziehungen gerutscht, in denen sie sich daran gewöhnt haben, zu viel zu geben. Sicher haben sie ihre Eigenständigkeit und die Gleichheit von Mann und Frau geltend gemacht, aber häufig sind sie der traditionellen Rollenverteilung in der Ehe verhaftet geblieben. Einige unter ihnen sind so aktiv und fürsorglich, dass sie dazu neigen, das Leid ihrer gesamten Umgebung zu tragen. Mit aufopfernder Liebe suchen sie die Männer wieder aufzurichten, sie von ihren Abhängigkeiten zu befreien oder von ihrer Gewalttätigkeit zu heilen. Die Männer verlassen sich darauf und verlangen sehr viel von ihnen, wie Elisabeth, 49, Universitätsdozentin, geschieden, bezeugt:

> Als Kind wollte ich eine Kriegerin sein. Ich träumte davon, von den mächtigsten Fürsten geliebt zu werden. Ich habe immer versucht, die Männer zu verführen. Da ich ihnen nicht helfen, sie nicht retten konnte, schenkte ich ihnen Lust und Freude. Heute unterstütze ich alle: meinen jahrelangen Geliebten, der Angst hat, dass ich ihn nicht mehr begehre, meinen Exmann, der mich um Rat fragt, bevor er irgendeine wichtige Entscheidung trifft, seit dem Tod meiner Mutter auch meinen Vater und

meine alten Freunde, wenn sie in der Klemme sitzen. Ich mag diese Männer, aber sie sind eine schwere Bürde. Sie erwarten zu viel von mir. Sie hängen an mir wie die Sonnenblumen an der Sonne. Ich bin es leid, allen als Krücke zu dienen.

Um dem zu entgehen, werde ich diesen Sommer mit zwei Freundinnen Urlaub machen. Wir sind alle drei am gleichen Wendepunkt unseres Lebens angelangt: allein und ohne Illusionen, was unsere Arbeit anbelangt. Wir unterstützen unsere Männer; es geht ihnen noch schlechter als uns, sie sind zu zerbrechlich.

Die Frauen wurden darauf «konditioniert», für die anderen da zu sein und in erster Linie die Wünsche des Partners zu berücksichtigen, wodurch viele von ihnen das Bewusstsein für ihre eigenen Wünsche verloren haben. Sie sind regelrechte Aktivistinnen der Courage und des ständigen Kampfes auf allen Ebenen. Sie müssen ständig beweisen, dass sie existieren, dass sie das Recht haben, berufstätig zu sein, dass sie eine gute Ehefrau, Mutter, Geliebte, Tochter sind … Wenn diese Frauen einmal ins Wanken geraten, zeigen sie es nicht. Einige von ihnen gestehen, dass sie sich instinktiv in den Hintergrund zurückziehen, wenn sie mit einem Mann zusammen sind: «Ich fühle mich nicht allein, solange ich mich um jemanden kümmern muss», fügt Elisabeth noch hinzu.

Früher hatten sie sich ganz dem Mann zu widmen; man erwartete von ihnen, dass sie effizient und willig seien, sich widerspruchslos Zwängen fügten und Kränkungen über sich ergehen ließen.

An ihre Ehe erinnert sich Jeanne – 45, geschieden, mit drei Kindern, die abwechselnd von ihr und ihrem Exmann beaufsichtigt werden – als eine Periode dauernden Zeitmangels. Neben ihrer Berufstätigkeit tagsüber, den Kindern am Abend, dem Haushalt, dem Kochen und den «Zwangsfreizeitbeschäftigungen», wie sie es nannte, blieb ihr keine Zeit mehr für sich. In den seltenen Momenten, wo sie nichts zu tun gehabt habe, musste sie mit den Kindern ins Grüne fahren, damit sie «an die frische Luft kamen». Wenn sie es ablehnte, stand sie sofort als egoistische, faule Rabenmutter da.

Seit sie allein lebt, hat sie das Gefühl, ihre Zeit bestens zu nutzen: Sie hat Zeit für die Kinder, Zeit zum Lesen und Schreiben und echte Freizeit gemeinsam mit ihren Freundinnen – Abendessen, Ausstellungen, Kino. Und für den Sex hat sie ein oder zwei alleinstehende Liebhaber. Eine neue Zweierbeziehung zu beginnen sieht sie als Zeitvergeudung. Dafür ist kein Platz mehr in ihrem Leben.

Wir besitzen nach wie vor eine traditionalistische Weltsicht, wonach sich die Frau um alles Private und Zwischenmenschliche kümmert und der Mann um das öffentliche Leben und die Wissenschaften. Und wir betrachten das gesellschaftliche und berufliche Reüssieren der Frauen weiterhin als unvereinbar mit ihrem Erfolg in der Liebe, was bedeutet, dass sie, um eine glückliche Ehe zu führen, in ihrem Berufsleben Einschränkungen in Kauf nehmen müssen. Legt eine Frau eine zu starke Persönlichkeit an den Tag, beklagt man ihren Ehemann, weil er von ihr «erdrückt» wird. Zeigt dagegen der Mann eine starke Persönlichkeit, hält man es für normal, dass seine Frau in seinem Schatten steht. Frauen, die im Beruf großen Erfolg haben, sind den Männern unheimlich: Sie werden dann entweder von ihnen gemieden oder angegriffen. Elisabeth akzeptiert das nicht mehr:

> Wie kann ich es vermeiden, den Männern Angst zu machen? Soll ich so tun, als wäre ich eine andere, soll ich die Zerbrechliche spielen, um das Ego der Männer zu schützen?

Die Forderung nach Eigenständigkeit

Die Frauen drängen also auf Änderungen in der Ehe, weil sie davon nur Vorteile haben können. Tatsächlich sehen viele von ihnen in der traditionellen Ehe ein Hindernis für ihre berufliche Karriere und ihre gesellschaftliche Entfaltung. Das erklärt, warum sie es immer häufiger ablehnen, den Alltag mit einem Mann zu teilen, denn sie finden darin vor allem eine zusätzliche Einengung ihres ohnehin schon von zahlreichen Belastungen geprägten Lebens. Frauen, die gut verdienen und sich von ihrem Berufs- und Gesellschaftsleben stimuliert fühlen, werden anspruchsvoll. Sie wollen durchaus Liebe, aber sie lehnen es ab, ihre Eigenständigkeit aufzugeben. Annick, 52, Ärztin, sagt das deutlich:

> Ich brauche keinen Mann, ich verdiene gut, habe keine materiellen Sorgen, ich mache allein Urlaub, habe viele Freunde und verbringe meine Zeit, wie ich will.

In den Sechzigerjahren zeigte die amerikanische Feministin Betty Friedan, wie der herrschende Diskurs die Frau in der Ehe einzusperren suchte und sie jeder Identität beraubte.[5] Heute suchen die Frauen nach einem eigenen Platz in der Gesellschaft, und einige sagen, sie können ihre Identität nur wiederfinden, wenn sie allein leben. In einer Gesellschaft, die den Individualismus, die Selbstverwirklichung und den persönlichen Wohlstand predigt, weigern sich immer mehr heterosexuelle Frauen, ihre Eigenständigkeit für den angeblichen Komfort einer Ehe aufzugeben: Sie lehnen es ab, das kleine, zarte, ergebene Etwas zu spielen, wie man es früher von ihnen erwartete. Das Modell der Hausfrau, die sich für Mann und Kinder aufopfert, sagt ihnen nicht mehr zu. Sie wollen nicht mehr «die Frau von …» sein, sondern eine eigene Person. Und die Beziehung zu einem Mann muss ein «Plus» sein, das dazu beiträgt, ihre Persönlichkeit aufzubauen.

Die feministischen Bewegungen haben die Frauen dazu ermutigt, sich ihre Situation bewusst zu machen, und damit irreversible Wirkungen erzielt: Sie stellen hohe Ansprüche an die Qualität einer Beziehung. Sie wünschen sich jemanden, der ihnen Geborgenheit gibt, sie gleichzeitig aber auch überrascht und mitreißt. Sie möchten Zärtlichkeit und Sex in ihre Beziehungen mit Männern integrieren. Häufig warten sie weiterhin auf einen Märchenprinzen, aber nicht mehr um jeden Preis. Wenn der andere ihre Persönlichkeit nicht achtet, wollen sie lieber allein bleiben. Im Folgenden beschreibt Sylvie, 30, geschieden von einem possessiven Mann, den Partner, den sie zu finden hofft:

> Ich bin sehr unabhängig und habe ein starkes Bedürfnis nach Alleinsein, darum ist es in meinem Fall unbedingt notwendig, dass der Mann ein eigenes Leben hat, seine Freunde, seine Freizeit, seine Arbeit, und dass er verliebt, aufmerksam, zuvorkommend und präsent ist. Eine Beziehung mit mir darf nicht bedeuten, dass er alles für mich aufgibt und nur noch für mich lebt. Im Gegenteil, jeder soll sein eigenes Leben weiterleben und den anderen daran teilnehmen lassen. Dieser Mann soll leidenschaftlich sein, aber nicht ständig an mir hängen. Präsenz bezieht sich nicht unbedingt auf das Körperliche, eher auf das Seelische und auf Gefühle. Es müsste möglich sein, sich nur dann zu treffen, wenn man wirklich Lust dazu hat, und die innersten Geheimnisse und die Intimsphäre des anderen zu respektieren.

Diese Frauen lassen sich nichts mehr gefallen, und die Männer sagen von ihnen, sie seien hart geworden. Wir werden noch darauf zurückkommen, oft haben sie Mühe, ihren Erfolg, ihre Dynamik und ihre Fähigkeit, Probleme zu lösen, auch innerlich anzunehmen und zu bewältigen. In der Liebe verstehen sie es, die Initiative zu ergreifen. Einige bedienen sich sogar des machistischen Gebarens und spielen ohne Scheu den weiblichen Männer «konsumierenden» Don Juan. Sie wollen alles: einen Mann mit den typischen männlichen Wesensmerkmalen – groß, kräftig, beschützend, tüchtig –, der aber kein Macho sein darf und gleichzeitig auch noch weibliche Charaktereigenschaften besitzt ... Sylvie beschreibt das so:

> Damit Gleichheit zwischen uns herrscht, darf dieser Mann weder ein Macho noch besitzergreifend sein. Er muss zuverlässig und tüchtig, ausgeglichen und bedächtig sein. Ich möchte auch, dass er intelligent, lustig und schlagfertig ist und dass er mich zum Lachen bringt. Um jemanden zu lieben, muss ich ihn bewundern können, darum werde ich keinen Mann ertragen, der schwach ist oder auf meine Kosten lebt. Ich möchte, dass er mir neue Horizonte eröffnet und mir Dinge zeigt, die ich nicht kenne.

Man muss sich wirklich nicht darüber wundern, dass einige dieser «modernen» Frauen Mühe haben, den eisernen Panzer zu ertragen, den sie sich auf diese Weise geschmiedet haben.

Die Reife der Frauen und die neue Einsamkeit

Zwar sind von diesem Wandel alle Generationen berührt, aber die offensichtlichsten Änderungen betreffen die Frauen der geburtenstarken Jahrgänge, die um die Jahrhundertwende zwischen 50 und 60 Jahre alt waren. Sie glaubten an die Befreiung der Frauen, begannen, sich eine Arbeit zu suchen, und wollten in allen Bereichen erfolgreich sein: im Berufsleben, in der Ehe und im Familienleben.[6] Sie versuchten, sowohl professionelle Arbeitskräfte als auch gute Mütter und attraktive Liebhaberinnen zu sein. Und sosehr sie sich in ihrer Arbeit engagierten, sie suchten immer auch ihre Ehe zu schützen. Aber gleichzeitig nutzten viele Männer dieser Generation die wachsende sexuelle Freiheit zu Seitensprüngen. Die Frauen fühlten sich verraten, wie Gisèle, 51, Juristin, im Folgenden bestätigt:

> Ich war fünfzehn Jahre lang verheiratet, habe meine Kinder praktisch allein aufgezogen, denn ihr Vater «arbeitete». Aber ich war ebenfalls berufstätig, und ich verdiente genauso viel wie er. In all den Jahren habe ich mich immer angestrengt, perfekt zu sein: Ich führte den Haushalt, kochte immer ausgewogene Mahlzeiten, um den Cholesterinspiegel meines Gatten niedrig zu halten, und suchte meinen Kindern Obst und Gemüse schmackhaft zu machen. Ich kaufte die Theater- oder Konzertkarten, denn Monsieur war der Meinung, ich verstehe es besser, mich darum zu kümmern, und ich bemühte mich, attraktiv und sexy zu bleiben, um sein Verlangen nach mir lebendig zu halten. Das Ergebnis war, dass er mich regelmäßig betrog und zugleich versicherte, er würde bei mir bleiben, um die Familie nicht kaputt zu machen.
>
> Ich reichte schließlich die Scheidung ein und habe es nie bedauert. Seitdem ich allein lebe, habe ich mehr Zeit und kann mich so mehr meinem Beruf widmen. Ich arbeite jetzt in einer sehr verantwortungsvollen Position und verdiene gut. Mein Exmann hat das dazu genutzt, die Unterhaltszahlungen für die Kinder zu kürzen, obwohl ihr Studium im Ausland viel Geld kostet. Es tut mir leid um sie, aber ich finde mich lieber damit ab, ehe ich mich in neue kleinliche Streitereien verwickeln lasse.

Da sie keine befriedigende Partnerschaft mit einem Mann finden, entscheiden sich manche dieser Frauen in reiferen Jahren kurzerhand für das Alleinsein – und manchmal für den Verzicht auf sexuelle Beziehungen. Dies gestattet ihnen, das Leben ganz nach ihrem Willen zu nutzen, Sport zu treiben, Freizeitangebote wahrzunehmen und Reisen zu unternehmen, alles Dinge, die sie mit großer Sicherheit zufriedenstellen. Für viele dieser Frauen ist Liebe gleichbedeutend mit Leiden und Abhängigkeit. Darum verbannen sie fortan alles aus ihrem Leben, was abhängig macht, um sich ihre Freiheit zu bewahren. Das schließt manchmal auch die Liebe aus, aber nicht zwangsläufig sexuelle Beziehungen oder das Vergnügen, einen Abend mit einem Mann zu verbringen.

Das neue Misstrauen der Frauen gegenüber den Männern kann die verschiedensten Formen annehmen. Viele haben versucht, ihren Mann um jeden Preis in einer phallischen Position zu erhalten, und sind dann bekümmert, wenn er seine Aura verliert, und enttäuscht, wenn er sich als naiv und verwundbar erweist. Frauen, die in einer vergangenen Beziehung vernachlässigt oder misshandelt wurden, fassen womöglich überhaupt kein Vertrauen mehr zu Männern und betrachten jede Form von Wohlwollen mit Argwohn. Einige verdrängen ihre Gefühle und fliehen in eine erbitterte Unabhängigkeit: «Ich brauche niemanden!» Andere hingegen entwickeln eine tief sitzende Angst und reagieren überzogen auf jede Kritik: Da sie eine denkbar schlechte Meinung von Männern haben, die sie als Behinderte in Sachen Gefühlskommunikation und als Sexbesessene wahrnehmen, träumen sie manchmal von einer Welt ohne Männer. So beschrieb die amerikanische feministische Schriftstellerin Pamela Sargent (geb. 1948) in ihrem 1989 veröffentlichten Science-Fiction-Roman *Das Ufer der Frauen*[7] eine Welt, in der nach einem atomaren Holocaust Frauen und Männer getrennt leben: die Frauen in ihren Städten, wo sie Zivilisation, Wissenschaft und Technik bewahren; die Männer draußen in der Wildnis, wo sie in Horden umherirren. Von Wissen und Bildung ausgeschlossen, werden Letztere mit der virtuellen Illusion erotischer Befriedigungen gesegnet und belohnt, wenn sie ihrer «Berufung» Folge leisten und ihr Sperma spenden.

Diese extreme Fabel gibt wohl recht schonungslos das uneingestandene Gefühl zahlreicher Frauen der geburtenstarken Jahrgänge in der westlichen Welt wieder: Wurde eine Frau in einer Partnerschaft enttäuscht (oder noch schlimmer, misshandelt), reagiert sie danach übermäßig misstrauisch. Und dieses Misstrauen der Frauen jener Generation gegenüber den Männern hat sich in vielen Fällen auf ihre Töchter übertragen. Welches Bild können diese Mädchen von Männern haben, wenn ihre Mütter betrogen, verlassen oder misshandelt wurden? Wie soll man an die Ehe glauben, wenn man miterlebt hat, wie sich die Eltern wegen des Vermögens oder des Sorgerechts für die Kinder entzweien? Hier herrscht nicht mehr das Bild der erlösenden, sondern das der zerstörerischen Liebe.

Das bezeugt, zum Beispiel, Maria, 37, Kassiererin in einem Supermarkt, Tochter einer alleinstehenden Mutter; sie hat allein drei Kinder großgezogen und ihre Männerphobie auf die «Leute» schlechthin ausgedehnt:

Ich lebe allein. Ich habe praktisch immer allein gelebt. Den Männern traue ich nicht, sie wollen nur Sex, man kann sich nicht auf sie verlassen. Ich ziehe meinen Sohn groß, gehe arbeiten, und fertig. Ich habe meine Familie, zwei Freundinnen, das reicht mir. *Mit den Leuten gibt es immer Ärger* [von mir hervorgehoben]. Es geht einfach nicht, dass ich es meiner Mutter nachmache, die von allen ihren Partnern geschlagen wurde.

Wenn die Frauen also öfter allein leben, dann zum Teil deshalb, weil sich ihre Beziehungen zu den Männern geändert haben und sie selbst anspruchsvoller geworden sind. Aber es hat auch demografische Gründe, denn seit der Jahrtausendwende hat sich die ungleiche Verteilung des Alleinseins zwischen den Geschlechtern in der Altersgruppe um die fünfzig zunehmend verstärkt. Tatsächlich ist das Verhältnis bei den Neugeborenen konstant (auf 105 Jungen kommen 100 Mädchen), und die Männer bleiben bis zum Alter von 30 Jahren zahlreicher als die Frauen. Danach bleibt das Verhältnis ausgewogen bis zum Alter von 55 Jahren, doch von da an geraten die Frauen mit zunehmendem Alter mehr und mehr in die Überzahl.

Alleinstehende Frauen leben oft in der Stadt und sind häufig hochqualifiziert (jede fünfte höhere Angestellte lebt allein). Für das Ledigsein haben sie sich in den meisten Fällen bewusst entschieden oder haben es zumindest akzeptiert, was sie nicht hindert, im Internet nach einem Partner zu suchen. Während im 19. Jahrhundert vor allem Frauen aus der Unterschicht ledig blieben (Arbeiterinnen, Hausgehilfinnen, Mägde, Frauen ohne Mitgift), steht die Ehelosigkeit heute in einem engen Zusammenhang mit dem hohen Bildungsgrad der Frauen. Im Gegensatz zu früheren Generationen, als die Frauen um jeden Preis heiraten wollten und nichts so sehr fürchteten, wie mit 25 noch ledig zu sein, lehnen es heute viel mehr Frauen als Männer ab, sich durch eine Heirat zu binden. Sie sind von Müttern aufgezogen worden, die nie eine andere Arbeit als ihren Haushalt kannten, da sie entweder keinerlei Ausbildung besaßen oder weil ihr Ehemann ihnen eindringlich nahegelegt hatte, zum Wohl der Familie besser zu Hause zu bleiben. Sie haben miterlebt, wie ihre Mütter über die Zwänge der Ehe und die Untreue ihrer Ehemänner klagten und nicht zuletzt über die Unmöglichkeit, sich auf annehmbare Weise scheiden zu lassen, da sie von ihren Männern finanziell abhängig waren.

Der Entschluss zum Alleinsein

Nach einer Scheidung versuchen Frauen selten, sofort wieder eine traditionelle Ehe einzugehen. Oft sagen sie, sie benötigen eine gewisse Zeit für sich allein, um sich zu erholen, sich zu sammeln, sich wieder aufzubauen. Vor einer neuen Eheschließung stellen sie ihre Bedingungen, wie Lara, 45, erklärt:

> Ich möchte gern heiraten, aber nur wenn es sich lohnt. Der andere muss mir etwas mehr bringen. Nicht nur seine Anwesenheit, sondern auch materielle Sicherheit, die Einführung in eine höhere Gesellschaftsschicht. Und dann vor allem geistige, kulturelle Anregung oder die Erschließung einer unbekannten Welt.

Die meisten Frauen wollen kein Konkurrenzverhältnis mehr, das ein Liebesverhältnis oft impliziert. Sie sind es müde, Verführungstaktiken zu ersinnen, um Machtpositionen zu kämpfen oder in der ständigen Angst zu leben, verlassen zu werden. Einige wollen einen neuen Partner finden, sind sich aber bewusst, dass sie sich darauf erst einmal vorbereiten müssen. Als Erstes müssen sie das Vergangene hinter sich lassen, als Nächstes sich gut organisieren, sich weiblich geben – denn die Männer suchen sexy Frauen, die ihre Libido anheizen –, dann den Eindruck von Leichtigkeit erwecken – denn eine von Sorgen geplagte Frau ist nicht attraktiv –, aber dennoch den Haushalt zu führen verstehen – denn ein Mann hat keine Lust, sich die Zukunft mit Problemen zu verbauen – und schließlich die Glückliche spielen – denn wie kann man jemanden verführen, wenn man zum Aperitif die Antidepressiva vor sich aufreiht?

Manche Frauen lehnen es ab, derartige Anstrengungen zu unternehmen und verzichten lieber auf einen solchen Versuch. Für eine immer größere Zahl unter ihnen ist – entgegen ihren eigenen Aussagen und vor allem entgegen den Behauptungen der Frauenzeitschriften – die Liebe nicht mehr das Wichtigste. In erster Linie suchen sie ihr Berufsleben zu verwirklichen und eine gewisse materielle Sicherheit zu erlangen, um sich anschließend der Stabilität ihres Gefühlslebens zu widmen. Das ist der Fall von Béatrice, 57, Krankenschwester:

> Ich will die Liebe dieser Männer nicht in Zweifel ziehen, aber sie beinhaltet, dass ich mich um sie kümmere, und das habe ich wirklich satt. Ich habe meine Kinder großgezogen, mich um meine kranken Eltern gekümmert, während ich gleichzeitig arbeitete, und jetzt möchte ich jemanden kennenlernen, der sich um mich kümmert, aber da ich weiß, dass er mir nicht begegnen wird, bleibe ich lieber allein.

Je mehr Eigenständigkeit eine Frau heute erlangt, desto schwerer ist es für sie, nach einer Scheidung wieder in einer Ehe zu leben. Sie hat gelernt, mit ihrer Zeit und ihrem Geld umzugehen, ihre Freizeitbeschäftigungen und Freundschaften zu wählen, und wird nicht die geringste Kontrolle dulden. Es ist ihr geradezu ein Vergnügen, ihre Situation selbst zu meistern. Frauen, die dieses Alleinsein gut vertragen, sind oft perfektionistisch und musterhaft, bisweilen scheint sogar ihr überkontrolliertes Ich selbst nach Vollkommenheit zu streben. Nach mehreren verhängnisvollen Erfahrungen wollen manche Frauen, wie Laura, 46, lieber allein bleiben:

> Da mein Mann sich nicht darum kümmerte, habe ich gelernt, den gesamten Haushalt zu organisieren und zu führen, die Einkäufe, die Reparaturen, die Beaufsichtigung der Kinder bei den Schulaufgaben, die Elternabende in der Schule, ja sogar die Freizeit. Ich bin total organisiert und effizient geworden. Ich bat meinen Mann häufig um Hilfe, aber wenn er mal bereit war, etwas zu tun, war das gleich mit einem Riesenaufwand verbunden, was die Sache letztlich noch komplizierter für mich machte, und so habe ich ihn dann um gar nichts mehr gebeten.
>
> Als wir vor unserer Scheidung eine Eheberatung aufsuchten, sagte er nur, er habe das Gefühl, für ihn sei kein Platz; aber irgendwie musste der Haushalt ja wohl in Schuss gehalten werden, ob mit seiner Hilfe oder ohne sie. Seine Abwesenheit hat an den praktischen Problemen überhaupt nichts geändert, ich habe dieselben Sorgen, muss dieselben lästigen Arbeiten verrichten, aber ich kann mich organisieren, wie es mir passt.

Sicher kommt es noch vor, dass Frauen, die sich für das Alleinsein entscheiden, in den Augen derer, die in der traditionellen Ehe verbleiben, etwas Unheimliches haben. Sie werden dann beschuldigt oder bemitleidet. Man bedauert sie, man glaubt, dass sie ein Problem haben oder dass sie misshandelt wurden, und bisweilen fürchtet man sie. Dann ist man gar nicht so weit entfernt von den öffentlichen Hexenverbrennungen: Diese Frauen besitzen eine Freiheit und Allmacht, die es zu vernichten gilt, denn sie bedrohen die Macht der Männer. Ehepaare begegnen ihnen mit Argwohn, die verheirateten Frauen haben Angst vor diesen Männer verschlingenden Vamps:

Nachdem sie ihren Mann verlassen hat, mit dem sie sich langweilte, sagt Corinne, 41, Lehrerin, sie habe keine Lust, eine neue Ehe zu beginnen, denn sie fürchte, in einer eher tristen Sittsamkeit zu versanden. Dennoch, so sagt sie, fehle ihr die Beziehung zu einem Mann:

> Wir alleinstehenden Frauen haben das Problem, dass wir eine Art Getto bilden. Wir freuen uns, wenn wir uns treffen und gemeinsam etwas unternehmen, aber der Bekanntenkreis der Paare ist uns verschlossen, denn die Ehefrauen meiden uns aus Angst, wir könnten ihnen ihren Mann wegschnappen.

Wenn eine Frau frei und unabhängig ist – ein Verhalten, das bisher den Männern vorbehalten war –, bekommt sie manchmal zu hören, dass sie sich wie ein Mann, ja wie ein Macho benehme. Aber diese Haltung verschwindet nach und nach: Alleinstehende Frauen erregen seltener als früher Spott oder Mitleid, und der Druck seitens der Gesellschaft ist nicht mehr ganz so verletzend.

Denn selbst wenn diese Frauen es in sozialer Hinsicht nicht gerade leicht haben, finden sie sich doch besser mit dem Alleinsein ab als die Männer. Viele von ihnen haben ein ausgefülltes gesellschaftliches Leben voller geistiger und kultureller Aktivitäten. Offenbar existiert bei ihnen eine tiefe Kluft zwischen ihrer großen Offenheit und Verfügbarkeit gegenüber anderen Personen und dem deutlichen Hang zur Individualisierung, der manch einem als Egoismus erscheinen mag. Da sie mit vielen Leuten zusammenkommen, nehmen sie sich selbst nicht als einsam wahr. Sie finden zu einer neuen Lebensweise, treffen sich untereinander an bestimmten Orten, veranstalten Abendessen unter Frauen, wo sie ausgelassen sein, lachen und über alles reden können, ohne Angst haben zu müssen, bevormundet zu werden. Sie kommen nicht nur gut mit dem Alleinsein zurecht, sondern einige von ihnen entschließen sich sogar, allein aufs Land oder in die Berge zu ziehen.

> Nach dem Verlust ihrer Arbeitsstelle entschließt sich Hélène, 39, Paris zu verlassen, um allein mit ihren Katzen in einem Häuschen auf dem Land zu leben: «Wenn man sogar in der Stadt allein ist, kann man es genauso gut an einem friedlichen, abgeschiedenen Ort sein.» Als die Firma, in der sie arbeitete, zu rationalisieren begann, wurde sie mit Rivalitäten und Machtkämpfen konfrontiert, wo jeder bereit war, den anderen auszuschalten, um den eigenen Posten zu retten. Diese Art von Beziehungen will sie nicht mehr. Da ohnehin alles ungewiss ist, wird sie in Zeitarbeitjobs arbeiten.
>
> Was ihr Gefühlsleben anbelangt, brauchte sie nach einer Trennung erst einmal Zeit, um etwas klarer zu sehen: «Ich wollte mich von dem Bedürfnis befreien, geliebt zu werden. Ich will niemanden mehr brauchen.» Nach einer schwierigen Anfangsphase, in der sie der Mangel an Kontakten und die Härte ihrer materiellen Lage schwer belastete, lernte sie den Frieden, die Stille und die Lieblichkeit eines Spaziergangs im Morgengrauen auf dem Lande zu schätzen. Sie sagt, sie werde nicht ewig in dieser Abgeschiedenheit leben, aber auf keinen Fall will sie nach Paris zurückziehen.

Sie suchen diesen Abstand als eine Etappe, als eine Möglichkeit, sich nach einer Trennung oder einem Verlust wiederaufzurichten, oder als eine Art Pause, um sich wiederzufinden. Einige wählen kurz entschlossen das Alleinsein als neue Lebensweise. Für alle diese Frauen ist es wichtig, allein zurechtzukommen. Selbst wenn sie ihre Freiheit manchmal mit Zweifeln, tiefem Leid und dem Gefühl der Verlassenheit teuer bezahlen, handelt es sich für sie doch um eine Mutprobe, um eine Erprobung ihres Wertes. Wenn mehr Frauen als Männer diese Entscheidung treffen, dann deshalb, weil die Erlangung ihrer Eigenständigkeit nicht von vornherein feststeht.

Einige Psychoanalytiker vertreten die Hypothese, dass Frauen, die sich zum Alleinsein entschließen, in ihrem Innern vom Vater beherrscht sind: «Die unbewusste Bindung zwischen einer Tochter und einem charismatischen Vater ist so unverbrüchlich, dass kein Bewerber mit ihm rivalisieren kann.»[8] Aber handelt es sich hier nicht eher um ihre Enttäuschung über das Scheitern einer von ihrem Mann beherrschten Mutter oder über eine frustrierte oder recht lieblose Mutter? Denn alle diese Frauen sagen: «Ich will nicht so wie meine Mutter sein!» In ihrem Buch mit Zeugnissen über den radikalen Rückzug einiger Frauen aufs Land berichtet Françoise Lapeyre, ein gemeinsames Merkmal dieser Frauen sei eine Kindheit ohne Mutter oder mit einer lieblosen Mutter, die ihre kleine Tochter auf diese Weise in die Einsamkeit eingeführt habe.[9]

Die Solidarität der Frauen

In ihrem Streben nach Eigenständigkeit werden sie oft von anderen Frauen unterstützt, denn zwischen alleinstehenden Frauen existiert eine große verständnisinnige Solidarität. So wurde Inès, 60, nach dem besonders brutalen Ende einer Beziehung von ihren Freundinnen buchstäblich «getragen», bis sie ihr seelisches Gleichgewicht und ihre Kräfte wiedererlangt hatte. Danach schrieb sie ihnen den folgenden Text:

> Einige von euch kennen sich. Andere nicht. Einige von euch ähneln sich. Andere gar nicht. Dennoch habt ihr alle eines gemeinsam: Ihr seid meine Freundinnen. Als ich im dichtesten Nebel steckte, habt ihr mir geholfen, die Richtung wiederzufinden und mich mit neuem Mut wieder auf den Weg zu machen. Ihr habt mir die Freude am Leben zurückgegeben. Ihr alle sagtet diesen Satz: «Du kannst mich anrufen, wann immer du willst, egal, ob bei Tage oder mitten in der Nacht!»
>
> Ihr habt mich bei euch aufgenommen. Eine Zeitlang hatte ich an allen möglichen Orten Nachthemd und Zahnbürste. Etliche Male habt ihr mich entführt: «Was hast du morgen vor?» «Nichts.» «Gut, dann pack deinen Koffer, ich nehme dich mit ans Meer.» Oder: «Heute Abend ist ein Jazzfestival, lass uns hingehen.»
>
> Von euch habe ich mich voller Vertrauen verwöhnen lassen. Ihr habt mich liebevoll bekocht, und das extra für mich. Ihr seid mit einer guten Flasche Wein aus dem Keller gekommen: «Hier, der wird dir schmecken!» Ihr habt für mich aus eurer Sammlung einige urkomische Filme ausgesucht.
>
> Mit euch habe ich geweint, aber auch viel gelacht. Wir haben viel Schlechtes über die Männer gesagt: «Weißt du, was mein Mann mit mir gemacht hat?» «Das glaube ich dir nicht!» «Ich schwör's dir!» Und wie erleichtert haben wir uns dann halb totgelacht!

Ihr habt mich in die Arme genommen. Wir sind zusammen den Strand entlanggegangen und haben dem Rauschen der Wellen gelauscht. Ihr habt mir wieder Lust gemacht, neue Klamotten zu kaufen, mich neu einzurichten, mir einen neuen Look zuzulegen. Ihr habt mir stundenlang am Telefon zugehört. Ihr seid um 11 Uhr abends mit der U-Bahn vom anderen Ende der Stadt zu mir gekommen, um mir zu helfen und ein paar Stunden auf meinem Sofa zu schlafen.

Ihr habt mich den Frieden und die Freude am gegenwärtigen Augenblick kosten lassen. Ihr habt die richtigen Worte für mich gefunden. Ihr habt es verstanden, mir zuzuhören. Ich habt mich dazu gebracht, «*Gracias a la vida*» zu singen.

Heute erst ermesse ich, was ihr alles für mich getan habt, und das Glück, euch kennengelernt zu haben, diese Kette von Freundschaften zwischen all euch wunderbaren Frauen.

Frauen sagen, dass sie untereinander tiefere und reichere Beziehungen haben als zu den Männern, und sie sagen es mit Bedauern. Oft hört man die Bemerkung: «Schade, dass ich nicht lesbisch bin, das wäre einfacher.» Aber man kann auch zu dem Schluss gelangen, dass diese Beziehungen gerade deshalb leichter sind, weil in ihnen sexuelles Verlangen keine Rolle spielt. Das heißt nicht, dass diese Frauen keine Männer lieben, sondern nur, dass die Beziehungen zu ihren Freundinnen einfacher sind. Sie finden darin Verständnis, ihren Spaß und vor allem Solidarität. Christine, 53, Sozialarbeiterin:

Ich fühle mich wohl mit meinen Freundinnen, und sie mögen meine Kämpfernatur. Mit Frauen ist es einfach, wir haben dieselben Interessen, denselben Humor, während wir mit Männern keinen Spaß haben. Man muss immer so sein, wie sie wollen: Röcke tragen, keine dunklen Farben. Ich mache mir keine Illusionen mehr über Männer, ich kenne sämtliche Sorten. Ich bin lieber mit einer guten Freundin zusammen, und da ich großzügig bin, erhalte ich auch viel zurück.

Alleinstehende Frauen treffen sich untereinander oft wie in ihrer Jugend, jener Zeit, als es noch nicht darum ging, mit einem Mann «zusammenzuleben», und es genügte, Spaß zu haben und zu gefallen. Nachdem sie sich aus einer Ehe befreit haben, weigern sich manche Frauen, von allen Möglichkeiten Abschied zu nehmen. Sich erneut an einen Mann zu binden würde bedeuten, auf alle anderen zu verzichten: «Solange ich frei bin, kann ich allen Männern gefallen.» Sie wollen vor allem aber «sich» gefallen.

Der Kinderwunsch

Die Entscheidung für das Alleinsein ist, wie wir gesehen haben, nicht nur eine Sache der reiferen Frauen: Immer mehr junge Frauen – meistens Akademikerinnen mit einem verantwortungsvollen Posten – zögern den Zeitpunkt der Bindung in einer Ehe so weit wie möglich hinaus. Und wenn sie sich zur Heirat entschließen, dann deshalb, weil sie sich, auf die 40 zugehend, plötzlich vor die Entscheidung gestellt sehen, ein Kind allein zu bekommen oder Gefahr zu laufen, nie eines zu haben. Sicher besteht hier eine Ungleichheit zwischen den Geschlechtern, denn Männer sind theoretisch bis ins hohe Alter zeugungsfähig, während die Natur den Frauen viel weniger Zeit lässt.

Bewusst oder unbewusst erwägen diese Frauen die Ehe nur im Hinblick auf das Kinderkriegen. Weil sie Mutter werden wollen, suchen sie sich einen Vater. So auch Estelle, 37:

> Ich bin bereit, ein Kind zu kriegen, aber es fehlt der Vater. Ich möchte das Kind nach Möglichkeit nicht allein bekommen, aber wenn ich mit 40 immer noch allein bin, werde ich es trotzdem tun.

Das Kinderkriegen ist heute nicht mehr eine Frage des Zufalls, sondern Ergebnis einer auf den geeigneten Moment programmierten Entscheidung. Mittlerweile ist es einfacher, ein Kind zu *bekommen*, als einen Vater zu finden, um ein Kind zu *machen*, und so begeben sich einige Frauen um die 35 auf die Suche nach einem Erzeuger (Frauen, die auf die schicksalhaften 40 zugehen, ohne den idealen Mann gefunden zu haben, können sich zwecks einer künstlichen Befruchtung an belgische Fruchtbarkeitsinstitute wenden.)[10]

> Nach mehreren Beziehungen, die jeweils zwei, drei Jahre gehalten hatten, entschloss sich Muriel, 36, zu heiraten, als sie schwanger wurde, woraufhin das Paar nach Paris zog. Leider hatte sie kurz nach dem Umzug eine Fehlgeburt, und ihr Mann verließ sie. Der Schock nach der Fehlgeburt und der anschließende Bruch führten zu einer Depression, die von der Wut auf ihren Exmann überdeckt war: «Er wollte eine Familie, aber mich hat er nicht geliebt!» Nach einer mehrwöchigen Behandlung mit Antidepressiva findet sie zu ihrer alten Dynamik zurück, meldet sich auf

einer Website für Nachbarschaftshilfe an, um Kontakte in ihrem Viertel zu knüpfen, und gleichzeitig auf einer Datingsite: «Ein Leben ohne Liebe kann ich mir nicht vorstellen.»

Sie sagt, das Alleinsein falle ihr sehr schwer. Seit ihrem sechzehnten Lebensjahr habe sie immer in einer Beziehung gelebt, vor allem aber wolle sie Kinder, und mit 36 Jahren nach einer Fehlgeburt, so meint sie, sei keine Zeit zu verlieren. Als kaufmännische Angestellte kommt sie mit vielen Menschen zusammen, aber in Paris ist ihr Bekanntenkreis zu klein, denn sie stammt aus der Provinz, und durch ihre Ehe hat sie ihre Freunde etwas aus den Augen verloren.

Ihre Internetsuche nach einem Partner ist sehr intensiv: «Ich habe jemanden gefunden, der mir gefällt, aber ein paar Dinge an ihm sagen mir nicht so zu, mal sehen, ob ich etwas Besseres finde. Das Problem ist, die richtige Person im richtigen Moment zu treffen, wenn beide bereit sind, eine feste Bindung einzugehen.» Beziehungen nehmen bei ihr meistens einen rasanten Verlauf, und so verliebt sich der andere sehr schnell in sie. Sie spricht gleich zu Anfang über das Kinderproblem, denn sie ist der Meinung, dass es besser ist, von vornherein klare Verhältnisse zu schaffen.

Nach einigen Wochen Chat auf einer Datingsite begegnet sie einem Mann, der ihr zusagt, aber die Beziehung dauert nur zwei Monate. Sie ist maßlos enttäuscht, denn der Mann hat per Telefon mit ihr Schluss gemacht und als Grund genannt, es gelinge ihm nicht, seine Gefühle auf sie zu projizieren, er sei nicht genügend verliebt in sie. Danach lernt sie einen anderen kennen, doch der bremst sehr schnell ab und erklärt ihr, er wolle die Beziehung lieber gleich beenden, denn er spüre, dass sie mehr wolle.

Den letzten Informationen nach hat Muriel einen Engländer gefunden, der in Madrid lebt. Sie hatten zunächst einige virtuelle Kontakte über eine Webcam, um sich einen ersten Eindruck zu verschaffen, dann reiste sie nach Madrid, um ihn zu treffen. Ohne dass sie sich zuvor wirklich begegnet waren, hatten beide das Gefühl, sich gut zu kennen. Seitdem haben sie sich zwei-, dreimal wieder gesehen, sind verliebt und schmieden Zukunftspläne. Jetzt stellt sich für sie die Frage, in welchem Land sie ein gemeinsames Leben beginnen wollen, bevor sie ein Kind bekommen.

Ein Kind zu bekommen hat häufig den Stellenwert eines narzisstischen Erfolgs. Dieses Kind ist dann narzisstisch aufgeladen, es ist nicht nur ein Instrument sozialer Fortpflanzung, sondern eine Fortsetzung, eine Verlängerung des Ichs und der idealisierten Liebe. Man könnte sagen, es ist ein emotionaler Konsumartikel.

Gwladys, 48, trennte sich vor fünf Jahren von Bernard, dem Vater von Louis, ihrem 12-jährigen Sohn. Seit der Trennung lebt sie allein, ohne eine Liebesbeziehung, ohne Arbeit. Ihr Leben konzentriert sich einzig und allein auf ihren Sohn: Sie wacht über seine materielle Geborgenheit und achtet darauf, dass er gute Noten nach Hause bringt. Was die Schularbeiten anbelangt, muss sie die Tatsache berücksichtigen, dass der Junge, wenn er mittwochs oder an bestimmten Wochenenden bei seinem Vater ist, seine Aufgaben nicht macht, sodass sie sich schon vorher darum kümmern muss.

Da keine Regelung für die Beaufsichtigung des Kindes existiert, muss sie sich mit ihrem Zeitplan nach dem des Vaters richten. Auf diese Weise hat Bernard genau das erreicht, was er von Gwladys wollte: dass sie auf ihr eigenes Leben verzichtet und sich ausschließlich um ihr Kind kümmert.

Faktisch ist das Alleinsein vor allem für die Frauen ein Problem, die materiell und moralisch ganz allein auf sich gestellt sind und dabei auch noch die Kinder großziehen müssen. Ihr Leben ist in dieser Situation dermaßen von Alltagspflichten – Beruf, Kochen, Schulaufgaben, Haushalt usw. – ausgefüllt, dass keine Zeit mehr für ein eigenes Leben bleibt. Die einzige Erholung besteht aus Fernsehen, denn um ausgehen zu können, muss jedes Mal ein Babysitter bezahlt werden, und nicht alle haben so viel Geld. Als sie noch verheiratet waren, trat diese Belastung nicht so deutlich in Erscheinung, auch wenn die Sicherheit, die ihnen die Ehe gab, nur eine Illusion war, da der Ehemann wenig Entgegenkommen zeigte und sie sich schon damals um die hauswirtschaftlichen Aufgaben und die Erziehung der Kinder kümmerte.

Eine alleinstehende Mutter hat es nicht einfach, denn sie hat alle Rollen zu spielen: Sie muss die Kinder bemuttern und ihnen gleichzeitig vieles verbieten. Dieses erzieherische Matriarchat entfremdet die Kinder der Wirklichkeit und begünstigt die Entstehung narzisstischer Persönlichkeiten.

Nathalie, 34, lebt getrennt von einem Mann, mit dem sie eine Tochter hat. Sie ist in der Wohnung geblieben, in der sie zusammen mit dem Vater ihres Kindes lebte, weil sie noch keine gefunden hat, die kleiner ist und in der Nähe ihrer Arbeit wie auch der Schule ihrer Tochter gelegen ist; aber nach Zahlung der Miete bleibt ihr praktisch kein Geld mehr zum Leben. Sie hat den Eindruck, dass ihr neben der Arbeit und dem Kind keine Zeit für irgendetwas anderes bleibt: «Ich bin nur Mutter!» Daran, jemanden zu verführen, denkt sie überhaupt nicht mehr, ihre Libido ist gleich null. Sie hat nicht vor, in nächster Zeit eine neue Beziehung zu beginnen, obwohl ihr das finanziell durchaus gelegen käme: «Abends allein zu Bett zu gehen ist sehr angenehm. Ich habe keine große Lust, einen Mann im Haus zu haben. Ich fürchte mich vor Machtrangeleien.»

Die materiellen Probleme sind dergestalt, dass geschiedene Mütter oftmals aus finanziellen Gründen erneut eine traditionelle Familie gründen wollen. Andere sagen, sie wollten nicht wieder heiraten, weil ihre Kinder dagegen seien. Aber oftmals wünschen sich gerade die Kinder, dass ihre Mutter einen neuen Lebensgefährten findet, dass sie gewissermaßen wieder normal wird, damit sie wie ihre Schulkameraden «mein Stiefvater» sagen können und sich vor allem keine Sorgen mehr um ihre Mutter machen müssen. In der Tat leiden viele Kinder unter dem Alleinsein ihrer Mutter und unter der schweren Bürde von Ängsten und Schuldgefühlen, die daraus erwachsen können.

Wir leben also gegenwärtig in einer Zeit des Umbruchs und der Gefühlsexperimente: Die Frauen haben eine theoretische Gleichheit gegenüber den Männern erlangt, aber nun müssen sie das Modell ihres Gemüts- und Gefühlslebens ihren neuen Rollen anpassen und neue Modelle für eine zeitgemäße Aufgabenverteilung zwischen Frau und Mann finden. Die Frage ist, wie sie diese neuen Aufgaben bewältigen können, ohne auf ihre Wünsche, ihre Mutterschaft und ihr Privatleben zu verzichten. Die Frauen hätten gern mehr Macht, aber sie sind nicht unbedingt bereit, sich in unserer hartherzigen Gesellschaft dafür in Gefahr zu begeben. Sie fühlen sich manchmal recht unsicher, und einige haben sogar das Gefühl, ihren Platz zu Unrecht einzunehmen. Béatrice drückt das auf ihre Art so aus: «Ich habe lange von einem starken Mann geträumt, der mir die Last der täglichen Pflichten abnähme und meine Sorgen mit mir teilte ...»

Aber auch an den Männern sind die hier angesprochenen Veränderungen, wie wir sehen werden, alles andere als spurlos vorübergegangen. Und oft fällt es ihnen viel schwerer als den Frauen, sie zu bewältigen und mit dem Alleinsein zurechtzukommen.

3 Die Verwirrung der Männer

«Rettet die Männer!»
Werbung für Kookaï

Der napoleonische Code civil hatte die französische Ehefrau zur Untergebenen des Mannes gemacht: Ohne die ausdrückliche Erlaubnis ihres Ehemannes konnte sie nichts verkaufen, nicht reisen, nicht arbeiten, nichts erben. Unter dem Druck der Frauenrechtlerinnen sind die meisten dieser Einschränkungen verschwunden, und die Frauen haben im Prinzip die gleichen Rechte wie die Männer, die damit ihre althergebrachte Überlegenheit verloren haben. Unbestreitbar hat diese Gleichheit zwischen Mann und Frau, die in allen Bereichen, einschließlich der Liebe und der Sexualität, Einzug gehalten hat, einen beträchtlichen Wandel in ihren Beziehungen bewirkt und bei den Männern eine Identitätskrise ausgelöst.

Die Unsicherheit der Männer

Der Machtzuwachs der Frauen in der Gesellschaft widerstrebt einigen Männern, und die rückschrittlichsten unter ihnen lehnen die Gleichheit rundweg ab. Viele sind beunruhigt, sie sind sich bewusst, dass sie an Macht verloren haben, und fürchten, den emanzipierten Frauen, die sie nicht mehr beherrschen können, unterlegen zu sein.

Traditionell suchten die Männer ihre Identität im Beruf und in der virilen Verführung, aber heute haben sie diese Sicherheit verloren. Überall sind sie von Ungewissheiten umgeben: Zum einen sind sie nie sicher, ihre Arbeit zu behalten; zu Hause haben sie Mühe, ihre Kinder zu kontrollieren, die lieber den Wertvorstellungen folgen, die ihnen die Werbung einhämmert, als den Ratschlägen ihrer Eltern; und in der Ehe fordern die Frauen von ihnen eine gerechte Verteilung der Pflichten und – so glauben sie zumindest – eine gesicherte Befriedigung ihrer sexuellen Bedürfnisse. Die Emanzipation der Frauen hat sie mit ihren verwundbarsten Seiten konfrontiert, und sie sind sich bewusst geworden, wie sehr sie emotional von ihnen abhängig sind.

Eine Frau, die stark wirkt und keinen Schutz benötigt, ruft in ihnen Ängste wach: «Wozu diene ich denn noch?» Sie behaupten, eine unabhängige Frau zu wollen, aber sie können diese Eigenständigkeit nur schwer ertragen. Die heutige Frau scheint ohne sie auszukommen, sodass sie sich verlassen fühlen, und stellt sie sich auch nur ansatzweise in den Vordergrund, betrachten sie sie sofort als narzisstisch. Hyperaktiven Frauen gegenüber reagieren viele Männer mit Passivität, alles macht ihnen Angst: sich zu engagieren, ihre derzeitige Situation zu ändern und Verantwortung für die Kinder zu übernehmen. Und wenn die Ehe nicht funktioniert, fühlen sie sich unverstanden und stellen sich als Opfer hin. Der Vorwurf, den ein Mann der Frau macht, die ihn verlassen hat, ist immer derselbe: «Du bist kastrierend, du hast die Kinder ganz in Beschlag genommen, du bist zu selten zum Sex bereit!»

Aber die Frauen haben genug von Männern, die sich ständig beklagen. Corinne, 41, berichtet Folgendes:

Auf der Datingsite präsentierte sich Philippe als sehr aktiver Firmenchef, der ganz in seiner Arbeit aufgeht. Als ich ihn dann in einem Café kennenlernte, fing er plötzlich an, mir sein Herz auszuschütten, und drückte voll auf die Tränendrüsen. Ich machte keine Anstalten, Mitleid zu zeigen oder noch weiter nachzufragen, aber er ersparte mir keine Einzelheit über seine Eheprobleme, die unverschämten Unterhaltszahlungen, die seine Exfrau von ihm verlangt, und die Undankbarkeit seiner Kinder. Dann erzählte er mir, er sei vor Kurzem entlassen worden und habe sich deshalb selbstständig machen müssen, denn mit 55 finde man in seinem Berufszweig keine Anstellung mehr. Eine halbe Stunde lang hat er sich nur über die anderen beklagt und mein Mitgefühl gesucht.

Mir steht das Unglück der Männer allgemein bis zum Hals. Und dieser hier könnte wenigstens den Anstand besitzen, sich ein klein bisschen anzustrengen, um mich zu verführen. Aber nein, er will, genau wie die anderen vor ihm, dass man sich um ihn kümmert und seine Einsamkeit ausfüllt. Diese Männer sind alles andere als Frauen erobernde Ritter. Wie soll man, sofern man keine Sozialarbeiterin ist, von einem Mann träumen, der über nichts anderes spricht als über seine beruflichen Probleme oder über seine Frau, die ihn sitzen gelassen hat, oder über seine väterlichen Pflichten?

Oft ist ihre eigene Verletzlichkeit der Grund, weshalb Männer heute lieber in einer Ehe leben wollen: Sie gibt ihnen Sicherheit. Der Mann sucht eine Frau, die «was kann», die sich eigenständig um das Finanzielle und die Kinder zu kümmern versteht, aber gleichzeitig möchte er, dass sie in ihren Gefühlen von ihm abhängig ist, um sicher zu sein, dass sie bei ihm bleibt.

Die Krise der Stereotype von «Weiblichkeit» und «Männlichkeit»

Auch wenn sie zögern, es offen zu sagen, suchen die Männer, egal, in welchem Alter, vorzugsweise eine «weibliche» Frau, was in ihrer Vorstellung oft «sexy» bedeutet, das heißt «gut im Bett». Hierzu Marc, 42, verheiratet, zwei Kinder:

> Ich habe bei Frauen immer die äußeren Zeichen extremer Weiblichkeit gesucht. Röcke, die die Beine enthüllen, Strümpfe (auf keinen Fall Strumpfhosen), hohe Absätze, Lippenstift, Ohrringe ... Eine weibliche Frau ist zart, zerbrechlich und zurückhaltend. Ihre Attraktivität ist eher passiv als aktiv, und sie darf nicht zu intellektuell sein.
>
> Ich bin mir darüber im Klaren, dass in mir, obwohl ich mich als einen modernen Mann betrachte, zwei Frauenbilder existieren: zum einen die Frau, mit der man ins Bett geht, mit der man ein Rendezvous hat, und zum anderen die Frau, mit der man zusammenleben kann. Meine Frau trägt oft lange Hosen. Röcke und Strümpfe trägt sie nur, um mir eine Freude zu machen, und ich finde, sie tut es zu selten.

Um den Männern genehm zu sein, muss eine Frau auch arbeiten. Theoretisch wünschen sich die meisten Männer, dass ihre Frau berufstätig ist, aber in Wirklichkeit suchen sie nach wie vor Frauen ohne akademische oder berufliche Karriere. Ältere Männer erwarten immer, dass ihre Partnerin den Haushalt führt und die Kinder aufzieht.

Dieses Schema der traditionellen Ehe tritt ganz deutlich auf den Datingsites in Erscheinung, wo frisch verwitwete oder geschiedene Männer eine Frau suchen, die ihre vorige Gattin ersetzen soll, um auf diese Weise eine gesellschaftlich komfortable Situation wiedererlangen, als Ehepaar ausgehen und Gäste empfangen, kurz, in die Normalität zurückkehren zu können. Diese Erfahrung machte Élodie, 38, Bankangestellte:

> Auf einer Datingsite fand ich einen Mann, der gerade von seiner nicht berufstätigen Frau geschieden worden war. Wir begannen sehr schnell eine Beziehung, die in sexueller Hinsicht sehr angenehm war. Er wollte wieder heiraten und suchte eine finanziell eigenständige Frau, da er an seine Exfrau eine hohe Ausgleichszahlung entrichten musste. Aber daran gewöhnt, dass sich jemand um ihn kümmerte, war er nicht bereit, sein Verhältnis zu Frauen im Privatleben zu ändern. Er bot sich nie an, um bei Arbeiten im Haushalt zu helfen, und ebenso wenig machte er Anstalten, die Rechnung zu bezahlen, wenn wir ins Restaurant gingen.
>
> Eines Abends war ich es leid und verärgert und bat ihn, mir doch etwas mehr zu helfen. Daraufhin warf er mir vor, ich sei nicht weiblich genug, ich trüge keine Seidennachthemden, ich würde mich nicht genug schminken und nicht den Flaum auf meiner Oberlippe bleichen, der, so sagte er, wie ein Schnurrbart wirke. Ich begriff, dass dieser Mann, der auf der einen Seite überhaupt nichts dagegen hatte, dass ich mich um den Haushalt kümmerte und die Ausgaben mit ihm teilte, sich auf der anderen Seite eine «virile» Position bewahren wollte. Ich entschloss mich, das Weite zu suchen, denn außer Sex hatte er mir nichts zu bieten. Wenn ich, nur um einen Mann im Bett zu haben, ein schlechteres Leben führen muss, das heißt mit größeren finanziellen Belastungen und weniger Freiheit, dann verzichte ich lieber auf Sex.

Die Gesellschaft bereitet Jungen immer darauf vor, eine dominierende Rolle einzunehmen und nicht an der eigenen Stärke und Macht zu zweifeln, aber die Realität zeigt ihnen schon früh, dass diese Haltung nicht länger zu vertreten ist. Sie haben indessen Mühe, dies zu akzeptieren, denn man hat ihnen jeden Ausdruck von Schwäche untersagt, und so bleibt ihnen oft kein anderer Ausweg als Wut oder Eifersucht, die einzigen Gefühle, die sie nicht zu kontrollieren gelernt haben.

In unserer Gesellschaft werden Effizienz und Erfolg überbewertet, und selbst die Frauen erwarten auch heute noch von einem

Mann, dass er sich in bestimmten Situationen aggressiv zeigt. Überall muss man der Beste sein, wobei die Mittel, dies zu erreichen, kein Thema sind. Unter dem Vorwand der Konkurrenzfähigkeit wird in bestimmten Berufen der Zynismus geschätzt. Während die Frau «weiblich» zu sein hat, ist der Mann seinerseits gezwungen, sich «virilen» Verhaltensnormen zu fügen. Aber diese Stereotypen vom starken, mächtigen Mann werden manchmal zur Bürde, und einige Männer finden kein besseres Mittel, ihre Schwächen zu vertuschen, als diejenigen niederzudrücken, die noch schwächer sind als sie, nämlich ihre Ehefrau, wie der Psychoanalytiker Christophe Dejours anmerkt: «Männlichkeit beweist sich vor allem in der Fähigkeit, Gewalt anzuwenden, insbesondere gegen Schwache, und das sind in erster Linie Frauen.»[1]

Angesichts des fortschreitenden Wandels der traditionellen sozialen Schemata im Laufe der vergangenen Jahrzehnte fühlen sich manche Männer unsicher und fürchten, in zunehmend egalitären Beziehungen ihre Männlichkeit zu verlieren. Sie haben die Veränderungen noch nicht wirklich verinnerlicht, und viele ertragen nicht, dass ihre Lebensgefährtin gesellschaftlich mehr Erfolg hat, beruflich mehr Anerkennung findet oder mehr Geld verdient als sie, wie Annick, 52, Ärztin, bezeugt:

> Ich bin eine materiell eigenständige Frau, und das hat mir bei den Männern stets Probleme eingetragen. Zwischen meinem Mann und mir gab es zunehmend Streitereien, als ich begann, mehr zu verdienen als er. Wir übten denselben Beruf aus, aber ich schaffte den Aufstieg schneller und erhielt viel positive Resonanz. Als wir uns trennten, konnte er es sich nicht verkneifen, mich herabzusetzen und sogar zu demütigen, um sich damit selbst aufzuwerten.
>
> In der Folge klappte es mit den Männern sehr gut, solange ich mich als zarte, zerbrechliche Frau gab, die sie beschützen konnten, aber sobald ich meine Stärke oder auch nur meine Widerstandsfähigkeit zeigte, zahlten sie es mir heim.

Während die kulturellen Klischees sie weiterhin als stark und robust darstellen, fühlen sich viele Männer einer Gesellschaft, die immer mehr von ihnen verlangt, nicht mehr gewachsen. Man bezeichnet die Frauen als «das schwache Geschlecht», aber in Wahrheit sind es die Männer, die dem Leistungsdruck und vor allem den

Frustrationen nicht standhalten. Einige akzeptieren den weiblichen Teil in sich, aber andere verfallen in Depressionen, und wieder andere reagieren gewalttätig. Am meisten machen diese gesellschaftlichen Veränderungen denjenigen zu schaffen, die sich selbst für grandios halten, das heißt narzisstischen Persönlichkeiten. Diese Erfahrung hat Julia, 44, Universitätsdozentin, gemacht:

> Als ich André kennenlernte, wusste er nicht, was ich beruflich mache. Zu Anfang zeigte er sich als Beschützer, als «Überlegener». Bald darauf gab er mir zu verstehen, dass meine Arbeit sich nicht auf unsere Beziehung auswirken dürfe. Er ertrug es nicht, dass ich spät von der Arbeit heimkehrte oder zum Wochenende ein paar Akten mit nach Hause brachte. Jedes Mal, wenn er bei mir Anzeichen eines beruflichen Erfolges wahrnahm, wurde er aggressiv. Da ich an ihm hing, verzichtete ich am Ende auf eine Beförderung, um meine Ruhe zu haben, aber heute bedauere ich es.

Der Mangel an Eigenständigkeit

Viele kennen nicht den richtigen Abstand, von dem eine gesunde Beziehung lebt, und suchen die Symbiose. Aus Angst, verlassen zu werden, bauen sie eine Beziehung auf, in der zwei Personen zu einer verschmelzen, ohne Raum zum Atmen, ohne Möglichkeit, etwas Distanz zu halten. Sie erwarten – wie sie es von ihrer Mutter erwarteten –, dass ihre Frau ihnen Liebe und Aufmerksamkeit schenkt und ihre Zeit widmet. Sie möchten, dass sie ihre Mängel behebt, dass sie immer für sie da ist, und nur für sie. Da diese Männer nicht fähig sind, nach einer Trennung allein zu leben, suchen viele sofort nach einer neuen Partnerin.

Eine sich über die Zeit von 1994 bis 2005 erstreckende Studie des kanadischen Instituts für Statistik hat gezeigt, dass Männer, die von ihrer Ehefrau geschieden oder getrennt leben, egal, in welchem Alter, sechsmal häufiger zu Depressionen neigen als die, die weiterhin in einer Beziehung leben; bei Frauen erhöht sich dieses Risiko in derselben Situation nur um das 3,5-Fache.[2] Die Studie bestätigt, dass Männer unter einer Trennung mehr leiden als Frauen, denn sie haben mehr Angst vor der Verlassenheit. Nachdem sie sich unter großen Anstrengungen von der Beherrschung durch die Mutter befreit haben, verspüren sie eine tiefe Unsicherheit, haben Probleme, emotional eigenständig zu sein, und demzufolge ein großes Bedürfnis, von ihrer Lebensgefährtin bemuttert zu werden.

> Alain, 56, hat aufgehört zu leben, als ihn seine Frau vor vier Jahren verließ: «Sie wollte sich scheiden lassen, aber ich betrachte mich weiterhin als mit ihr verheiratet.» Seine Frau hat sich einen neuen Partner gesucht, er nicht. Er ist immer noch wütend auf sie, denn er glaubt, dass sie nicht bereit war, sich restlos auf ihn einzulassen, während er alles auf ihre Ehe gesetzt hat. Als sie ihn verließ, sagte sie ihm, dass sie ihn nicht mehr liebe, aber Alain meint, dass sie sich nicht bemüht habe und dass man nur wollen muss, um jemanden zu lieben.
>
> Er leidet zwar nicht unter tiefen Depressionen, lässt sich aber seitdem gehen, vernachlässigt sein Äußeres, seine Wohnung und bringt sich bei seiner Arbeit in Schwierigkeiten. Sein zur Schau getragenes Unglück hat bei Frauen zunächst Erfolg, da sie von seiner Traurigkeit gerührt sind, aber irgendwann verlieren sie die Geduld und machen ihm seine Schwäche zum Vorwurf.

Während immer mehr Frauen um ihre Unabhängigkeit kämpfen, suchen viele Männer weiterhin die Abhängigkeit, die es ihnen gestattet, die Angst vor ihrer Intimsphäre zu verdrängen. Da sie von einer Frau den Ausgleich ihrer Mängel und Unzulänglichkeiten erwarten, muss diese sich ständig um sie kümmern, ihre Bedürfnisse stillen, sie stimulieren, aus ihnen einen Mann machen. Das Emanzipationsbedürfnis der Frau empfinden sie folglich als eine Zurückweisung oder ein Sitzenlassen, obwohl sie doch nur etwas mehr Raum sucht, um freier atmen zu können.

Im Allgemeinen leben Männer seltener allein als Frauen, und wenn sie es tun, handelt es sich auch seltener um eine freie Entscheidung, es wird ihnen vielmehr aufgezwungen (ländliches Umfeld, soziales Scheitern). Manchmal beugen sie vor, um nicht allein zu bleiben, wie Jérôme, 32, der Catherine kennenlernte, als er und seine Frau in einer Krise steckten:

> Catherine hat es mir ermöglicht, mit meiner Frau Schluss zu machen. Sie kam sehr schnell darauf zu sprechen, mit mir zusammenzuleben und ein Kind zu machen, aber ich merkte, dass sie an ihrem Leben im Grunde

nichts ändern wollte. Sie wohnt außerhalb von Paris, und ich muss jedes Mal hinfahren. Ich habe das Gefühl, keinen Platz in ihrem Leben zu haben. Ich sollte mich wohl lieber von ihr trennen, aber ich will nicht wieder in der Einsamkeit landen, in der ich vor meiner Ehe gelebt habe.

Trotz ihres Verlangens nach einer sehr engen Beziehung haben Männer oftmals Angst, in einer Bindung eingesperrt zu sein – wie sie es früher bei ihren Eltern waren – und sich der Macht einer Frau auszuliefern, die in ihrer Vorstellung allmächtig ist. Bei dem Versuch, dieses Problem zu umgehen, geraten sie oft in eine andere Falle, indem sie ihre ganze Energie in ihre Arbeit stecken.

Die Schwierigkeit, ein Mann zu sein

In unserer Zeit ist das Mannsein keine Selbstverständlichkeit: Es bedarf einer Identitätskonstruktion, die gar nicht so leicht zu definieren ist, denn die Kriterien der Männlichkeit haben sich gewandelt. Die Jüngeren finden nur mühsam ihren Platz zwischen der triumphierenden Virilität und dem *Metrosexuellen*. Oft von alleinstehenden Müttern aufgezogen, können sie sich schwerlich mit einem Vater identifizieren, der in ihrem Leben nicht anwesend war. Allgemeiner gesagt, sind sie das Objekt einer paradoxen Forderung: Man verlangt von ihnen, gleichzeitig viril und sanft zu sein, tüchtig und zugleich fähig, ihre Gefühle auszudrücken. Wie sollten diese Männer gegenüber ehrgeizigen Karrierefrauen eine Beschützerrolle einnehmen, um sich eine Position der Überlegenheit zu verschaffen? Da sie dazu nicht in der Lage sind, greifen sie zu Verallgemeinerungen und klagen über «die» Frauen, genau wie sich die Frauen über «die» Männer beklagen.

Viele finden ihre Lebensgefährtinnen zu hart und zu streng. Um ihr Selbstvertrauen zu stärken, suchen sich manche Männer deshalb eine Frau, die deutlich jünger ist oder aus einer Kultur stammt, die ein traditionelleres Beziehungsmodell akzeptabel erscheinen lässt. Das ist schmeichelhafter für sie und erlaubt ihnen gleichzeitig, dank des Altersunterschiedes oder ihrer finanziellen Situation ihre dominante Stellung zu halten. Eine jünger wirkende Frau dient ihnen überdies dazu, sich narzisstisch aufzuwerten und sich gewissermaßen vor dem eigenen Altern zu bewahren.

> Éric, 43, gesteht, dass er ein Schürzenjäger ist. Er muss sich ständig beweisen, dass er den Frauen gefällt, aber da er nicht mit einem Misserfolg konfrontiert werden will, sucht er sich nur leichte Beute, also vorzugsweise Frauen, die er mit Sicherheit nicht wiedersehen wird: «Es ist, als ob ich mir selber dabei zusähe, als ob ich mir Souvenirs fabrizierte für später, wenn ich irgendwann nicht mehr kann. Ich brauche Frauen in Reserve, damit sie mir nie ausgehen.»

Den Anthropologen zufolge ist das Privileg der Frauen, Kinder – und insbesondere männliche Kinder – auszutragen, der Grund dafür, dass die Männer sie von jeher beherrschen wollten, um ihren Unterleib zu kontrollieren und sich der Kinder zu bemächtigen.[3] Aber Empfängnisverhütung und freiwilliger Schwangerschaftsabbruch haben die Machtverhältnisse verändert, indem sie den Frauen erlauben, selbst zu bestimmen, ob sie ein Kind wollen oder nicht, während den Männern diese Möglichkeit weiterhin verwehrt bleibt. Die Trennung zwischen sexueller Lust und Fortpflanzung hat eine sexuelle Eigenständigkeit der Frauen mit sich gebracht, und viele Männer sind sich ihrer Männlichkeit unsicher geworden. Sie empfinden die Frauen als sexuell zu anspruchsvoll oder aggressiv und ertragen es nicht, das Monopol der Initiative verloren zu haben.

> Michel, 56, Biologe, hat sich auf einer Datingsite angemeldet, um eine «Freundin» zu finden, und dabei deutlich zu verstehen gegeben, dass er nicht daran interessiert ist, mit jemandem zusammenzuleben. Aber obgleich er es normal findet, flüchtige Abenteuer zu haben, gibt er sich schockiert, dass ihn Frauen schon beim zweiten Rendezvous in ihre Wohnung einladen: «Stellen Sie sich das mal vor, gebildete Frauen, mit Abitur und fünf Jahren Studium, und denken nur an Sex!»

Sie vermuten dahinter eine Forderung der Frauen, die viel besser wissen, was sie wollen, und haben Angst, diesen Ansprüchen nicht gewachsen zu sein, was die deutlich höhere Zahl der Konsultationen wegen Impotenz bezeugt. Manche umgehen dieses Problem, indem sie sich jüngere Partnerinnen suchen: Auf diese Weise können sie den Verlust an physischer Potenz durch gesellschaftliche und finanzielle Macht ausgleichen und sich nützlich und wichtig fühlen.

Im Alter um die fünfzig wird manchen Männern bewusst, dass ihnen nicht mehr viel Zeit bleibt, um ihre Träume zu verwirklichen. Ihr Berufsleben hat sich stabilisiert, ja ist festgefahren, und so bleibt nur noch die Liebe, wo etwas Aufregendes passieren kann. Da sich in ihrer Ehe Müdigkeit breitgemacht hat, wünschen sie sich ein neues Leben und andere Erfahrungen auf sexueller Ebene. Manchmal verspüren sie Lust, noch einmal ganz von vorn anzufangen, sich eine neue Frau zu suchen, eine neue Familie zu gründen. Einige brennen mit ihrer Geliebten durch, die ihre Frau wird. Aber schon nach einigen Jahren oder sogar Monaten kehrt die Unzufriedenheit zurück, und sie verspüren womöglich das Verlangen nach einem erneuten Wechsel.

Bernard, 60, ist ein alter Schwerenöter und hat selten länger mit einer Frau zusammengelebt. Jetzt lebt er allein, sehnt sich aber nach einer Familie mit Nachwuchs. Er sähe sich gern als Familienoberhaupt mit Kindern und Enkeln und sucht nach einer Frau, die bereits erwachsene Kinder hat: «In meiner Jugend war ich zu egoistisch, um Kinder großzuziehen. Ich hatte zu viele Dinge am Hals, zu viele Projekte.» Notfalls würde er – obgleich er sich für das Vatersein zu alt fühlt – auch eine jüngere Frau nehmen, die ihm noch ein Kind schenkt, aber er hat keine Lust, sich um das Kind zu kümmern …

Frauen unter Kontrolle, Übergang zur Gewalttätigkeit

Während im öffentlichen Leben die Gleichheit zwischen Mann und Frau Fortschritte macht, ist im Privatleben der Ehepaare eine Zunahme an Kontrolle, Eifersucht und psychischer Gewalt festzustellen. Bisher war die Frau durch ihre fehlende materielle und affektive Eigenständigkeit an die Ehe gefesselt, aber nun scheint sie ihr entfliehen zu wollen, was einige Männer nicht ertragen: «Wenn sie Liebe will, soll sie etwas dafür tun!» Sie sind der Meinung, dass die Liebe, die sie den Frauen geben, ausreichen müsste.

Die wachsende Unabhängigkeit der Frau kann den Mann dazu verleiten, sie verstärkt zu kontrollieren: So erscheinen in den Beziehungen neue, subtilere und unauffälligere Formen der Domination, die vor allem auf psychischer Ebene greifen. Manche Männer versuchen, durch Ausübung von Druck, Erwecken von Schuldgefühlen oder Verbreitung falscher Informationen etwas zu bekommen, was sie von ihrer Partnerin nicht freiwillig erhalten. Dank neuer technischer Mittel ist Kontrolle heute leichter und das Eindringen in die Privatsphäre des anderen noch gezielter möglich: Man kann seine E-Mails oder SMS-Nachrichten durchstöbern, und es wird immer schwieriger, die eigenen persönlichen Geheimnisse zu hüten. Das Handy ist eine Falle, es ermöglicht einem zwar, mit der geliebten Person ständig in Kontakt zu bleiben, aber auch die Überwachung und Kontrolle durch einen Eifersüchtigen.

Viele Männer verwechseln Liebe und Besitz. Aber Lieben bedeutet nicht Besitzen, sondern Sichaustauschen und Miteinanderteilen. Wenn ein Mann zu einer Frau sagt: «Ich will dich ganz für mich!», kann das sinnliches Begehren bedeuten, aber möglicherweise auch: «Du gehörst mir und existierst nicht ohne mich!» Im letzteren Fall riskiert sie, wenn sie auf Distanz zu gehen versucht, dass er die Kontrolle verliert und gewalttätig wird. In solchen extrem symbiotischen Bindungen bringt die geringste Veränderung eines der beiden Partner sofort die Beziehung in Gefahr. Beruht eine Beziehung auf einer Art Bemutterung des Mannes durch die Frau, kann sie zum Beispiel infolge der Geburt eines Kindes aus dem Gleichgewicht geraten. Wenn die Frau irgendwann eine zu enge Beziehung zu ihrem Kind zu haben scheint, fühlt sich der Mann möglicherweise frustriert und versucht, seine Macht mit allen Mitteln zurückzugewinnen.

Für Männer ist alles ein Problem der Entfernung: Zu viel Nähe ist ihnen unheimlich, denn sie verbinden damit die Gefahr, verschlungen zu werden, aber eine zu große Entfernung reaktiviert ihre Angst vor dem Verlassenwerden. Die Kontrolle, die ein Mann über seine Frau ausübt, erlaubt ihm, in jedem Moment genau die Distanz zu bestimmen, die sie ihm gegenüber einzuhalten hat.

Die Emanzipation der Frauen wird von manchen Männern als Machtverlust erlebt, aber auch als ein Verlust des eigenen Wertes und damit der Selbstachtung. Diejenigen, die in narzisstischer Hinsicht am verwundbarsten sind, suchen manchmal ihr Gefühl innerer Ohnmacht durch Kontrolle und Domination zu verbergen. Der Mann erwartet dann von seiner Frau – wie ein Kind es von seiner Mutter erwartet –, dass sie ihn von dem Druck seiner Spannungen befreit und seine Ängste verscheucht. Und wenn ihr das nicht gelingt, wird sie für ihn zur Feindin und für alles verantwortlich gemacht, was nicht klappt oder funktioniert.

Diese innere Spannung, die die Männer nur durch eine ständige Überwachung ihrer Partnerin im Zaum zu halten vermögen, steht in engem Zusammenhang mit ihrer kindlichen Furcht vor dem Verlassenwerden, und jedwede Situation, die sie mit Trennung verbinden, droht in ihnen einen Eifersuchtsanfall auszulösen. Der Schritt zur Gewalt ist für diese Männer ein Mittel, ihrer Angst zu entkommen, aber auch der Furcht vor den Affekten der anderen, der Furcht vor den eigenen Affekten, der Furcht, sich dem anderen zu stellen. Sie fürchten, von einer Zerstörungsangst ergriffen zu werden, und die Gewaltanwendung funktioniert in ihnen wie ein Mechanismus zum Schutz ihrer seelischen Unversehrtheit. Die Kontrolle des anderen durch eine extreme Demonstration ihrer Männlichkeit ersetzt die fehlende innere Kontrolle ihrer selbst.

Ein Experiment, das Robb Willer, Soziologe an der amerikanischen Universität Cornell im Jahr 2004 durchführte, scheint dies zu bestätigen.[4] Er legte etwa hundert Studenten und Studentinnen einen Fragebogen vor, der angeblich dazu dienen sollte, ihre sexuelle Identität zu bestimmen. Unabhängig von den gelieferten Antworten verkündete er anschließend der einen Hälfte von ihnen, dass sie deutlich weibliche Charakterzüge besäßen, und der anderen Hälfte, dass sie sehr männlich seien. Danach befragte er sie zu ihrer politischen Meinung, zur gleichgeschlechtlichen Ehe, zur Rechtfertigung des Irakkriegs, zu ihren Lieblingsautos usw. Während die Antworten der Mädchen offenbar nicht von ihrer fälschlichen Zuordnung abhingen, wurden die der Jungen stark durch die rückgemeldete «Information» über ihre sexuelle Identität beeinflusst. Die Jungen, denen man gesagt hatte, sie seien unmännlich, waren eher als die «männlichen» geneigt, den Irakkrieg zu unterstützen, die gleichgeschlechtliche Ehe zu verurteilen oder sich einen superteuren Wagen mit Vierradantrieb zu kaufen ...

Diese Hypothese einer «Überkompensation der Männer, wenn ihre Männlichkeit infrage gestellt wird» scheint durchaus die Tatsache zu erklären, dass gegenwärtig, trotz der Fortschritte, die in der Gleichstellung der Geschlechter erreicht wurden, die Gewalttätigkeiten in den Beziehungen keinesfalls zurückgegangen sind, sondern im Gegenteil ständig zunehmen: Einige Männer haben Mühe, sich dem Wandel ihrer gesellschaftlichen Rolle anzupassen, und reagieren darauf mit hypervirilen Verhaltensweisen.

Die Schwierigkeit, heute Vater zu sein

Das größte derzeitige Problem der Männer betrifft jedoch das Verhältnis zu ihren Kindern. Wenn Unstimmigkeiten in der Ehe aufkommen, würden sie gern ihre Frau loswerden, aber sie wissen, dass sie sich damit ihren Kindern entfremden. Dies ist umso schmerzlicher für sie, als das Sorgerecht für die Kinder in der Mehrzahl der Fälle noch immer der Mutter zugesprochen wird. Sie haben das Gefühl, ein vorübergehender Gefährte zu sein, der, um Vater zu werden, erst einmal als ein solcher von seiner Partnerin akzeptiert werden muss; oder aber sie hegen die geradezu wahnsinnige Vorstellung, dass die Mutter sich des Erzeugers entledigen und das Kind für sich allein behalten will.

Nach einer Trennung sehen manche Väter ihre Kinder so gut wie gar nicht mehr, einige stellen die Unterhaltszahlungen ein oder tun alles, um sie auf ein Minimum zu beschränken. Andere treffen sich mit ihren Kindern mehr oder weniger regelmäßig, aber ohne sich an ihrer Erziehung zu beteiligen oder ihre elterliche Autorität auszuüben, diese Rolle überlassen sie der Mutter. Das von der Mutter aufgezogene Kind ist dann für sie nur eine weitere narzisstische Verlängerung ihres Ichs, und obwohl sie an den Erfolgen ihrer Kinder so gut wie unbeteiligt sind, können sie sich in Gesellschaft mit ihnen brüsten: «Meine Kinder sind hübsch und begabt.»

Andere Väter hingegen wollen sich um ihre Kinder genauso kümmern wie die Mutter. Die Medien verweisen oft auf die vermeintliche «Abwesenheit der Väter», aber das beruht eher auf einer Verschiebung der Vaterrolle hin zu einem Mutterideal, die bis zur

Vertauschung der Positionen gehen kann, denn manche Väter versuchen, eine regelrechte Kopie der Mutter zu sein. Diese Männer, die in ihrer Ehe Haushaltsführung und Kindererziehung oft ihrer Frau überlassen hatten, richten nun auf die Kinder all die Energie, die sie früher in ihre Ehe gesteckt hatten. Sie verlagern die Rivalität zwischen sich und ihrer Exfrau auf die Ebene der Vaterschaft und bestehen darauf, sich begeistert und ausschließlich ihren Kindern zu widmen. In Anbetracht der Tatsache, dass die Justiz hinsichtlich des Sorgerechts oft die Mütter bevorzugt, sind sie zu allem bereit, um ihre Exfrau in Misskredit zu bringen.

Da ihnen bewusst wird, dass ihr Berufsleben nicht alles ausfüllt, dass sie daneben noch ein anderes Projekt benötigen, konzentrieren sich einige von ihnen ganz auf ihre Kinder und schirmen sich bei dieser Gelegenheit gleichzeitig vor einer neuen Liebesbeziehung ab.

Bei seiner Scheidung beantragte Richard, 51, das geteilte Sorgerecht für seine beiden Kinder im Alter von 12 und 14 Jahren, woraufhin seine Frau schon bald all ihre mütterlichen Pflichten vernachlässigte: die Kinder zum Logopäden bringen, Kleidung und Material für die Schule kaufen, die Schulaufgaben beaufsichtigen, die Freizeit organisieren usw. Besorgt und voller Schuldgefühle wegen der schulischen Probleme seiner Kinder, will Richard sie beschützen und dafür sorgen, dass es ihnen an nichts fehlt; er versucht, ihnen zu helfen, indem er ihre Hausaufgaben überprüft und Nachhilfestunden organisiert.

Seit fünf Jahren hat er eine Freundin, Mutter einer dreizehnjährigen Tochter, aber er sieht sie selten: Neben seinen väterlichen Pflichten bleibt ihm kaum Zeit für sein Privatleben. Er schlägt sich allein mit den materiellen Sorgen des Alltags herum. Seine Freundin wünscht sich, dass er mehr Zeit für sie hätte, aber er ist ohnehin schon unter Druck, damit weder seine Arbeit noch seine Kindern zu kurz kommen: «Meine wenige freie Zeit verbringe ich mit ihr, aber ab und zu würde ich auch gern einen Abend allein sein. Ich weiß nicht, ob ich mit ihr zusammenleben oder meine Freiheit behalten will, um mich um die Kinder kümmern zu können. Mit ihr zusammenzuleben würde bedeuten, eine große Wohnung zu mieten, die teurer wäre, und dazu sehe ich mich nicht bereit. Ich habe ihr nichts vorzuwerfen, aber ich habe Angst davor, mich zu binden. Vielleicht weil meine Gefühle für sie nicht stark genug sind?»

Und dann auch das Problem mit den Kindern: «Wie kann man Kinder zusammenbringen, die recht unterschiedlich erzogen wurden und sich nicht besonders gut verstehen? Möglich ist vieles, aber es ist kompliziert, und ich fühle mich nicht stark genug dafür.»

Zahlreiche Männer fordern das Sorgerecht für ihre Kinder, manchmal aus dem ernsthaften Wunsch heraus, sich um sie zu kümmern, oft aber auch nur, um ihr schlechtes Gewissen zu beruhigen. Bei der Scheidung sprechen die Richter – in der Absicht, die Väter zu rehabilitieren – immer häufiger beiden Eltern das geteilte Sorgerecht zu, als könnte ein Vater ohne Sorgerecht für seine Kinder nicht trotzdem einen starken symbolischen Platz einnehmen. Erhält ein Vater das Sorgerecht, stellt er oft fest, wie schwierig es ist, sich Tag für Tag um ein Kind zu kümmern.

Die Zunahme an «neu zusammengesetzten» – durch die Heirat geschiedener Partner mit Kindern entstandenen – Familien hat indessen die Kriterien verändert: Es ist eine wachsende Undifferenziertheit der Rollen in diesen Ehen zu beobachten, und auch die Unterschiede zwischen den Generationen verlieren sich zusehends. Familien, in denen der Vater mit einer zweiten Frau verheiratet ist, die jünger ist als seine Kinder, und wo diese Kinder zur gleichen Zeit Nachwuchs bekommen wie ihre Eltern, sind heute keine Seltenheit mehr.

Es kommt auch vor, dass Männer Opfer der Perversität von Frauen werden. Seit Einführung der Geburtenkontrolle haben die Rechtsstreite in Zeugungs- und Fortpflanzungsfragen den Gegenstand gewechselt. Will eine Frau kein Kind, hat sie im Prinzip die Möglichkeit, eine Schwangerschaft zu verhüten oder sie sogar abzubrechen, aber die Männer haben darüber keine Kontrolle und werden manchmal hereingelegt: Eine Frau kann «hinter ihrem Rücken» schwanger werden und danach von ihnen Unterhaltszahlungen für ein Kind fordern, von deren Existenz sie bis dahin womöglich nichts ahnten. Man kann verstehen, dass das Misstrauen zwischen den Geschlechtern immer größer wird …

Tief greifender Wandel der Beziehungen zwischen Mann und Frau, Identitätskrise der Männer: Die Zeiten haben sich wahrlich geändert. Darum wäre es ein Irrtum, nur die negativen und regressiven Gereiztheiten wahrzunehmen, die dieser Wandel bei zahlreichen Männern bewirkt. Denn gleichzeitig haben sich, vor allem in den jungen Generationen, auch viele von ihnen geändert: Sie sind aufmerksamer und wortgewandter als ihre Väter. Sie haben sich sogenannte weibliche Qualitäten angeeignet, wie Dialogfähigkeit, Zuhören, Zärtlichkeit, Intuition, Einfühlsamkeit. Durch die Emanzipation der Frauen haben sie zwar viel verloren, aber gleichzeitig an Ausgeglichenheit und Stimulation in ihren Beziehungen hinzugewonnen und dank zweier Gehälter sogar an Wohlstand. Die Jüngeren setzen ganz auf das Modell der Gleichberechtigung zwischen Mann und Frau, teilen sich die Haushaltsführung und die Aufsicht der Kinder und passen sich den höheren Ansprüchen ihrer Partnerin an.

In diesem Strudel, der sexuelle Identitäten und elterliche Rollen durcheinanderwirbelt, bleibt eines Gewissheit: Auch die heterosexuelle Ehe, das Fundament der «Kernfamilie», steckt in einer tiefen Krise. Und diese Krise bewirkt die Entstehung neuer Konstellationen zwischen den herkömmlichen Kategorien der Liebesbeziehung und dem Alleinsein …

4 Die Veränderungen in der Paarbeziehung

«Die Liebe die Einsamkeit.»
Paul Éluard

Innerhalb weniger Jahre ist das Modell der traditionellen Ehe zerborsten, ist die Zahl der Scheidungen nach oben geschnellt, sind die Liebesbeziehungen komplexer und vor allem viel zerbrechlicher geworden. In den abendländischen Zivilgesellschaften war die Norm seit dem Mittelalter die Kernfamilie, die durch die eheliche Bindung zusammengehalten und in Form einer unauflösbaren Heirat von der Kirche geweiht oder vom Staat anerkannt wurde. Diese Besonderheit behauptete sich nach und nach in den bürgerlichen Schichten, vor allem seit dem 17. Jahrhundert, um die Erbfolge zu erleichtern. Zu jener Zeit stellte die Ehe eine Vereinbarung dar, und man heiratete aus Vernunftgründen. Der Mann brachte die materielle Sicherheit in den «Haushalt» ein, und die Frau ließ ihren Mann an ihrem Interesse für Kultur und gesellschaftlichen Austausch teilhaben. In diesen Ehen kam es vor, dass man sich liebte, aber es galt nicht als wünschenswert. In den unteren Volksschichten dagegen herrschte bis ins 19. Jahrhundert hinein eine große sexuelle Freizügigkeit.

Der Zwang zur Liebe, Weg in die Einsamkeit?

Im 18. Jahrhundert tauchte die romantische Liebe auf, die sich als eine «verweiblichte» Liebe präsentierte. Von da an heiratete man häufiger, weil man sich liebt; man stellte die Liebe in den Vordergrund, und wenn möglich, die «große Liebe». Seit den Fünfzigerjahren des 20. Jahrhunderts hat sich das bürgerliche Ehemodell von einem Vertrag, der zwei Familien verbindet, um die Nachkommenschaft und die Aufteilung des Erbes zu sichern, ohne dass deshalb eine Verpflichtung zur Liebe bestünde, nach und nach zu einer Beziehung mit Zwang zu Intimität und Liebe, möglichst leidenschaftlicher Liebe und erfüllter Sexualität, gewandelt.

Doch in den Neunzigerjahren trat eine weitere Veränderung ein: Wozu heiraten, wenn wir uns lieben? Die Institution ist nicht mehr die Ehe, sondern die Liebe. Die Gefühle stehen nun ganz im Mittelpunkt der Beziehung. Die Liebe ist zur unverzichtbaren Voraussetzung für das gemeinsame Leben geworden oder vielmehr zur Rechtfertigung für den Wunsch nach einem Leben zu zweit. Unter diesen Umständen ist es nicht verwunderlich, dass es heute viel schwieriger ist als in früheren Zeiten, ein glückliches Eheleben zu führen: Die Forderung nach Liebe macht die Ehe zerbrechlich, denn wenn eine Beziehung nur auf Gefühlen beruht, kann sie schwerlich von Dauer sein. Dazu müsste sie immer schön und zauberhaft sein, was selten der Fall ist. Aus diesem Grund führt eine Krise oft direkt zum Bruch.

Viele unserer Zeitgenossen suchen ihre affektiven Bedürfnisse in einer idealisierten Liebe zu befriedigen, weil sie von ihren zwischenmenschlichen Beziehungen häufig enttäuscht sind und die Paarbeziehung ihnen als eine Zuflucht vor den Unwägbarkeiten des Lebens erscheint. Obgleich immer öfter vom Niedergang der Familie und der Ehe geredet wird, suchen Frauen und Männer weiterhin nach der großen Liebe. Einerseits zerfleischen sie sich im Geschlechterkampf, und andererseits setzen sie ihre ganze Hoffnung auf eine rettende Liebe. Aber häufig geht es ihnen darum, in der Liebe sich selbst oder eine Bereicherung für die eigene Persönlichkeit zu finden: Jeder sucht sich in der Beziehung zu vervollkommnen.

Diese Überfrachtung der Liebe mit Erwartungen ist ganz offensichtlich die Reaktion auf eine individualistische Welt, mit der man sich nur schwer zu identifizieren vermag. Man kann darin gewissermaßen eine Suche nach Authentizität und Wahrheit sehen, wider Verlogenheit und Zynismus: eine Möglichkeit, neue Verbindungen in einer Gesellschaft zu knüpfen, von der man enttäuscht ist. Tatsächlich haben die Veränderungen in der Arbeitswelt oftmals die

Dimension der Gemeinsamkeit zerstört, die man im Laufe seines Berufslebens kennengelernt hat: Wenn man an seinem Arbeitsplatz nur noch eine Nummer ist, ein anonymes Wesen in einer unbarmherzigen Gesellschaft, wenn man das Gefühl hat, nirgends anerkannt zu werden, und es einem nicht gelingt, außerhalb der Paarbeziehung zu neuen Formen der Sozialität zu finden, dann hofft man, zumindest für einen Menschen einzigartig zu sein.

Während man früher mit dem Ziel heiratete, eine Familie zu gründen und bestimmte Werte an die folgende Generation weiterzugeben, erwarten heutzutage viele, dass das Eheleben ihr inneres Unbehagen beseitigt und ihre Leere ausfüllt. Dabei ist es genau dieser Individualismus, der die Ehe zum Scheitern bringt. Denn die zum zentralen Punkt der Beziehung gemachte Liebe ist allzu oft nur narzisstisch: Ich liebe diesen Menschen, weil ich das Bild von mir liebe, das er mir zurückwirft. Das bedeutet zwangsläufig: Wenn der andere eine schwere Zeit durchmacht (Depressionen, Arbeitslosigkeit ...), wird er kein befriedigendes Bild mehr von mir reflektieren; und ich werde mir jemand anderen suchen, der in der Lage ist, mir ein Bild zurückzuwerfen, das mich aufwertet und mir gestattet, weiter auf meinem Sockel zu thronen.

In der Tat ist es manchmal gar nicht so einfach, die Verehrung der geliebten Person von der Selbstbewunderung zu unterscheiden. Wenn der andere eine narzisstische Verlängerung meines Selbst ist, muss er meinem Ego schmeicheln. Wenn sich jemand unsicher fühlt, erwartet er, dass eine Liebe sein Selbstwertgefühl stärkt, aber auch Paarbeziehungen sind unsicher, und innerhalb einer Beziehung man kann sich genauso unsicher fühlen wie außerhalb. Darum neigt man nach einer gewissen Anzahl schmerzlicher Erfahrungen dazu, sich abzuschirmen.

Wer sich heute auf eine Paarbeziehung einlässt, sucht darin eher die eigene persönliche Entfaltung mithilfe des anderen Partners als den Aufbau einer dauerhaften Beziehung. Und viele verhalten sich, als handele es sich nur um eine flüchtige Liebesaffäre: Sie erwarten eine sofortige und permanente Befriedigung ihrer Bedürfnisse und versuchen Meinungsverschiedenheiten oder Konflikte, wenn überhaupt, nur mit Gewalt oder Täuschungsmanövern zu lösen. Es geht darum, sich der positiven Eigenschaften, der Werte, der Kenntnisse des anderen zu bemächtigen. Daher die Klagen bei Trennungen: «Du hast mich nur benutzt, du hast mich ausgenutzt!»

Da die Liebe uneingeschränkt sein soll, impliziert sie die Forderung nach Transparenz, die treibende Kraft der Eifersucht. Darum kann sie sich schnell in Hass verwandeln, wenn der andere enttäuscht. Aber wenn leidenschaftliche Beziehungen sich wiederholen und immer schneller zu Ende gehen, verlieren sie schließlich ihre Fähigkeit, die verletzten Identitäten wiederherzustellen. Die Suche nach Liebe wird dann zu einer weiteren Schicksalsprüfung, die in die Einsamkeit führt.

Es scheint, dass das Wort *Liebe* seine Kraft verloren hat. Die Beziehungen kommen sehr rasch zustande, und man behauptet immer schneller, jemanden zu lieben: eine Art Hypertrophie der Affekte. Im Gegensatz zu jener Zeit, da man die Gefühle sich nach und nach setzen und festigen ließ, um eines Tages schüchtern zu gestehen: «Ich liebe dich», eilen heute die Worte den Gefühlen voraus, als vermöchte – nach der Methode von Coué – die Kraft der Worte die Liebe hervorzubringen. Es liegt darin die Forderung nach einer Selbsterfüllung der Liebe und nach einer Übereinstimmung der Gefühle.

> Wenige Wochen nachdem sie mit einem Mann, den sie per Internet kennenlernte, eine Beziehung begonnen hat, muss sich Chloé, 40, den Vorwurf gefallen lassen, sie sage nie ein Wort der Liebe:
> «Wie kannst du erwarten, dass ich mich mehr einbringe, wenn du mir nicht einmal sagst, dass du mich liebst?»
> «Aber wir kennen uns doch kaum!»
> «Dein Widerstreben, mir zu sagen, dass du mich liebst, zeigt, dass du nicht bereit bist, dich auf mich einzulassen!»

Zur Trennung kann es dann genauso schnell kommen, denn eine solche Liebe lebt von vollkommener Gegenseitigkeit. Um meine Liebe herzugeben, muss ich der Liebe des anderen sicher sein, und dafür hat er mir den Beweis zu erbringen. Man beobachtet sich, man taxiert sich: Wer von beiden macht den ersten Schritt? «Ich liebe dich» bedeutet in unserer Zeit «ich liebe dich in diesem Augenblick». Die Bekräftigung ist nicht mehr gleichbedeutend mit einer starken, bindenden Beziehung: «Da es mir gut geht, wenn ich mit dir zusammen bin, muss das wohl Liebe sein, aber sobald du mich enttäuschst und nicht mehr meinen Erwartungen entsprichst, werden meine Gefühle sich in nichts auflösen.» Wir wollen, dass uns eine Beziehung zufriedenstellt, wir wollen nicht «in ein Verlustgeschäft investieren». Schon der geringste Fehler kann sich als irreparabel erweisen und für die Beziehung fatale Folgen haben.

Misstrauen gegenüber dem anderen und Fortbestehen der Stereotype

Die jungen Erwachsenen der Jahrtausendwende gehen Beziehungen ein, um nicht allein zu sein, sind aber oft enttäuscht und fühlen sich schließlich in einer ungewissen Beziehung genauso allein und verlassen wie zuvor. Das Verhältnis zwischen den Geschlechtern hat sich verhärtet, und jeder meint, durch diesen Wandel in seinen Rechten beeinträchtigt zu sein. Das Bedürfnis nach Wärme, Zärtlichkeit und Intimität ist von Misstrauen begleitet.

Diese Generation hat miterlebt, wie sich ihre Eltern scheiden ließen, einander verrieten und kränkten ... Sie hat schmerzliche Erfahrungen in der Liebe hinter sich, die gezeigt haben, dass Vertrauen verraten werden kann. Nichts ist mehr sicher: So, wie man von heute auf morgen seine Arbeit verlieren kann, können sich auch Ehen auflösen. Überall begegnet man demselben Bedürfnis nach Anerkennung. Junge und nicht mehr ganz so Junge klagen darüber, dass sie sich in ihrer Liebesbeziehung vor dieselben Probleme gestellt sehen wie in der Arbeitswelt: «Ich werde nicht angehört, ich finde keine Anerkennung für das, was ich tue.»

Eine gegenseitige und dauerhafte Liebe setzt aber die gerechte Aufteilung und Anerkennung der wechselseitigen Abhängigkeit voraus: Um den anderen zu behalten, muss man Zugeständnisse, Kompromisse, ja Verpflichtungen eingehen, ohne unbedingt erwarten zu dürfen, dafür belohnt zu werden. Freud behauptet sogar, dass ein gewisser Grad an Unterwerfung notwendig sei, damit ein Liebesverhältnis auf die Dauer halte. Aber diese Regelung geht auf Kosten des abhängigeren Partners, also meistens der Frau. Zudem haben die Frauen, wie wir gesehen haben, keine Lust mehr, sich zu unterwerfen.

Ein neu entstehendes Liebesverhältnis verleiht Macht über den anderen, was immer häufiger als Bedrohung erlebt wird, denn desto verwundbarer sich jemand fühlt, desto mehr fürchtet er die Abhängigkeit. In der Tat begibt man sich, wenn man verliebt ist, in Gefahr und fürchtet womöglich, dass der Anteil des Leidens größer sein könnte als der der Lust. Daher kann man angesichts des emotionalen Risikos, das eine Liebesbeziehung mit sich bringt, versucht sein, die Gefühle des anderen zu steuern und gleichzeitig sich selbst gegen jedes affektive Leiden abzuschirmen. Die tatsächliche Frage für die jungen Erwachsenen auf der Suche nach Liebe lautet: Wie muss eine Beziehung beschaffen sein, um nicht als Bedrohung erlebt zu werden?

Und dennoch träumen, ungeachtet der Emanzipation der Frau, immer noch viele junge Mädchen davon, der großen Liebe zu begegnen und ihr ganzes Leben mit demselben Mann zu verbringen. Sie suchen weiterhin nach einem Mann, der sie beschützt und ihnen Geborgenheit gibt; und um einem solchen Mann zu gefallen, sollte man sanft, weiblich und sexy, aber nicht zu selbstständig sein. Wie die Schriftstellerin Virginie Despentes sagt: «Der Gedanke, dass unsere Unabhängigkeit verhängnisvoll ist, ist uns längst in Fleisch und Blut übergegangen.»[1] Von den Erziehungsmethoden über die Medien bis hin zur Werbung tragen noch immer zahlreiche Faktoren zu dieser Konditionierung bei. Die Frauenzeitschriften, insbesondere die, die sich an junge Mädchen richten, räumen der Liebe, die den Frauen ein glückliches, erfülltes Leben verheißt, einen hohen Stellenwert ein.

Das traditionelle Schema setzt sich fort: Die Frauen suchen nach wie vor einen «tüchtigen» Mann, und die Männer entscheiden sich eher für eine «weibliche», zarte Frau, die eine sozial und beruflich niedrigere Stellung einnimmt. Hinter dem etwas schwammigen Begriff der Weiblichkeit verbergen sich oft Stereotype, die die Männer nicht offen einzugestehen wagen. In etwa wäre das eine Frau, die es versteht, ihre lieblichen Kurven unter diskret eng anliegenden Kleidern zur Geltung zu bringen, und Schuhe mit hohen Absätzen trägt. Aber zugleich auch eine fragile, schwache Frau, die die Qualitäten ihres Lebensgefährten ins rechte Licht zu setzen weiß. Einer solchen Frau gegenüber können sie leicht die Position des «dominanten Männchens» behaupten, wie Lucie, 42, bezeugt:

> Da ich nicht sehr groß bin – ich bin klein und schlank –, spielen die Männer, die sich mir nähern, zu Anfang den beschützenden Macho. Nun bin ich aber eine unabhängige Frau, Geschäftsführerin eines Unternehmens, finanziell eigenständig, und da geben sie sehr schnell klein bei und werden aggressiv. Letztes Jahr hatte ich einen sehr schweren Verkehrsunfall, der mich über Monate meiner Eigenständigkeit beraubt hat. Während dieser Zeit kamen die Männer auf mich zu, zuvorkommend, charmant, beschützend...

Früher garantierte die Institution der Ehe die Fortdauer einer Verbindung, doch heute ist keine Ehegemeinschaft auf Lebenszeit gesichert. In Frankreich hält eine Ehe im Durchschnitt zehn Jahre, und die Scheidungen werden immer früher eingereicht. Im dritten Ehejahr ist die Wahrscheinlichkeit einer Scheidung am größten. Aber während die jungen Frauen oft weiterhin an den Mythos der großen, ewig währenden Liebe glauben, haben die älteren ihre Illusionen verloren. Sie träumen vielmehr von einer Partnerschaft, einer ausgewogenen Beziehung, die ohne die großen Leidenschaften auskommt, ihnen aber eine affektive Sicherheit bietet.

In den industrialisierten Ländern bezeichnet also das letzte Jahrzehnt des 20. Jahrhunderts einen Wendepunkt in der Geschichte des traditionellen Ehemodells. Die Lebenserwartung der Männer beträgt 77 Jahre, die der Frauen 84, was im Prinzip ein gemeinsames Leben von rund fünfzig Jahren erlaubt. Es ist jedoch illusorisch zu glauben, dass wir ein halbes Jahrhundert lang in derselben Beziehung leben könnten. Unsere Gesellschaften verändern sich, und auch wir ändern uns mit fortschreitendem Alter. Es ist unwahrscheinlich, dass wir diese Veränderungen gemeinsam mit demselben Menschen erleben können, zumal wir immer anspruchsvoller werden. Denn unsere Zeitgenossen wollen alles, wollen das Glück in allen seinen Formen: ein erfülltes Sexualleben, ein intensives Privatleben, ein aufregendes Gesellschaftsleben und ein befriedigendes Berufsleben.

Ein Paar ist keine starre Konstruktion, es wandelt sich mit der Zeit, und nur sehr wenige sind fähig, diesem Wandel zu folgen, ohne sich zu trennen. Einige tun alles, um ihrer Beziehung Dauer zu verleihen, sie sind bereit, bestimmte Dinge umzugestalten und neue Formen des Zusammenseins zu finden. Andere entschließen sich, eine Beziehung nicht um jeden Preis zu retten, wenn «es nicht mehr funktioniert». Sie suchen sich einen anderen Partner. Von diesem Punkt an zeichnen sich verschiedene Modelle der Paarbeziehung ab.

Das symbiotische Paar

Das erste Modell ist das der symbiotischen Paarbeziehung, in der die Partner alles gemeinsam tun und versuchen, die Andersheit aufzulösen. Es handelt sich um eine entfremdende, aber Sicherheit versprechende Art der Beziehung. Dieses traditionelle Modell entspricht weitgehend den Bedürfnissen früherer Generationen: Um dem Alleinsein zu entgehen, rücken beide zusammen und sind zu allen Zugeständnissen bereit. Liebe erfordert prinzipiell Distanz. Aber aus Angst, verlassen zu werden, akzeptiert manch einer, sich vom anderen besitzen und kontrollieren zu lassen, oder beginnt seinerseits, den anderen zu überwachen und in Besitz zu nehmen.

Lionel und Annie sind seit vierundzwanzig Jahren verheiratet. Seit Beginn ihrer Ehe legte Lionel ein so ausgeprägtes possessives Verhalten an den Tag, dass Annie schon im ersten Jahr die Scheidung erwog. Zu Hause hat immer er alle wichtigen Entscheidungen getroffen und über das Geld verfügt, ohne seine Frau um ihre Meinung zu fragen. Annie fühlt sich wie ein Kind behandelt, denn ihr Mann findet immer wieder einen plausiblen Vorwand, um sie überallhin zu begleiten. So lässt er sie zum Beispiel nicht auf der Autobahn fahren, weil er fürchtet, sie könnte einen Unfall haben.

Im Prinzip entscheidet er, wie die Ferien verbracht werden, nur auf den Skiurlaub war Annie nicht bereit zu verzichten. Sie fährt gern Ski, er nicht. Sie kann sich schließlich durchsetzen, aber er begleitet sie trotzdem. Während sie über die Pisten rast, wartet er im Hotel auf sie und holt sie um 5 Uhr nachmittags unten im Tal ab.

Wenn es zu Spannungen zwischen ihnen kommt, löst Lionel das Problem mit Geschlechtsverkehr. Wenn sie sich weigert, setzt er sie unter Druck und hindert sie notfalls so lange am Schlafen, bis sie nachgibt. Die ständige Kontrolle ist für Annie eine schwere Belastung, aber sie weiß nicht, wie sie sich davon befreien soll, denn sobald sie versucht, sich eigenständig zu machen, überhäuft Lionel sie mit hemmungsloser Zärtlichkeit und Liebesbeteuerungen.

Die Gefahr bei einer solchen Beziehung ist, dass der eine sich von dem anderen erdrückt, absorbiert fühlt und den Eindruck hat, seine Eigenständigkeit und seine Persönlichkeit zu verlieren. In einer Beziehung zwischen zwei Individuen gibt es immer einen Stärkeren und einen Schwächeren, einen, der zu beherrschen sucht, und einen, der dazu neigt, sich zu unterwerfen. Wenn diese symbiotische Liebe einem der beiden nicht zusagt, wird er sich normalerweise darum bemühen, seine Individualität zurückzuerlangen. Aber die symbiotische Liebe mit ihren Riten und Zwängen droht vor allem die Entfaltung der Frau zu ersticken.

Die Illusion, dem anderen alles zu bedeuten und von ihm glücklich gemacht zu werden, lässt keinen freien Raum, um sich selbst zu begegnen. In der Symbiose kann es keine richtige Nähe geben, da kein wirkliches Mit-sich-allein-Sein erlaubt ist. Ist ein solches Verhältnis unbefriedigend, führt es direkt in die Verlassenheit. In dieser Art von Beziehung kann man sich regelrecht isoliert fühlen, und paradoxerweise ist es manchmal ausgerechnet die Trennung, die dieser aufgezwungenen Vereinsamung ein Ende macht:

Françoise, 60, hat zwanzig Jahre lang in getrennten Wohnungen, aber dennoch symbiotisch mit einem Mann zusammengelebt. Ihr fünfzehn Jahre älterer Partner isolierte sie, indem er sie daran hinderte, ihre Freunde und ihre Familie zu sehen. Jetzt, da sie in Rente geht und mehr freie Zeit hat, verkündet er ihr, dass er sie verlässt und mit einer jüngeren Frau zusammenleben wird. «Er hat mich von vielen Kontakten abgeschnitten, denn er hatte nie Lust, andere Leute zu treffen, und beklagte sich, wenn ich zu lange telefonierte. Ich habe das hingenommen, da ich an ihm hing und nicht allein sein wollte. Trotzdem war ich mir bewusst, dass ich mich nicht auf ihn verlassen konnte, denn er unterstützte mich nie und betrog mich ganz unverhohlen. Bevor ich ihn kennenlernte, bin ich viel gesegelt und geritten; dann hörte ich damit auf, um ihn nicht allein zu lassen. Es gab viele Leute, die mich mochten und die ich aus den

Augen verloren habe. Zwanzig Jahre lang habe ich darauf verzichtet, mich mit anderen zu treffen. Und jetzt, wo ich jeden einladen kann, den ich will, und weggehen kann, wann ich will, habe ich keinen einzigen guten Freund mehr. Ich muss mir einen neuen Bekanntenkreis suchen und mir ein neues Leben schaffen. Ich werde mich an eine neue Art von Alleinsein gewöhnen müssen.»

Wenn man gerade eine symbiotische Beziehung hinter sich hat, ist es in der Tat sehr schwierig, ganz allein der Zukunft entgegenzusehen, und man kann versucht sein, sofort eine neue symbiotische Beziehung zu suchen.

Die meisten jungen Männer haben heute begriffen, dass die Frauen eine größere Eigenständigkeit wünschen, und akzeptieren somit ein anderes Beziehungsmodell. Aber in der Generation der geburtenstarken Jahrgänge und auch in der folgenden Generation (die zwischen 1945 und 1965 Geborenen) bevorzugen viele Männer, ohne dies immer einzugestehen, das Modell der symbiotischen Liebesbeziehung, in der beide Partner alles gemeinsam tun und möglichst viel Zeit zusammen verbringen. Wenn sie eher mit der symbiotischen Liebe vorliebnehmen als die Frauen, dann wohl deshalb, weil sie dank der größeren Verfügbarkeit der Frauen Nutzen daraus ziehen. Sie können es nur schwer nachvollziehen, dass eine Frau außerhalb ihrer Beziehung einen Freiraum des Alleinseins benötigt und ihnen obendrein nicht verrät, was sie in dieser Zeit tut. Sie haben das Gefühl, dass sich die Frau nicht genügend auf sie einlässt. Allgemein gesagt, suchen die Männer dieser Generationen vor allem eine Beziehung, um sich das Leben leichter zu machen (etwa das Problem, abends allein dazusitzen oder den Haushalt führen zu müssen). Diese Feststellung hat Laura, 46, gemacht:

> Sämtliche Männer, denen ich auf einer Datingsite begegnet bin, wollten sich nach einer Weile bei mir einquartieren. Mit mir kann man gut auskommen, ich halte meinen Haushalt in Schuss und koche gut. Das ist praktisch für sie und vor allem bequem.

In einer traditionellen Ehe ist es für den Mann oft schwer vorstellbar, dass seine Frau eigenständige Tätigkeiten ausübt; oder besser gesagt, sie kann solche ausüben, aber es darf nicht das Eheleben beeinträchtigen. De facto macht die Unabhängigkeit die Frauen weniger für die Männer verfügbar. Traditionsgemäß war der Mann meistens draußen beschäftigt, und die Frau erwartete ihn zu Hause, um ihm nach seinem Arbeitstag neue Kraft zu geben. Heute, wo die Frauen genauso viel arbeiten wie die Männer, ist es selten zu beobachten, dass diese Leistung auch umgekehrt erbracht wird. Im Gegenteil, einige Männer beklagen sich, dass ihre Frau zu viel arbeitet.

> Sonia, eine Ärztin von 43 Jahren, vor Kurzem von Paul, einem Bankangestellten geschieden, erklärt uns: «Mein Mann hat immer Probleme mit meinen berufsbedingten Arbeitszeiten. Immer wenn ich später als er nach Hause kam, wurde er ärgerlich und sagte zu mir: ‹Ich habe nie verlangt, dass du so viel arbeitest!› Im Klartext: Nie steht das Essen auf dem Tisch ...»

Beziehungen mit beschränkter Eigenständigkeit

Die jüngeren Paare sind ganz offensichtlich mehr auf Eigenständigkeit ausgerichtet. Bei diesem Beziehungstyp geht es darum, sich nicht von Regeln bevormunden, sich nicht einsperren zu lassen: Man will Liebe, aber ohne die Einschränkungen der traditionellen Ehe. Die Partner haben getrennte Bankkonten, unterschiedliche Freundeskreise und fahren manchmal getrennt in den Urlaub.

Dieses Beziehungsmodell, das der Soziologe Serge Chaumier «Beziehung mit beschränkter Eigenständigkeit»[2] genannt hat, wird von vielen Frauen aller Altersstufen gepriesen, die Freiheit und Unabhängigkeit fordern und nach einem eigenen Bewegungsraum und Zeit für sich verlangen. Da sie mehr unter der Beziehung zu leiden haben, wollen sie nicht mehr an zweiter Stelle rangieren. Wenn sie genauso viel oder mehr als ihr Partner verdienen, haben sie keine Lust mehr, sich um alles zu kümmern.

> Seit ihrer Scheidung wird Jocelyne, 46, von zwei Männern umworben. Der eine, Daniel, ist ein ständig abgebrannter Intellektueller, der sehr mit seiner Arbeit als Lehrer und seinem Vereinsleben beschäftigt ist. Mit ihm redet sie häufig, macht ihn mit ihren Freunden bekannt und lädt ihn zu kulturellen Veranstaltungen ein. Er versteht es, anregend zu sein, ohne sie zu erdrücken. Leider ist ein Zusammenleben mit ihm unmöglich, zu-

mindest vorläufig, denn ihre beruflichen Tätigkeiten binden sie an verschiedene Städte.

Der andere, Gilles, wartet ständig auf sie. Da er sich im Vorruhestand befindet, will er seine ganze Zeit mit ihr verbringen. Sie weiß, dass sie an seiner Seite ein geruhsames Leben führen könnte, da er sich um alles kümmern würde. Aber da er sie ganz für sich will, hätte sie kein Gesellschaftsleben mehr. Wenn sie ihm sagt, sie wolle ihre Freiheit behalten, erwidert er, das sei gar kein Problem. Aber jedes Mal, wenn sie etwas ohne ihn unternehmen will, «macht er Druck».

Jocelyne weiß nicht, für wen sie sich entscheiden soll: «Einfacher wäre es, Gilles zu folgen. Er würde sich um alles kümmern, ich hätte weder Sorgen noch Geldprobleme, aber ich möchte lieber mit Daniel leben.»

Die Eigenständigkeit erhöht natürlich die Wahrscheinlichkeit einer Trennung oder Scheidung. In diesem Beziehungsmodell besteht im Prinzip zwar weiterhin ein sexuelles und affektives Exklusivrecht, aber wenn sich ein Dritter in das Verhältnis einmischt oder wenn sich einer der Partner mit einem (einer) anderen davonmacht, wird der Betrogene nur schwer wieder Vertrauen schöpfen und das nächste Mal eher eine als sicherer geltende symbiotische Beziehung suchen oder sich für das Alleinbleiben entscheiden.

Untreue ist im Übrigen nicht die einzige Klippe bei diesem Beziehungstyp: Anstelle des möglichen Rivalen – in gewisser Weise notwendig für das Gleichgewicht der Beziehung, das schwer zu «managen» ist, wenn man ein ausgefülltes Berufsleben hat – kann man durch Sublimierung zu einer engagierten oder leidenschaftlich ausgeübten Tätigkeit ungewollt einen «virtuellen Dritten» erzeugen. In diesem Fall ist der Rivale nicht ein anderer Mann oder eine andere Frau, sondern eine sportliche Aktivität, eine Freizeitbeschäftigung, ein Engagement oder die Betätigung in einem Verein.

Die nicht zusammenwohnenden Paare

Die Feministinnen der Nach-68er-Generation spürten schon sehr bald, dass das eheliche Zusammenleben problematisch sein könnte. Im Februar 1978 griff die Rechtsanwältin Gisèle Halimi alle Forderungen der Frauen aus den vergangenen Jahren auf und veröffentlichte «Das gemeinsame Programm der Frauen», in dem ein kleiner Satz – den sie irgendwann widerrief – heftige, ja hasserfüllte Reaktionen auslöst: «Wenn es darum geht, die patriarchalische Familie abzuschaffen, könnte es zum Erreichen dieses Ziels notwendig sein, das eheliche Zusammenleben während mindestens einer Generation auszusetzen.»[3]

Diese Empfehlung wurde natürlich nie zum politischen Programm, aber es muss festgestellt werden, dass sie in den reichen Industrieländern zum Teil Wirklichkeit geworden ist. Im Gegensatz zur ehelichen, symbiotischen, erdrückenden Intimität verspüren manche – vor allem Frauen – das Bedürfnis nach einer persönlichen Intimsphäre, nach einem eigenen Raum. Angesichts dieser Schwierigkeit, im Alltag ein gemeinsames Leben zu führen, entschließen sich manche Paare – jüngere oder auch um die fünfzig –, nicht mehr zusammenzuwohnen. Die Bindung einer traditionellen Ehe setzt in der Tat den Verzicht auf ein individualisiertes Leben voraus, weshalb manch einer lieber nach anderen Regelungen Ausschau hält. Nicht zusammenzuwohnen ist somit seit Beginn dieses Jahrhunderts eine häufiger anzutreffende Lebensweise geworden.

Am Anfang einer Beziehung ist es heute geradezu üblich, nicht zusammenzuwohnen, solange man sich nicht sicher ist, wie sie sich entwickeln wird: Man testet die Haltbarkeit der Beziehung, bevor man sich bindet. Später dienen womöglich berufliche Zwänge als Vorwand für ein Getrenntwohnen, das dann nicht als solches bezeichnet wird. Eine Möglichkeit, aus der Routine einer Paarbeziehung, einer Ehe auszubrechen, ist zum Beispiel die Übernahme eines Auftrags im Ausland.

Florence und ihr Ehemann Thierry sind beide Unternehmensberater, 45 Jahre alt, seit 15 Jahren verheiratet und haben zwei Kinder im Alter von zehn und zwölf Jahren. Thierry war mehrmals mehrere Jahre lang arbeitslos, und die interessantesten Stellen, die ihm angeboten wurden, waren Aufträge im Ausland. Auf diese Weise ist er Spezialist für asiatische Länder geworden. Wenn Thierry in China unterwegs ist, kümmert sich Florence um alles. Neben ihrer Arbeit und einer täglichen Fahrtzeit von zwei Stunden führt sie den Haushalt, kümmert sich um die schulischen Belange der Kinder und erledigt auch alles Übrige, was im Alltag so anfällt: «Ich habe immer die Starke gespielt, aber jetzt habe ich es satt. Ich kann nicht mehr. Thierry bemerkt gar nicht, was ich alles mache.

Wenn er nach Hause kommt, macht er mir zusätzlich Druck, damit ich noch mehr Projekte annehme. Letztendlich ist er netter, wenn er weit weg ist und wir per E-Mail oder Telefon kommunizieren.» Wenn Thierry zurückkommt, verbringen sie Wochenenden zusammen, machen gemeinsam Urlaub und alles ist wieder wie früher in ihrer Anfangszeit. Trotz der Schwierigkeiten sagt diese Lebensweise beiden zu.

Nicht oder nur wenig zusammenwohnen kann auch eine Entscheidung sein, die es ermöglicht, eine Krise zu überwinden, oder ein Mittel, um einer erlöschenden Beziehung neue Leidenschaft einzuhauchen.

Anne und Marc, beide 45, leben seit zwanzig Jahren zusammen. Ihre Beziehung war immer schwierig, und mehrere Male haben sie erwogen, sich zu trennen. Marc wirft Anne vor, oft nervös und empfindlich zu reagieren, und sie hält ihm vor, nicht mit ihr zu reden, sie mit der Aufsicht und Erziehung der Kinder allein zu lassen und vor allem nie da zu sein (er arbeitet für ein internationales Unternehmen und verbringt viel Zeit im Ausland). Im Grunde lieben sie sich, aber im alltäglichen Leben ertragen sie sich nicht.

Ein erstes Mal hatten sie versucht, sich zu trennen, in der Hoffnung, es werde in ihnen das Verlangen wecken, sich wieder näherzukommen: «Wir brauchten eine Verschnaufpause, es war einfach nicht mehr auszuhalten.» Anne fühlte sich erleichtert, allein zu sein, ganz in Frieden und abends bei sich zu Hause, aber ihr Mann fehlte ihr. Marc sagte, er habe zwar mehr Ruhe, aber er hänge an seiner Frau. So hatte er sich entschlossen, ins eheliche Heim zurückzukehren.

Einige Jahre später beschließen sie, in Anbetracht ihrer fortwährenden Beziehungsprobleme diesmal endgültig ihr Zusammenwohnen zu beenden. Dennoch versichern sie, noch immer aneinander zu hängen. Marc sagt, die Tatsache, dass sie im alltäglichen Leben nicht mehr zusammenwohnen, mache für ihn keinen Unterschied, er wolle weiterhin verheiratet bleiben, um die Familie zu schützen. Er will weder mit Anne noch mit jemand anderem zusammenwohnen. Anne sagt, das Alleinwohnen entspreche ihrer Persönlichkeit eher, sie müsse imstande sein, sich allein wohlzufühlen und nicht nur in Abhängigkeit von anderen. Beide sagen, die traditionelle Paarbeziehung sei ein konformistisches, Geborgenheit vortäuschendes Bild der Gesellschaft; Alleinleben hingegen sei wie eine Luftblase, die es einem erlaube, sich leichter zu fühlen.

Die Entscheidung, allein zu wohnen, kann verschiedene Gründe haben: Es kann sich um junge Leute handeln, die nach einem unabhängigen Studentenleben noch unschlüssig sind, ob sie sich binden wollen. Es können aber genauso gut Menschen sein, die sich eher spät begegnen, nach einem unabhängigen Leben, auf das sie nicht verzichten wollen. In anderen Fällen erklärt sich das Getrenntwohnen aus der Schwierigkeit, Kinder aus vorigen Beziehungen gemeinsam in einer neuen Familie aufzuziehen. Eine Lebensform dieser Art findet sich vor allem in städtischen Mittel- und Oberschichten, denn man benötigt entsprechende finanzielle Mittel, um zwei Mieten zu bezahlen, und auch die nötige Zeit, um sich gegenseitig zu besuchen. Katia, 46, die mit Denis, 58, in einer Beziehung mit getrennten Wohnungen lebt, erklärt ihre gemeinsame Entscheidung so:

> Nach meiner Scheidung blieb ich einige Jahre lang allein. Mit dem Gedanken, wieder in einer Beziehung zu leben, konnte ich mich nicht recht anfreunden. Denis war sehr mit seiner Arbeit und seinen Kindern beschäftigt, darum wohnten wir nicht zusammen. Er zog es vor, in seinem Haus am Rande der Stadt zu bleiben, das näher an seiner Arbeit liegt und wo ihn seine Kinder von Zeit zu Zeit besuchen. Ich wollte in Paris bleiben, da kann ich mich mit meinen Freundinnen treffen, ins Kino gehen und durch die Geschäfte bummeln. Gewöhnlich kommt er einen Abend in der Woche zu mir, und ich fahre am Wochenende zu ihm. Was den Urlaub betrifft, nehme ich eine Woche für mich allein, und die übrige Zeit fahren wir zusammen weg.

Diese Menschen wollen sich vor allem ihre Identität und Unabhängigkeit bewahren, akzeptieren aber zugleich ein gemeinsames gesellschaftliches Leben. Sie machen gemeinsam Urlaub, gehen zusammen ins Theater, treffen sich mit Freunden und ziehen mehr oder weniger gemeinsam die Kinder auf. Sie werden von der Familie und den Freunden als Paar anerkannt, und das unterscheidet sie von den Alleinstehenden, die eine Freundin oder einen Freund haben.

Die Entscheidung für eine Beziehung mit getrennten Wohnungen entspricht ganz den Forderungen der modernen Paarbeziehung in Sachen Liebe und Sexualität. Vom Privatleben gilt es nur das Beste zu bewahren. Keine Aufteilung von lästigen Arbeiten im Haushalt, keine hässlichen Diskussionen über Geld, kein Zwang, sich zu treffen, wenn man nicht gut drauf ist. Man trifft sich einzig und allein, um gelungene Momente miteinander zu verbringen. In der Praxis

ist zu beobachten, dass die Paare trotzdem einem Zeitplan unterworfen sind, ähnlich wie Kinder, die abwechselnd bei dem einen
oder anderen Elternteil wohnen.

Bei der Entscheidung, nicht mit dem Partner zusammenzuwohnen, geht es den Frauen darum, die Rolle der Gattin mit all den
dazugehörigen Pflichten zu vermeiden, was im Fall der neu ent-
stehenden Familien mit Kindern, die aus früheren Beziehungen
stammen, besonders deutlich wird. Den Männern indessen geht
es manchmal darum, sich einen Freiraum zu bewahren, um sich
die Möglichkeit für ein Abenteuer offenzuhalten, oder sogar um –
wie sie selbst sagen – «die Chance zu nutzen, etwas Besseres zu
finden».

Laurence, 45, ist seit fünfzehn Jahren mit Paul zusammen. Sie haben ein
Kind von 13 Jahren. Sie arbeitet freiberuflich in Paris, während er als Beamter in einer 200 Kilometer entfernten Provinzstadt tätig ist. Zusammen wohnen sie nur an den Wochenenden, wenn Laurence Paul besucht,
und während der Ferien. Ihr Sohn wohnt unter der Woche bei ihr und
verbringt die Ferien bei seinem Vater.

«Ich habe keinen Mann gefunden, der zu mir passt, und diese Lösung
ist besser als gar keine. Dank diesem System habe ich eine gewisse Freiheit. Ich mache, was ich will, ich kann ins Theater gehen, mir eine Aus-
stellung ansehen, Freunde einladen. Die Männer in meiner Umgebung
sind Stubenhocker, die Frauen dagegen suchen gesellschaftliche Kontakte zu knüpfen.»

Es kommt vor, dass nicht beide Seiten diese Regelung teilen. Wenn
der eine beruflich stärker beschäftigt oder gerade nicht frei ist, muss
der andere sich anpassen, er hält sich dann «zur Verfügung» und
hofft auf den guten Willen seines Partners. Offenbar fügen sich
Frauen besser in diese Situation als Männer, auch wenn manche
immer wieder darüber klagen. Im Kontext von Arbeitslosigkeit und
Vorruhestand kommt es immer häufiger vor, dass einer der beiden
regelmäßig das Haus auf dem Land aufsucht, während der andere
in der Stadt bleibt, um zu arbeiten. Das Phänomen, dass Paare in
verschiedenen Wohnungen leben, ist mit zunehmendem Alter
immer häufiger anzutreffen.

Neben diesen neuen Beziehungstypen existieren noch andere Regelungen, etwa das Dreiecksverhältnis, in welchem Bisexualität und
Paarbeziehung miteinander vereinbar sind, oder die «offene Beziehung», in der die völlige sexuelle Freiheit praktiziert wird und Treue
gleich Dauer ist.

Um einige glückliche Momente mit einem Mann oder einer Frau
zu verbringen, muss man keinesfalls in einer traditionellen Paarbeziehung leben. Man kann sich auch ganz sporadisch treffen. Fred,
34, homosexuell, ist seit zwei Jahren von Jérôme getrennt und hat
seit sechs Monaten ein Verhältnis mit Bastien, der 300 Kilometer
von Paris entfernt lebt; sie sehen sich nur ab und an. Fred meint
dazu:

> Als ich noch nicht allein lebte, sah ich mich eher in einer Beziehung, aber
> jetzt ist es mir recht, meinen Alltag allein zu verbringen. Die geografische
> Entfernung ist praktisch, wir sehen uns nur, um die schönen Momente
> gemeinsam zu genießen. Als Bastien mich seiner Familie vorstellte, hatte
> ich Angst, erdrückt zu werden. Ich habe große Mühe gehabt, mich von
> meiner Mutter zu lösen, da will ich mir nicht obendrein eine Schwieger-
> mutter aufladen.

Natürlich sind zu hohe Ansprüche zum Scheitern verurteilt, und
wenn man der großen Liebe nicht begegnet, begnügt man sich mit
einer Kompromisslösung, wie Louise, 59, arbeitslos und gerade dabei, sich scheiden zu lassen:

> Mit 20 suchte ich nach dem Märchenprinzen, das heißt nach jemandem,
> mit dem ich etwas sehr Intensives erleben wollte. Ich lernte Männer
> kennen, mit denen ich mehr oder weniger lang zusammen war, aber sie
> wollten nicht unbedingt ein Kind. Mit 40 sagte ich mir, da das mit dem
> Märchenprinzen nicht klappt, werde ich mal vernünftig sein und den
> nehmen, der mich will.

Viele unserer Zeitgenossen, mit ihren seelischen Schwächen und körperlichen Makeln, bewältigen auf diese Weise ihre Vergangenheit
mithilfe eines anderen, verbuchen ihre Unzulänglichkeiten mit den

Unzulänglichkeiten eines anderen, so wie sie ihr Girokonto verwalten; bestenfalls kommt es dabei zu etwas Zärtlichkeit. Auch gibt es «Scheinpaare», die nicht einmal den Schein zu wahren vermögen:

> Nach einer schweren Ehekrise, die zur Scheidung hätte führen müssen, stellten Virginie, 41, und ihr Mann Éric fest, dass sie nicht über die nötigen finanziellen Mittel verfügten, um sich scheiden zu lassen, ohne die bisherigen guten materiellen Bedingungen für ihre drei Kinder aufzugeben. Also fanden sie eine andere Lösung für ihre Ehe: Virginie, Lehrerin von Beruf, hat sich ein Apartment in der Nähe ihres Wohnsitzes genommen und wohnt außer Haus, aber sie holt nach wie vor die Kinder von der Schule ab, um sie in das gemeinsame Haus zu bringen. Sie bleibt bei ihnen, um ihre Schularbeiten zu beaufsichtigen, ihnen das Abendessen zu machen, und geht, wenn Éric kommt. Manchmal wohnt sie in dem Haus. Wenn einer der beiden für einen Abend oder mehrere Nächte abwesend ist, bleibt der andere bei den Kindern.

Ein anderer wichtiger Wandel in den neuen Beziehungen ist in Zusammenhang mit der Dauer zu beobachten. Wie wir gesehen haben, ist die Scheidung zur Alltäglichkeit geworden und wird viel schneller als früher eingereicht, sodass eine Frauenzeitschrift in derselben Chronik berichten kann: «Geheiratet und schon getrennt.» Man liebt, aber mit einschränkenden Klauseln, und wenn der andere einen nicht befriedigt, stellt man schnell seine Bemühungen ein. Man könnte sagen, dass Bekanntschaften immer häufiger nach Art eines Zeitvertrags geschlossen werden: Man verpflichtet sich, aber auf eine begrenzte Zeit; und wenn der andere einem zusagt, erneuert man den Vertrag.

Sobald man nicht mehr oder nicht mehr genügend liebt, trennt man sich lieber, bevor man versucht, eine mittelmäßige Beziehung auszubessern. Und sobald einer der beiden den Vertrag bricht, zum Beispiel durch ein ernst zu nehmendes Abenteuer, geht die Beziehung entzwei. Jede Krise, jeder Konflikt wird mit einem Verhalten beantwortet, das auf den Abbruch der Beziehung aus ist. Im Falle eines Problems hat man die Antwort schon parat: «Ich verlasse dich und suche mir eine(n) andere(n).» Diese Beziehungen sind also jederzeit widerrufbar, sodass man den Partner wie einen Gegenstand benutzt, den man wegwirft, sobald er nicht mehr den eigenen Erwartungen entspricht oder Mängel aufzuweisen beginnt.

Hinter dem Verlangen nach einer Bindung steht oft unausgesprochen die Forderung nach einem «befristeten» Liebesverhältnis: Man nimmt jemanden probeweise an, aber da noch viele andere nicht weniger verlockende Bewerber verfügbar sind, wird man, sobald der andere einem nicht zusagt, eine neue Suche starten. Eine Haltung, die der Soziologe Zygmunt Bauman folgendermaßen deutet: «Die Verringerung der Fähigkeiten zur Sozialität wird durch eine Tendenz verschärft und beschleunigt, die von der herrschenden Lebensweise des Konsumdenkens inspiriert ist und darin besteht, andere Menschen wie Konsumgüter zu behandeln und sie so zu beurteilen, wie man jene beurteilt, das heißt nach dem Ausmaß an Vergnügen, das sie einem verschaffen können, und nach dem Motto ‹da kriegt man was für sein Geld›.»[4]

Die beiden Geschlechter gehen Eheprobleme auf unterschiedliche Weise an. Die Männer neigen dazu, die Situation sich verschlechtern zu lassen, sie zeigen keinerlei Interesse mehr für Heim und Familie, beginnen ein außereheliches Verhältnis, das sie immer mehr in Anspruch nimmt, kritisieren ihre Frau und behandeln sie schlecht, bis diese schließlich die Scheidung verlangt. Daraufhin stellen sie sich als Opfer ihrer Gattin dar, die sie «aus dem Haus gejagt» hat. Die Frauen hingegen suchen sofort und heimlich einen Rechtsanwalt auf und legen ihm eine ganze Liste mit Klagen vor, um die Scheidung zu ihren Gunsten zu beeinflussen. In diesen Fällen kommt es zu keiner direkten Konfrontation oder Diskussion, im Gegenteil, man weigert sich, miteinander zu kommunizieren.

Eine fortlaufende Polygamie

Wie das Berufsleben setzt sich auch das Gefühlsleben immer häufiger aus mehreren Sequenzen zusammen. Das Leben eines Erwachsenen besteht aus ganz unterschiedlichen aufeinanderfolgenden Perioden, ein Leben in einer Beziehung mit getrennten Wohnungen ohne Kind, eine Ehe mit Kind, eine Trennung, eine Zeit als Junggeselle, wieder verschiedene Beziehungen, dann eventuell die Gründung einer neuen Familie, danach erneut ein Singledasein, vielleicht nochmals eine neue Familie usw. Im Fall einer Trennung finden viele Männer kurz danach eine neue Partnerin, und die meisten beginnen schon mit der Suche, bevor die Trennung überhaupt stattgefunden hat. Die Frauen benötigen dagegen eine Zeit der Gewöhnung, bevor sie sich auf die neue Suche begeben.

Heutzutage gehen die Individuen also immer wieder neue Beziehungen ein, in der Hoffnung, eine von ihnen werde der große Treffer sein, eine Liebe, die auch auf Dauer nichts von ihrer Intensität verliert.

Nach einer Weile stellt man jedoch fest, dass die Beziehungen immer rascher zu Ende gehen und sich aneinanderreihen, bis man, des fortwährenden Wechsels müde, beschließt, allein zu bleiben oder mit einer unvollkommenen Beziehung vorliebzunehmen. Die Beziehungswechsel werden relativ gut akzeptiert, solange der Betreffende das Gefühl hat, dass er sie kontrolliert und entscheidet, aber irgendwann kommt der Moment, wo die Möglichkeiten neuer Bekanntschaften deutlich abnehmen und die eigene Situation sich nicht mehr ändert. Frauen, die älter als 55 sind, wissen, dass sie selbst auf sehr aktiven Datingsites kaum einen Partner mehr finden werden und dass die Lebensgewohnheiten mit zunehmendem Alter die Anpassung an einen anderen noch schwieriger machen.

Unter dem Einfluss der Frauen, die mehr als die Männer die Treue befürworten, hält sich das Modell der Monogamie, allerdings mit Abstrichen. Gewisse Männer wollen an der Bequemlichkeit eines Ehelebens festhalten und suchen sich, falls die Beziehung mit ihrer Partnerin sie nicht zufriedenstellt, woanders Ersatz, wobei sie die neue sexuelle Freiheit als Vorwand benutzen, um ein Doppelleben zu führen. Sie rechtfertigen sich dann damit, dass sie Frau und Kinder nicht im Stich lassen und die Familie nicht «kaputtmachen» wollen. Diese Erfahrung macht gerade Anne, 43, Pressesprecherin, verheiratet mit Fred, einem Journalisten:

Ich überlege, meinen Mann zu verlassen, denn er betrügt mich. Zu Anfang wollte ich das verdrängen, aber dann konnte ich nicht mehr darüber hinwegsehen. Wir haben miteinander darüber gesprochen. Er versprach, seine diversen Abenteuer einzustellen. Aber er hat es nicht getan. Er sagt, das sei nicht weiter schlimm, weil er ja bei mir bleibe, aber allmählich bleibt von unserer Beziehung immer weniger übrig. Da ich es mir nicht verkneifen kann, etwas zu sagen, wenn ich Telefonanrufe oder SMS-Nachrichten anderer Frauen mitbekomme, gibt es jedes Mal eine Szene, und letztendlich merke ich, dass ihm meine Gefühle wenig bedeuten. Er sorgt sich nicht darum, was ich darüber denke, er hängt an den anderen Frauen genauso wie an mir. Den anderen habe ich nur voraus, dass ich immer da bin, den Haushalt führe und mich um die Kinder kümmere, aber welcher Unterschied bliebe noch zwischen mir und den anderen, wenn wir getrennt lebten?

Im Namen der Toleranz und der modernen Ehe wohnen manchmal Ehefrauen, Exfrauen und Geliebte gemeinsam unter einem Dach. Und so findet man in gewissen abendländischen Familien das Modell des antiken China wieder, mit der ersten Ehefrau, die den Mann bei öffentlichen Anlässen begleitet, der ersten und der zweiten Konkubine, nicht gerechnet die Frauen aus flüchtigen Begegnungen. Die Frauen akzeptieren es aus Liebe, aus Schwäche oder manchmal aus Interesse. Diese Familien werden von den Medien als das neue Familienmodell dargestellt: Man lobt diese Männer, die mit Frau und Kindern, ihrer Exfrau, dem Exmann ihrer Frau und den Kinder aus verschiedenen Beziehungen gemeinsam Urlaub machen. Die Wirklichkeit sieht indessen bei Weitem nicht so einfach aus, und hinter den Kulissen leiden nicht wenige darunter, trauen sich aber nicht, es zu sagen, um nicht als intolerant oder kleinkariert zu gelten.

Xavier, 58, hat gerade seine Frau Yolande verlassen, um mit einer wesentlich jüngeren Frau zusammenzuleben, die seit einiger Zeit seine Geliebte ist. Er macht Yolande den Vorschlag, das Landhaus als gemeinsame «Verbindung mit den Kindern» zu behalten. In Anbetracht ihrer Weigerung, die neue Lebensgefährtin ihres Exmanns kennenzulernen, setzt er durch, dass das Haus an den Wochenenden abwechselnd von ihr und von ihm genutzt wird, jeweils zusammen mit den Kindern. Was die neue Frau von Xavier anbelangt, unterhält sie weiterhin sehr enge Kontakte zu ihrem Exmann, der eine ihrer Freundinnen geheiratet hat.

Man sieht, es wird immer schwieriger, eine Beziehung aufzubauen. Da der Zustand des Verliebtseins keine Sicherheit gewährt, erscheint es manch einem einfacher, allein zu bleiben. Man kann sich dazu entschließen, endgültig allein zu leben, und dabei doch ein reiches Liebesleben haben. Immerhin geht man damit garantiert einer Symbiose aus dem Weg und bewahrt sich seine Unabhängigkeit. Und man schützt sich vor gewissen Beziehungen zwischen Mann und Frau, die, wie wir gleich sehen werden, immer härter und rücksichtsloser werden.

5 Immer härtere Beziehungen

Die Forderung nach Vollkommenheit hat die Beziehungen zwischen den Geschlechtern immer mehr verhärtet. Die Frauen werfen den Männern vor, nicht für die Arbeiten im Haushalt zur Verfügung zu stehen und ihnen zu wenig Aufmerksamkeit zu schenken. Die Männer werfen den Frauen ihre Strenge vor: «Sie lässt mir nichts durchgehen!» Das denkt vermutlich auch Nadias «Alter». Sie ist 39, hat drei Kinder und ist mit Richard, 50, zusammen:

> Wenn mein Alter systematisch seine Tasse in die Spüle stellt, statt sie direkt in die Spülmaschine einzuräumen, sage ich es ihm einmal, ein zweites Mal, danach gebe ich's auf und räume sie selber ein, aber ich hätte dafür gern einen Ausgleich. Was könnte das sein? Nicht Geld, ich verdiene besser als er. Er meint, er macht mich glücklich, wenn er mir vorschlägt, mit ihm ins Bett zu gehen. Es gefällt mir, ich mag es, aber er hat einen anderen Rhythmus als ich. Wenn es nach ihm ginge, machten wir es täglich, vor allem wenn es tagsüber zwischen uns Krach gegeben hat, um das gewissermaßen wieder hinzubiegen. Ich dagegen hab keine Lust, wenn er tagsüber nicht nett zu mir war. Er versteht das nicht. Allmählich nehme ich ihm das übel und denke manchmal daran, ihn zu verlassen.

Gegenseitige Vorwürfe

Die Medien und die Werbung für Datingsites gaukeln uns vor, wir könnten den idealen Partner finden, und das veranlasst uns, die Liebe zu kontrollieren und im Voraus wissen zu wollen, wohin sie uns führen wird. Wir verhalten uns wie anspruchsvolle Konsumenten, wir wollen das Beste zu niedrigsten Preisen: Wir hoffen, viel zu bekommen, und geben dafür so wenig wie möglich. Die Schwierigkeit, die es heutzutage bei einer neuen Bekanntschaft zu überwinden gilt, besteht darin, die Erwartungen des einen mit denen des anderen in Einklang zu bringen. Einige betonen zuvor ihre Unabhängigkeit, und sobald sie dann eine Beziehung eingegangen sind, kleben sie an ihrem Partner und erdrücken ihn. Andere reden sofort von Bindung, aber ergreifen die Flucht, sobald der Liebhaber ihnen zu nahe kommt. Wir wollen, dass der andere genau unseren Erwartungen entspricht, und ist dies nicht der Fall, besteht die bequemste Lösung darin, mit ihm Schluss zu machen und eine andere Beziehung zu beginnen.

> Ich habe lange an die große Liebe geglaubt, aber jedes Mal, wenn ich jemanden kennenlernte, haperte es nach ein paar Wochen oder Monaten irgendwo. Ich teilte es dem Betreffenden mit, und wenn es nicht besser wurde, brach ich die Beziehung per SMS oder per E-Mail ab (Justine, 34).

Sicher, jeder behauptet, die Liebe zu suchen, aber niemand macht sich noch Illusionen, und jeder weiß, dass die Leidenschaft, die eine Beziehung einleitet, recht flüchtig ist. Das Begehren muss, bevor es der Belastungsprobe der Wirklichkeit ausgesetzt wird, neu formuliert werden, damit es die Andersheit des Partners zu akzeptieren vermag. Angesichts der Schwierigkeit, eine Beziehung aufzubauen, nehmen manche die Hilfe eines «Coachs», eines Beraters, in Anspruch, um ihre Suche zu «optimieren». Sie suchen alle Vorteile einer Beziehung, ohne ihre unangenehmen Seiten ertragen zu wollen. Sie fürchten vor allem die Bindung und die Zwänge, die sich daraus ergeben. Und die Jüngeren bevorzugen virtuelle Beziehungen, die man leicht eingehen und genauso leicht wieder lösen kann (siehe unten, Kapitel 9).

Die Untreue, noch immer schwer zu ertragen

Trotz der sexuellen Befreiung und des verbreiteten Anreizes, auf sexuellem Gebiet alles auszuprobieren, bleibt die Treue ein wichtiger Wert und werden Seitensprünge im Allgemeinen weiterhin als Verrat empfunden. Dieses Festhalten an der Treue entspricht dem Streben nach einer intensiven, ungeteilten Liebe. Insbesondere die Frauen verzeihen Lügen nicht. Die modernen Paare streben nach einer reinen, idealisierten Beziehung mit Transparenz gegenüber dem Partner und der Forderung nach gegenseitiger Achtung. Aber oftmals hält die Treue nur so lange an, wie die Leidenschaft dauert. Es handelt sich dann in Wirklichkeit weniger um die Achtung gegenüber dem anderen als um ein vertragliches Liebesverhältnis: Man kann sich also ohne Bedenken aus der Verpflichtung lösen, wenn man den anderen nicht mehr liebt. Sobald die Liebe nachlässt, hält die Treue nicht mehr, wobei die Männer häufig Dinge vortäuschen und lügen, wie die Erfahrung von Annabelle, 50, zeigt:

> Nach einem anregenden Austausch mit einem Mann per Internet hatten wir beide Lust, uns kennenzulernen. Mir war aufgefallen, dass er selten am Wochenende zu erreichen war, aber er hatte das mit sportlichen Tätigkeiten gerechtfertigt und mir versichert, dass er frei sei. Als ich bei unserem Treffen darauf zurückkam, erklärte er mir mit einem Augenzwinkern, dass ich ja wohl begriffen hätte, dass er verheiratet sei. Als ich ihm klarzumachen versuchte, dass ich nicht gekommen wäre, wenn ich gewusst hätte, dass er gebunden war, sagte er zu mir, das sei gar kein Problem, er betrachte sich als frei, denn er liebe seine Partnerin nicht.

Gewisse Männer halten sich eine Beziehung in Reserve, eine andere Frau, die sie anrufen können, wenn die geliebte Person aus irgendeinem Grund nicht zur Stelle ist, eine einfache Beziehung, die immer verfügbar ist, ohne die Notwendigkeit, Zukunftspläne zu schmieden, ohne jede Verpflichtung. Oder aber sie ergreifen vorzeitig die Flucht und melden sich auf einer Datingsite an, sobald es in der Ehe kriselt:

> Boris, 51, ist ein unsicherer und psychisch labiler Mann. Er hat sich eine grandiose Zukunft erträumt, aber seine Erfolge sind hinter seinen Ambitionen zurückgeblieben. Frauen gegenüber hat er immer den Verführer gespielt, was seine erste Ehe zum Scheitern brachte. Vor Kurzem hat er wieder geheiratet, eine Frau, die ihm gesellschaftliche Sicherheit gibt, aber er hat Mühe, die ehelichen Zwänge zu ertragen, und kann es nicht unterlassen, blutjungen Mädchen den Kopf zu verdrehen. Bei jeder Ehekrise registriert er sich auf einer Datingsite, denn er hat Angst, im Fall einer Trennung allein dazustehen.

Obgleich der Ehebruch im neuen Scheidungsrecht nicht mehr als Schuld gilt, wird er von den Betroffenen meistens schwer ertragen.

Sie leiden umso mehr darunter, als sie ihre ganze Hoffnung und Energie in diese Liebe investiert haben. Einige Frauen sagen, sie hätten diese Situation als eine brutale Zurückweisung erlebt, die ihr Sexualleben nachhaltig beeinträchtigt habe. Wenn die außereheliche Beziehung auf echter Liebe beruht, müsste die für den Ehepartner schmerzloseste Lösung darin bestehen, die Scheidung einzureichen, aber häufig wird einfach die Beziehung (mehr oder weniger) heimlich fortgesetzt, unter dem Vorwand, den Kindern nicht schaden zu wollen, obwohl es in der Praxis darum geht, die materiellen Vorteile der Ehe möglichst lange für sich zu nutzen.

> Julian, 40, Bankangestellter, hat seiner Frau Franziska verkündet, dass er in eine Arbeitskollegin verliebt sei, jedoch eine Abfuhr von ihr erhalten habe und dass es ihm deshalb schlecht gehe. Seitdem verhält er sich Franziska gegenüber aggressiv. Da er die andere Frau nicht aufgeben will, zieht er sich zurück, um sie anzurufen und ihr SMS-Nachrichten zu schicken, und ist oft außer Haus. Franziska muss nicht nur das tägliche Leben mit den Kindern bewältigen, sondern auch noch ihren Mann trösten, wenn er zu Hause ist. Er sagt, er wolle bei ihr bleiben, denn er bewundere sie:
> «Ich will dich nicht verlassen, aber es gelingt mir nicht, dich zu lieben.»
> «Dass du mich nicht liebst, ist schlimm genug, aber ich will dafür nicht auch noch bezahlen müssen!»
> «Ich kann im Moment nicht zärtlich zu dir sein, denn ich denke an sie.»
> Franziska sagt, sie hänge an ihrer Ehe, aber sie sei es leid, alles auf sich zu nehmen: «Meine Kraft richtet sich gegen mich, sie macht meinen Mann nur noch schwächer.»

Der untreue Partner wird sich selten bewusst, wie tief er den anderen durch den Bruch seiner Verpflichtung verletzen kann. Lehnen manche es vielleicht gerade deshalb ab, sich zu binden, weil sie vermeiden wollen, mit dieser Situation konfrontiert zu werden? Jedenfalls gibt es in modernen Ehen häufig den geregelten Ehebruch, den der verlassene Ehepartner duldet: «Das ist nicht weiter schlimm, er/sie akzeptiert das …» Gleichwohl ist diese Situation alles andere als harmlos, denn sie erzeugt oft viel verborgenes Leid und Verbitterung. So auch im Fall von Brigitte, 43:

Im Leben meines Mannes gibt es noch eine andere Frau. Er findet das nicht schlimm: «Sei ganz beruhigt, sie ist nicht besonders intelligent!» Währenddessen habe ich die Kinder, die Lehrer, den Kieferorthopäden, den ganzen Papierkram mit unserem Haus und den Haushalt am Hals, und obendrein ist er gemein zu mir. Wenn man schon seine Frau betrügt, dann wenigstens diskret ... Warum muss man sie auch noch fertigmachen?

Ein weiteres Problem, vor das sich die Ehepartner heute gestellt sehen, erwächst aus der Tatsache, dass Männer und Frauen möglichst einen Partner finden wollen, der jünger ist als sie. Wenn es auch häufiger vorkommt als früher, dass sich Frauen mit jüngeren Männern verheiraten, bleibt es dennoch die Ausnahme, und es sind vor allem die Männer, die sich vom 45. Lebensjahr an deutlich jüngeren Partnerinnen zuwenden. Für eine zweite Ehe suchen sich Männer reiferen Alters überwiegend jüngere Frauen, woraus sich erklärt, dass es in der Altersgruppe der Über-50-Jährigen mehr alleinstehende Frauen als Männer gibt. Aus demselben Grund veranlasst die für unsere Zeit so bezeichnende Forderung nach Jugend und Schönheit manche Männer, auf Beziehungen ganz zu verzichten, da sie überzeugt sind, niemandem mehr zu gefallen. Christian, 62, seit vier Jahren arbeitslos, einmal geschieden und seit zwei Jahren von einer anderen Frau getrennt lebend, ist dafür ein Beispiel:

Ist für mich die Zeit der Liebe vorbei? Es gibt Frauen, mit denen ich es nicht mehr wagen würde. Ich kann mich nicht jemandem anbieten, den ich schätze, das wäre ein klägliches Geschenk. Ich traue mich nicht, meinen abgewrackten Körper anzubieten ...

Sich der Trennung stellen

Die Soziologin Irène Théry hat gezeigt, dass die Berichte über Scheidungen geschlechtsspezifische Unterschiede aufweisen.[1] Für die Frauen ist die Scheidung im Allgemeinen ein lange herangereifter Entschluss, da ihr Leiden, ob durch physische Gewalt, Ehebruch oder affektive Gleichgültigkeit verursacht, geraume Zeit angedauert hat. Für die Männer kommt die Scheidung meistens als dramatisches Ereignis aus heiterem Himmel: Wie sie sagen, lief alles gut, sie hatten alles auf ihre Ehe gesetzt, sie bauten an einem gemeinsamen Projekt bis zu dem verhängnisvollen Tag, als sie von ihrer Gattin «hinausgeworfen» wurden. Philippe, 54, Beamter, berichtet Folgendes über seine Trennung:

> Ich begreife das nicht, sie ist verrückt geworden. Sie macht alles kaputt. Dabei hatte sie alles: Sie arbeitete nur halbe Tage, ich belästigte sie nicht mit Geldproblemen, die Kinder waren schon fast groß, und da fängt sie plötzlich eine Psychotherapie an und will eigenständig sein. Ist das die Möglichkeit! Ich glaube, sie hatte was mit ihrem Therapeuten. Übrigens habe ich vor, mich beim Vorstand der Ärztekammer zu beschweren. Es geht doch nicht an, dass man eine Frau so auf die schiefe Bahn bringt! Obendrein will sie die Hälfte vom Haus und eine Ausgleichszahlung, dabei habe ich das Haus von meinem selbst verdienten Geld bezahlt!

Nach einer Trennung wird das Leiden zunächst mit der Abwesenheit des anderen verbunden. Erst nach der Schockphase beginnt man, sich darüber zu freuen, nach und nach seinen eigenen Raum zurückzugewinnen, viel Platz im Bett zu haben, essen zu können, was und wann man möchte. Manch einer verfällt dabei in das Extrem, sich mit einer Vielzahl von Kontakten und Begegnungen zu zerstreuen, um der Einsamkeit zu entfliehen. Nach einer Trennung ist es jedoch wichtig, sich allein, ohne partnerschaftliche Stütze, wieder aufzubauen. Denn es besteht die Gefahr, dass man seine innere Misere zu beseitigen versucht, indem man sofort wieder jemanden einbezieht. Andere dagegen verfallen in Depressionen und kapseln sich ab, was nicht selten im Fall der allerletzten Trennung geschieht, die durch den Tod des anderen herbeigeführt wird:

> Seit dem Ableben ihres Mannes vor sieben Jahren lebt Lydie allein und zieht allein ihre drei kleinen Kinder auf. Von ihrer Arbeit und der Erziehung der Kinder ganz und gar in Anspruch genommen, hat sie völlig auf ihr Privatleben verzichtet und keine sexuellen Kontakte mehr. Nach und nach hat sie aufgehört, andere Leute zu sich einzuladen, denn sie findet es problematisch, als Alleinstehende gegenseitiges Interesse zu beanspruchen, indem sie sich bei anderen Paaren «einnistet». Sie hat immer weniger Lust, sich um gesellschaftliche Kontakte zu bemühen, und bleibt lieber mit einem guten Buch zu Hause im Bett. Sie liest nur Romane, die

sie in andere Welten als die ihre entführen. Sie ist sich darüber im Klaren, dass man immer mehr an Umgänglichkeit einbüßt, je seltener man sich in Gesellschaft begibt. Aber wenn sie eingeladen wird, wächst in ihr ein Widerstand, je näher der Termin rückt. Manchmal findet sie eine Ausrede, um sich davor zu drücken, ein andermal geht sie trotzdem hin, aber sie weiß im Voraus, dass sie sich langweilen wird.

Die Härte der Trennung

Man würde meinen, dass nach einer gewissen Zeit, wenn beide sich in einem neuen Leben eingerichtet haben, alles wieder ins Geleise käme, aber das ist bei Weitem nicht immer der Fall. Es ist, als müsste man die ursprüngliche Entgleisung hinter ewigem Hass verbergen. Die Forderung unserer Gesellschaft nach perfekten Individuen erzeugt Paranoia oder zumindest ein paranoides Funktionsmuster: «Ich verhalte mich mustergültig, ich bin für nichts verantwortlich. Die Schuld liegt allein bei dem anderen.» So entsteht mit der Zeit eine Welt von getrennten Männern und Frauen. Sie gehören rivalisierenden Klans an und beobachten sich. Die Frauen betrachten die Männer mit Herablassung: «Man kann von ihnen nichts erwarten.» Und die Männer sagen oft von den Frauen, dass sie härter, unnachgiebiger geworden seien und keine Kompromisse mehr zu machen verstünden.

Diese Entwicklung kompliziert sich noch durch eine andere, beinahe ebenso entscheidende Umwälzung, die ich bisher nur am Rande erwähnt habe: die seit den 8oer-Jahren in den reichen Ländern sich abzeichnende Erstarkung einer neuen dominierenden Ideologie, die dem Mythos des Individuums und der vorgeblichen Effizienz eines Wettbewerbs nach dem Motto «Jeder gegen jeden» huldigt. Im Zusammenhang mit dem Ende des Patriarchats und dem Erscheinen einer durch das Internet geschaffenen «virtuellen Gesellschaft» trägt dieser zweite Wandel zum Entstehen einer seltsamen und neuen Lebensumgebung für unsere jungen und alten Zeitgenossen bei. Daraus resultieren in der Arbeitswelt eine Verhärtung der zwischenmenschlichen Beziehungen und das Auftauchen neuer Pathologien wie des Mobbings. Aber zugleich auch in den Liebes-, Freundschafts- und Familienbeziehungen neue, von mehr Gelassenheit geprägte Lebensweisen, in denen die akzeptierte Einsamkeit ihren Platz finden kann. Diese widersprüchliche Realität werde ich in den folgenden Kapiteln anhand der Aussagen meiner Patienten auszuleuchten suchen.

II Allein in einer Leistungsgesellschaft

6 Wenn die Arbeit einsam macht

«Wenn man immer nur Leere produziert, löscht man sich am Ende aus.»
Christian, 52

Da das Leben in einer Paarbeziehung so ungewiss ist, kann man an der Vorstellung Gefallen finden, sich über seine Arbeit zu definieren. Das entdeckte Hélène, 46, Direktionsassistentin, von einer alleinstehenden Mutter aufgezogen:

> Da ich ledig bin, habe ich viel Energie in meine Arbeit investiert. Wenn man weder Mann noch Kinder, noch Familie hat, gibt einem die Arbeit eine gesellschaftliche Zugehörigkeit. Ich habe die etwas verrückte Vorstellung, dass, wenn mir etwas zustoßen sollte, wenigstens einer, nämlich mein Arbeitgeber, sich Sorgen um mich machen wird. Durch meine Arbeit existiere ich tatsächlich. Vorrang hat für mich die finanzielle Sicherheit, die von der Arbeit abhängt, denn ein Mann gibt einem keine Sicherheit.

Leider produziert die neue Organisation der Arbeit noch mehr Einsamkeit. Selbst wenn das nicht für alle Betriebe gilt, geht die allgemeine Tendenz doch dahin, Arbeitsgemeinschaften aufzulösen, und die Pausen, die früher zwischen zwei Tätigkeiten gemacht wurden, mit einem kleinen Plausch am Kaffeeautomaten, sind heute auf ein Minimum begrenzt. Seit der Einführung der 35-Stunden-Woche sind tote Zeiten, die als verlorene Zeit betrachtet werden, aus den Arbeitsplänen verschwunden. Alles ist konzentriert, jede Lücke ausgefüllt. Früher bot das Erfragen von Informationen zwischen den Büros Gelegenheit zu kurzen Gesprächen, heute schreiben sich die Leute rätselhafte Mails mit unpersönlichen oder drohenden Floskeln. Das lässt die menschliche Seite der Arbeit zunehmend verkümmern, und wenn auch die *Open Space Technology* den Eindruck vermitteln will, man arbeite in einer Gemeinschaft, kann man sich darin doch recht einsam fühlen.

Intensivierung der Arbeit und Gefühl der Einsamkeit

Die Arbeitsrhythmen haben sich beschleunigt, man muss zwischen mehreren Aufgaben hin und her zappen, wobei man von einem Gefühl permanenter Dringlichkeit verfolgt wird und nicht selten den Eindruck hat, seine Arbeit hinschludern zu müssen. Aus Angst, gefeuert zu werden, rackert sich jeder ab und versucht, die Leistung zu erbringen, die man von ihm erwartet. Die Intensivierung der Arbeit, die von einer Verschärfung des Rhythmus und einer Zunahme an geistiger Belastung gekennzeichnet ist, hat ein Gefühl allgemeiner Erschöpfung erzeugt. Als Folge davon verliert das geschwächte Individuum seine Illusionen, seine Motivation und vereinsamt zusehends, wie Dieter, 51, Finanzangestellter, gerade dabei, sich scheiden zu lassen, im Folgenden erklärt:

> Weil mir eine Qualifikation zuerkannt wurde, muss ich immer mehr geben und leisten. Sicher, das verleiht mir ein höheres Selbstwertgefühl, man lässt mich glauben, dass ich unentbehrlich sei, aber sobald ich mal etwas langsamer trete, macht man mir Vorhaltungen. Ich sitze in der Falle. Wenn ich diesen irrsinnigen Rhythmus nicht mitmache, werde ich runtergestuft. Weniger zu arbeiten, ohne meine Stellung zu gefährden, ist unmöglich. Und um mich herum sitzen lauter Vampire, die sich an denjenigen klammern, der Erfolg zu haben scheint.

Mehr noch als die eigentlichen Arbeitsbedingungen sind es häufig die Beziehungen zwischen den Kollegen, die Isolierung und ein Gefühl der Einsamkeit entstehen lassen. Die neuen Managerpraktiken in großen Unternehmen haben eine Orientierungslosigkeit bewirkt, die Frustration, seelische Belastung und vor allem – unabhängig von der Position auf der hierarchischen Leiter – eine ständige Sorge um den eigenen Posten mit sich bringt: Man fühlt sich umso einsamer, als heute jeder für sich allein ist. Die Arbeitskollegen sind eher Rivalen als Kameraden, denn man weiß, dass bei einem Personalabbau immer nur der Leistungsstärkere behalten wird. Die Angst vor Arbeitslosigkeit und Ausgrenzung ist so groß, dass viele bereit sind, einen Kollegen auszuschalten, der ihnen gefährlich wird, was dazu führt, dass man niemandem mehr traut. Infolge des von Ablehnung und Verfolgung gekennzeichneten Betriebsklimas existiert keinerlei Solidarität mehr zwischen Kollegen, und jeder sucht, aus Angst um seinen Arbeitsplatz, nur sich selbst zu schützen.

Im Falle des Mobbings ist das Opfer ganz auf sich allein gestellt, wie Christophe Dejours vermerkt: «Die neuen Organisationsmethoden, die einer individualisierten Bewertung den Vorrang geben, haben Solidarität und Zusammenleben zerstört. Wenn man untergeht, regt sich niemand.»[1] Die Umgebung zieht es häufig vor, sich auf die Seite des Stärkeren zu stellen und für den Aggressor Partei zu ergreifen. Diese – zumindest passive – Komplizenschaft zwischen den Zeugen und dem Mobber trifft die angegriffene Person am tiefsten und bewirkt, dass sie jede Orientierung verliert. Wer einmal Opfer eines Mobbings wurde, verliert sein Selbstvertrauen und misstraut auch allen anderen. Ein Angestellter, der durch Mobbing bereits sein inneres Gleichgewicht verloren hat, zweifelt schließlich an seiner Sachkenntnis und seinem Können und manchmal sogar an seinem Geisteszustand.

Franz, 56, Verwaltungskontrolleur, wurde im Rahmen der Umstrukturierung seiner Bank nach und nach beiseitegeschoben. Er hat, außer einigen Belanglosigkeiten, nichts mehr zu tun, und alle seine Bemühungen um einen anderen Posten waren vergeblich. Im Privatleben hat er sich allmählich von seiner Frau zurückgezogen, und die Freundin, mit der er sich ab und zu traf, meldet sich nicht mehr.

Er fühlt sich müde und enttäuscht. Um seine Leere zu überdecken, hat er begonnen, sich in einem Verein zu betätigen, aber er ist sich bewusst, dass das nur Notlösungen sind. Was ihm fehlt, ist berufliche Anerkennung, das würde ihm eine Grundlage geben. Er sagt, er habe Angst vor der Leere, vor der affektiven und geistigen Leere. Manchmal hat er Lust, alles hinzuwerfen, es aufzugeben, weiter nach einer neuen Arbeitsstelle zu suchen, und sogar seine Freunde und Bekannten nicht mehr zu treffen.

Hinzu kommt, dass die Arbeit ungerecht verteilt ist: Es gibt die von der Arbeit Ausgeschlossenen, die zu viel Freizeit haben, und diejenigen, die zu viel arbeiten und keine Zeit mehr für ihr Privatleben haben, wie Dominique, 36, Finanzdirektorin:

> Meine Funktion als Managerin isoliert mich. Man verlangt ständig mehr von mir, und ich leiste immer mehr. Da ich ein braver kleiner Soldat bin, steigere ich Tag um Tag meine Arbeitskapazität, erweitere meine Kenntnisse, und da ich eine Perfektionistin bin, mache ich alles mustergültig. Indem ich zu viel tue, behebe ich meinen Mangel an Selbstvertrauen auf allen anderen Gebieten, denn in Beziehungen zu anderen, in der Freundschaft wie in der Liebe, habe ich nie Lust, zu weit zu gehen.

Das Gefühl der Vereinsamung unter den Angestellten, insbesondere in der Altersgruppe der Über-50-Jährigen, entsteht aus einem Verlust an Vertrauen in die Zukunft und einem Gefühl innerer Leere. In der Tat bedarf ein Individuum, um sich zu verwirklichen, affektiver Bindungen, aber auch hinreichender gesellschaftlicher Anerkennung, und Letztere fehlt heute am meisten. Brigitte, 50, Verwaltungsangestellte:

> Ich habe das Gefühl, als Mensch mit seinen Schwächen und Qualitäten nicht zu existieren. Bei der Arbeit werde ich wie eine Nummer hin und her geschoben, die dazu da ist, immer mehr zu produzieren, zu Hause bin ich eine Geldscheinpresse für meine Kinder und ein Sexualobjekt für meinen Mann.

Einige Firmen sind sich des mangelnden Zusammenhalts unter ihren individualistischen Angestellten bewusst geworden. Um Abhilfe zu schaffen, haben sie auf recht künstliche Weise versucht, ihre Mitarbeiter im Rahmen festlicher Aktivitäten zusammenzuführen. Aber die Angestellten misstrauen diesen neuen Instrumenten des Managements.

Hart sein in einer Welt der Harten

Der Jugendkult, der in der Arbeitswelt gepflegt wird, führt oft zur Isolation der Älteren, denn in vielen Betrieben werden die Angestellten ab dem fünfzigsten Lebensjahr beiseitegedrängt, isoliert und aufs Abstellgleis geschoben. Wenn sie dann in Rente gehen, sehen sich diejenigen, deren Leben ganz von ihrer beruflichen Tätigkeit ausgefüllt war, plötzlich einer Leere gegenüber. Für sie ist das eine Art sozialer Tod, wie Christian, 62, bezeugt:

Man hat mich an meiner Arbeitsstelle eliminiert, und jetzt bin *ich* dran, mich zu eliminieren. Aus finanziellen Gründen habe ich alles verkauft, was nicht unbedingt nötig war: allerlei Gegenstände, Möbel, Bücher ... Und jetzt setze ich dieses Abbruchunternehmen fort. Ich rufe keine Freunde oder Bekannte mehr an, und ich bekomme immer seltener einen Anruf. Ich kann mit niemandem mehr rechnen. Wenn man immer nur Leere produziert, löscht man sich am Ende selber aus. Man wird nicht nur von Papa und Mama entmannt, die Welt selbst übernimmt es, einen zu kastrieren.

Es gibt ein System, das auf Tausch beruht; wenn ich damals, als ich noch arbeitete, Postkarten verschickte, kam immer mal eine Antwort zurück, heute erhalte ich nichts mehr. Ich bin «out», niemand will mich mehr sehen. Jeder hat anderen einen Gegendienst zu erweisen. Um mit über 50 noch eine Arbeit zu finden, egal, in welchem Bereich, braucht man einen Bekanntenkreis; aber um sich den aufzubauen, müsste man sehr aktiv für sich Werbung machen.

Um durchzuhalten, versuche ich, mich für die Tausende von kleinen Dingen zu interessieren, die man an einem Tag tun kann. Es scheint lächerlich, aber auch das ist eine heldenhafte Aufgabe. Ohne Wünsche und ohne Tätigkeit ist man nichts. Man kann nicht leben, ohne etwas zu tun; indem man etwas tut, projiziert man sich in die Zukunft. In dem Moment, wo man nicht an Gott glaubt, ist die Welt völlig hoffnungslos.

Das Altern wird in der Arbeitswelt immer weniger akzeptiert, es wird als untragbare Last angesehen, und wer nicht jung, schön und leistungsstark ist, wird schnell ausgemustert.

Stefan, seit 25 Jahren verheiratet, hat zwei Kinder, die jetzt das Elternhaus verlassen, nachdem sie ihre Ausbildung so gut wie abgeschlossen haben. Stefan versteht sich seit Jahren immer schlechter mit seiner Frau, aber bisher gab es die Kinder, die gemeinsame Wohnung und die Alltagsroutine.

Seine Isolation verstärkte sich, als sein Betrieb rationalisierte. Er wurde ganz offensichtlich nicht mehr gebraucht, er war zu alt (56), und man wollte ihn durch einen jungen, unerfahrenen Mitarbeiter ersetzzen. Von da an sah er sich einer subtilen Mobbingstrategie ausgesetzt: Sein Vorgesetzter vertraute ihm keine verantwortungsvollen Aufgaben mehr an, man vergaß, ihn zu Versammlungen einzuladen, und redete nicht mehr mit ihm. Bis schließlich der Tag kam, an dem man ihm offen erklärte, dass man ihn in der Abteilung nicht mehr benötige und er sich demzufolge um eine andere Stelle zu bemühen habe.

Die Verschlechterung der Arbeitsverhältnisse hat zur Folge, dass der berufliche Erfolg einer Person immer weniger von ihrer Qualifikation und immer mehr von glücklichen Umständen oder einer opportunistischen Haltung abhängt. Es genügt heute nicht mehr, zu arbeiten und gute Leistungen zu erbringen, man muss sich auch zu zeigen verstehen, sich beliebt machen, seine Kontakte und Beziehungen einsetzen. Erscheinung und Präsenz sind wichtiger als Leistung und Effizienz, ein gut gefülltes Adressenverzeichnis wichtiger als Begabung. Wer von niemandem abhängen will, muss das oft sehr teuer bezahlen.

Eine andere wesentliche Eigenschaft, die bei der Arbeit verlangt wird, ist Anpassungsfähigkeit: Man muss in der Lage sein, sich trotz Misserfolgen sofort wieder aufzurichten, sich nicht infrage zu stellen und die Verantwortung für die eigenen Fehler immer auf die anderen abzuwälzen. Ebenso muss man sein Mitgefühl beiseitelassen, aggressiv genug sein, um, wann immer nötig, Freund und Feind symbolisch zu töten, und fähig sein zu lügen, um neue Märkte zu erobern.

Die heutige Regel lautet, dass man in einer Welt der Harten selber hart zu sein hat und den anderen, ohne zu zögern, liquidieren muss, wenn er ein Hindernis auf dem Weg zum eigenen Erfolg darstellt. Fernsehsendungen inszenieren, ja rechtfertigen das Mobben: Es geht in diesen Wettbewerben weniger darum, den schwächsten Konkurrenten zu eliminieren, als vielmehr darum, sich des Stärkeren zu entledigen, der sich als unmittelbarer Konkurrent erweisen könnte. Will man in einem solchen Kontext weiter existieren, nicht untergehen, kann es verlockend sein, unlautere Methoden anzuwenden, um sich auf Kosten des anderen in niederträchtiger Weise selbst zur Geltung zu bringen. Aus diesem Grunde ist seit Beginn der Achtzigerjahre eine Zunahme an Mobbingattacken festzustellen, sowohl in der Arbeitswelt als auch im Privatleben.[2]

Als Folge dieser Entwicklungen werden unsere Gesellschaften immer ungerechter: Auf der einen Seite sind da diejenigen, die sich bereitwillig dem Leistungsdruck fügen, die sich keine Sentimentalität erlauben, die geschickt ihre Gefühle verbergen oder sich von nichts berühren lassen; und auf der anderen Seite diejenigen, die sensibel, zerbrechlich sind und auf der Strecke bleiben werden. Man kann verstehen, dass man in einer solchen vom Konkurrenzkampf vergifteten Atmosphäre, in der man schnell dazu neigt, den anderen als Rivalen zu sehen, jedes Vertrauen verliert. Und Misstrauen isoliert …

Daraus erklärt sich die so verbreitete Versuchung, die Einsamkeit zu bekämpfen, indem man in die Welt der virtuellen Medien, der Mobiltelefonie und des Internets abtaucht, deren explosionsartige Entwicklung seit dem Ende der Neunzigerjahre wunderbarerweise mit der strukturellen Krise der Beziehungen zwischen Mann und Frau und der Verhärtung der Arbeitsverhältnisse zusammenfällt. Aber dieser Ausweg führt, wie wir sehen werden, oftmals zu grausamen Enttäuschungen.

7 Die Illusionen der Kommunikation und des Virtuellen

In einer Kommunikations- und Informationsgesellschaft scheint es nur natürlich, Kontakte über das Internet zu suchen. In der Tat existieren im realen Leben immer weniger Orte, die einen Austausch und damit Zufallsbekanntschaften ermöglichen. In den Großstädten sind die Menschen einander nahe, aber sie lernen sich nicht kennen. Will man also seinen Freundes- oder Bekanntenkreis verlassen, bleibt fast nur noch das Internet.

Die Illusion bewahren, dass man nicht allein ist

Die Einsamkeit wird nicht immer als solche wahrgenommen, denn sie kann durch zahlreiche Verabredungen, Geschäftigkeit oder berufliche Arbeit verdeckt werden. Manche ertragen es nicht, von Stille umgeben zu sein, und füllen sie mit Radio oder Fernsehen aus, wofür jede x-beliebige Sendung recht ist. Es sind dieselben Menschen, die dann jemanden anrufen oder ihren Computer anstellen, um die ganze Nacht hindurch zu chatten. Von einem regelrechten Informationshunger getrieben, halten sich andere über die aktuelle Nachrichtenlage in Echtzeit auf dem Laufenden, indem sie einen Server abonnieren, der ihnen SMS-Nachrichten auf ihr Handy schickt. Ein Tag ohne Nachrichten ist für sie unvorstellbar[1] ... Die Informationen werden immer mehr, aber auch immer bruchstückhafter. Alles muss auf ein Minimum an Zeit konzentriert werden, vor allem das Denken. In Fernsehdebatten zum Beispiel werden die Gäste im Vorfeld angewiesen, sich bei ihren Antworten möglichst kurz zu fassen, da die Sendedauer begrenzt ist.

Im Jahr 2006 saß ein durchschnittlicher Mitteleuropäer täglich drei Stunden und 26 Minuten vor dem Fernseher. Das lässt wenig Zeit für das Gesellschafts-, Gefühls- oder Liebesleben. Bei Jugendlichen sind es täglich vier Stunden und 17 Minuten vor dem Bildschirm eines Fernsehers, eines Computers oder einer Spielkonsole.[2] Sie schließen sich in ihrem Zimmer ein, aber fühlen sich nicht einsam, denn sie sind eingeloggt. Sie haben das Gefühl, mit der ganzen Welt verbunden zu sein: In Chats können sie ihre Meinung kundtun, ihre Bilder zeigen, ihre Töne versenden …

Man will uns glauben machen, dass unsere Vereinsamung von einer unzureichenden Kommunikation herrührt, dass wir die Einsamkeit umgehen können, indem wir uns mit Nachrichten, Musik, Konsum und Kommunikation vollstopfen … Man bietet uns sogar Fortbildungskurse in Kommunikation, Lehrgänge für Persönlichkeitsentwicklung an und immer mit der paradoxen Ermahnung im Hintergrund: Ihr müsst kommunizieren! Das Problem aber ist, dass alle unsere Nervenleitungen überlastet sind und kein Platz mehr für ein privates Rückzugsgebiet bleibt. Man tauscht zwar Informationen aus, aber die Unfähigkeit, Inhalte zu vermitteln, ist zur Regel geworden. Unser Verstand löst sich in der Informationsflut auf, wir verlieren alle kritische Geisteshaltung und jegliche Sensibilität gegenüber anderen. Wir glauben, viel zu kommunizieren, tun es aber meistens auf eine gehetzte und oberflächliche Art. Ein tiefer reichender Austausch jedoch benötigt Zeit. Echte Nähe erfordert nicht so sehr Worte, sondern bedeutet vor allem die Bereitschaft und Fähigkeit, zu erkunden, ob es dem anderen gut geht oder nicht, ob er Lust hat zu reden oder lieber schweigen will. Stattdessen entziehen wir uns jeder direkten Begegnung mit uns selbst und den anderen mittels einer Kommunikation, in der keinerlei Austausch stattfindet.

Sicher, dieses Problem ist nicht neu: In mehreren seiner Theaterstücke hatte Harold Pinter bereits in den Sechzigerjahren die Einsamkeit thematisiert, die Furcht vor den anderen, die man hinter einer ironischen oder aggressiven Maske verbirgt.[3] Er zeigte uns einsame Figuren, die unfähig sind, einander zu verstehen und zueinanderzufinden. Aber heute hat dieses Phänomen ein nie da gewesenes soziales Ausmaß erreicht: Dank Mobiltelefonen, SMS-Nachrichten und Computern kann man den anderen leicht erreichen, unter einem beliebigen Vorwand, einfach um sich zu beruhigen und sich der Illusion hinzugeben, man sei nicht allein. Auf diese Weise kann man sich in einem anhaltenden Gespräch wähnen, das man unterbrechen kann, wann immer man will, ein Tastendruck genügt. Dank der angezeigten Telefonnummer kann man auch seine Gesprächspartner aussieben und auswählen. Wer sich da nicht allmächtig fühlt ...

Egal, wo man sich gerade befindet, man kann gleichzeitig woanders sein, was bedeutet, dass man physisch zusammen sein kann, ohne wirklich in Beziehung zu stehen, denn jeder ist mit seinen Kommunikationen beschäftigt. Häufig sieht man junge Leute auf der Straße, die beim Gehen Selbstgespräche zu führen scheinen: Sie sind über ein Headset mit ihrem Handy verbunden und reden mit jemandem, der nicht da ist. Meistens handelt es sich gar nicht um einen wirklichen Gesprächsaustausch, sondern sie kommentieren nur, was sie selbst gerade tun. Sie kommunizieren nicht mit einem anderen, sondern mit sich selbst. Wenn sie nicht telefonieren, hören sie Musik. Es geht darum, die Stille mit Ton zu füllen, sich der Halluzination hinzugeben, dass man nicht allein ist, wie Richard, 51, Jurist, feststellt:

> Als Kind nervte es mich, wenn meine Mutter permanent redete, ohne wirklich etwas zu sagen. Den ganzen Tag lang kommentierte sie, was sie tat: «Ich muss noch waschen, aber das Waschmittel ist alle, ich werde mal zum Supermarkt gehen, nein, ich werde erst mal den Tisch decken ...» Jetzt machen meine Kinder mit ihrem Handy dasselbe. Sie sind ständig dabei, mit irgendjemandem zu reden, um genauso uninteressante Dinge zu sagen wie früher meine Mutter.

Wir telefonieren, wir chatten mit Leuten, die wir kaum kennen, und viele Pseudofreundschaften sind nichts als bequeme Hilfsmittel, um vor der Einsamkeit zu fliehen. Chat ist Geschwätz, belanglose Worte, die nur da sind, um die Leere auszufüllen. Es handelt sich auch nicht um Palaver, das heißt rituelle Wortwechsel, die ein Gespräch einleiten, bevor man auf das eigentliche Anliegen zu sprechen kommt, sondern einfach nur um nichtssagende Worte, über die man nicht hinausgeht. Im Chat bleibt man an der Oberfläche, man wünscht nicht, sich dem anderen zu nähern. Die Foren, Chats,

Blogs und persönlichen Websites der Cybernauten, all das dient dazu, die Wirklichkeit zu verdrängen, die schmerzlichen Empfindungen von sich fernzuhalten. So können sich zum Beispiel Personen, die unter sozialen Phobien leiden, die sich vor Beziehungen mit anderen fürchten, mithilfe der Chats der Illusion hingeben, zu kommunizieren, ohne bedroht zu werden.

Die Trugbilder des Virtuellen

Im Internet kann theoretisch jeder mit jedem kommunizieren, und diese Kommunikation funktioniert immer mehr auf der Grundlage des Gefühls einer Pseudovertrautheit, was uns in die Situation einer beängstigenden Transparenz bringt und extrem empfänglich für Suggestionen von außen macht. Aus der Entferntheit der Kontakte hat sich eine falsche Intimität entwickelt in Gestalt eines affektiven Exhibitionismus mit zwanghaften Bekenntnissen, der eine Annäherung vorgaukeln soll: Man muss sich alles sagen, und zwar sofort; je weniger man einander kennt, desto mehr vertraut man dem anderen an.

Im Internet kann man inkognito Abenteuer erleben, vor allem sexuelle. Der Medienspezialist Pascal Lardellier vergleicht es mit einem gigantischen Karneval, den man maskiert durchstreift.[4] Die Abwesenheit des Körpers ermöglicht jede Identität: Männer können sich im Frau-Sein versuchen und andere Männer anmachen, ohne deswegen als Homosexuelle in Erscheinung treten zu müssen, Alte können sich Junge suchen usw. Man kann ohne großes Risiko Phantasmen ausleben, solange man nicht ins wirkliche Leben überwechselt. Pseudonyme und Fotos liefern einen unerschöpflichen Fundus an beliebig wandelbaren Identitäten: «Die Cyberkultur hat den traditionell romantischen Ausdruck der Liebe in sein Gegenteil verkehrt, indem sie die potenziellen Liebhaber in wetteifernde Scheherazaden verwandelte, die sich gegenseitig mit dem schockierendsten oder schamlosesten Gedanken oder Bild zu übertrumpfen suchen.»[5]

Das Virtuelle vermittelt Geborgenheit, weil es den Anschein einer Beziehung erweckt, aber zugleich isoliert es, denn es lässt weder

Raum noch Zeit für Beziehungen im wirklichen Leben übrig. Das Virtuelle kann uns über die Qualen des wirklichen Lebens hinwegtrösten. Aber es handelt sich um eine Täuschung, denn auf den Datingsites existiert der andere nicht als solcher. Er ist nur ein Trugbild, ein Phantasma, eine reine Erfindung. Das beschreibt die spanische Schriftstellerin Lucía Etxebarria in ihrem Roman *Aime-moi, por favor*:

> In der virtuellen Welt hatte ich eine Beziehung mit einem Wesen, das körperlos, geruchlos, geschmacklos und sogar farblos war (ein Wesen in Schwarz-Weiß – leere Fläche und Buchstabe –, denn ich hatte es von Anfang an abgelehnt, Fotos auszutauschen, um die Fantasie anzuregen). So amüsant, geistreich und intelligent seine täglich eintreffenden Nachrichten auch waren, ich konnte – da ich nicht wusste, wie lange es benötigte, sie zu schreiben – keineswegs sicher sein, dass mein Gesprächspartner im wirklichen Leben ebenso amüsant, geistreich und intelligent war, wie ich es mir vorstellte: Vielleicht handelte es sich nicht um spontan verfasste Mitteilungen, sondern einfach um die täglichen, fleißigen Bemühungen eines angehenden Verführers.[6]

Die virtuelle Kommunikation entfernt uns noch weiter von der Möglichkeit einer Begegnung, die es erfordert, sich zu trauen, auf den anderen zuzugehen. Sich jemanden per Internet zu suchen ist der absolute Narzissmus, man bleibt mit sich allein. Wenn heute jemand mit seinem Leben unzufrieden ist, kann er sich ein ideales, ganz und gar virtuelles Leben erfinden, wo er nicht mehr von seinem Chef gemobbt wird, wo er immer schön und gesund ist, mit einem Wort, wo er endlich so ist, wie man es von ihm verlangt. Die Spieleplattform *Second Life* ermöglicht all das: Es genügt, einen Avatar zu erstellen, der all die Eigenschaften vereinigt, die man sich erträumt hat, um in eine Welt uneingeschränkter Freiheit einzutreten, wo jeder seine Phantasmen enthüllen kann, ohne sich zu exponieren. *Second Life* bietet ein Parallelleben an, in dem es leichter zu sein scheint, Freundschaften zu schließen, als im wirklichen Leben: «Es ermöglicht, sich einander umso näher zu fühlen, als man nicht in der Lage ist, sich zu berühren», erklärt der Psychoanalytiker Serge Tisseron[7]. Sicher, alles ist unecht, und doch erscheint alles so echt ...

Second Life erlaubt es also, «Fertigfreunde» zu finden. Die Cybernauten können sich nach Affinitäten zusammenschließen und so einen gemeinsamen Bekanntenkreis gründen. Es genügt, sich anzumelden, sich ein Benutzerprofil zu erstellen, woraufhin einem per E-Mail angeboten wird, «Freund» des Absenders zu werden. Mit diesem Freund zu reden ist praktisch, denn man braucht dazu nicht einmal seine Wohnung zu verlassen. Bei dieser Suche nach virtueller Freundschaft geht es darum, seine Bedürfnisse augenblicklich zu stillen. Auf diese Weise kann man sich in der Illusion wiegen, nicht allein zu sein, selbst wenn der Austausch hohl und belanglos ist: «Tag, wie geht's? – Geht so.» In einer Pseudofreundschaft per Internet gibt es keinen Konflikt, denn im Fall einer Unstimmigkeit zappt man zu einem anderen. Die Freundschaft reduziert sich also auf einen einfachen Kontakt, den man jederzeit aufheben kann, indem man die *Reset*-Taste drückt. Eine echte Freundschaft hingegen baut sich erst im Laufe der Zeit auf, dank gemeinsam durchlebter Erfahrungen und Belastungsproben.

2005 erfand die in Hongkong ansässige Firma «Artificial Life» sogar die Simulation einer Verlobten, mit der man trainieren kann, bis man eine wirkliche Freundin gefunden hat: Um einen Moment mit Vivienne zu verbringen, genügt es, sechs Dollar pro Monat zu zahlen und sein Handy anzustellen. Sie spricht mit einer synthetischen Stimme und verfügt über 35 000 Gesprächsthemen. «Das Virtuelle ist ein Mittel, sich vor dem Wirklichen zu schützen, das im Argen liegt, das uns Arges antut und dem wir uns hilflos ausgeliefert fühlen.»[8]

Die neuen Technologien erzeugen, indem sie die Kommunikation erleichtern, paradoxerweise Einsamkeit. Zu Hause leben die Familienmitglieder immer mehr voneinander getrennt, jeder kapselt sich in seinem Zimmer ab, umgeben von seinen Prothesen (Handy, Computer, Spielkonsole …), und immer seltener werden Mahlzeiten gemeinsam eingenommen: Die Familienmutter kümmert sich darum, den Kühlschrank zu füllen, und versucht verzweifelt, die Familie um den Tisch zu versammeln … Wenn früher Leute auf dem Bahnsteig auf ihren Zug warteten, sprachen sie miteinander. Heute hat jeder «Stöpsel» in den Ohren; ein Familienvater telefoniert mit seiner Frau, um ihr zu sagen, dass er um die und die Zeit nach Hause kommt, danach lässt er jedes seiner Kinder ans Telefon rufen; er schreit, damit auch jeder mitbekommt, dass er sich um seine Sprösslinge sorgt. Neben ihm diskutiert ein Unternehmer über einen Vertrag. Einige junge Leute hören so laut Musik, dass jeder auf dem Bahnsteig den Lärm zu ertragen hat, der aus den Ohrhörern dringt. Alles zusammen erzeugt ein Gewirr aus Stimmen und Geräuschen, in dem keinerlei Austausch stattfindet.

Die Überdosis an Informationen raubt uns Zeit, und es wird immer schwieriger, sich zurückzuziehen. Von dieser Situation übersättigt und angewidert, verspüren manche den Wunsch, eine Zäsur, eine Pause zu machen, um sich von der aufgeregten Geschäftigkeit der Welt loszumachen und ihrem eigenen Befinden Aufmerksamkeit zu schenken. Heutzutage ist Leere ein Luxus: der an Tönen, Informationen und Bildern leere Raum. Man träumt davon, sich weitab von allem zurückzuziehen, ohne Handy, ohne Walkman, ohne Computer, ohne Internet. Andere dagegen gehen der «Cybersucht» in die Falle.

Die Cybersucht

Die scheinbare Leichtigkeit des virtuellen Austauschs hat die Entwicklung neuer Pathologien begünstigt. 2006 hielt die Kinderpsychiaterin Marie-Christine Mouren-Siméoni einen Vortrag, worin sie erklärte, dass immer mehr Kinder und jugendliche Heranwachsende sich weigern, den Schulunterricht zu besuchen. Diese Schulphobie könnte mit der Angst vor einer Trennung von der Mutter in Zusammenhang stehen oder mit der Furcht vor Spott oder Kritik seitens der Lehrer oder der Schulkameraden, mit der Furcht vor schulischem Druck oder vor schulischer Gewalt. Aber diese Verhaltensstörungen werden vor allem von den Eltern begünstigt, die das Kind in seiner Weigerung bestärken, indem sie ihm ein Leben aus Internet, Videospielen, Haustieren und Fernunterricht organisieren.

So kommt es, dass in Japan Hunderttausende von Jugendlichen zu Hause eingeschlossen leben. Man nennt sie *hikikomori*, das heißt sozial ausgegrenzte Kinder. Sie stellen derzeit angeblich 1 % der japanischen Bevölkerung. Aus Angst, mit der Wirklichkeit konfrontiert zu werden, flüchten sich diese jungen Menschen, meistens im

Alter zwischen 20 und 30 Jahren, in eine kindliche, virtuelle Welt, die sich von Internet, Videospielen und Mangas nährt ... Sie versuchen, alles zu tun und zu erledigen, ohne das Haus zu verlassen, was dank des Internets auch möglich ist. Ihre Sexualität beschränkt sich auf Fantasien, die aus Videospielen oder Pornofilmen stammen. Das Haus verlassen sie nur nachts, wenn die Straßen leer sind, um den Getränke- oder Speiseautomaten aufzusuchen, womit sie jeden menschlichen Kontakt vermeiden.

Das Phänomen der *hikikomori* ist nicht auf Japan begrenzt, es existiert in allen industrialisierten Ländern:

> Andreas, ein hochbegabtes Kind, aufgezogen von einer alleinstehenden Mutter, die Informatikerin ist, hat nach und nach den Schulbesuch vernachlässigt und schließlich kurz vor dem Abitur ganz abgebrochen. Seit zwei Jahren ist er zu Hause und macht kaum etwas. Tagsüber schläft er und steht erst am späten Nachmittag auf, um sich aus dem Familienkühlschrank zu bedienen. Kaum ist er wach, loggt er sich ein, chattet, spielt, tauscht und downloadet Musik, Filme und Videos.
>
> Seine Mutter hat versucht, ihm einige Grundregeln des Zusammenlebens beizubringen, aber es ist verlorene Liebesmüh. Um zu erreichen, dass er wenigstens am Abendessen teilnimmt, hat sie die Küche abgeschlossen, aber Andreas kauft sich lieber ein Sandwich in der benachbarten Cafeteria.

Es geschieht sehr leicht, dass man nach Chats und Onlinedatings süchtig wird. Vergleichbar ist dieses Suchtverhalten dem krankhaften Spieltrieb oder Kaufzwang. Entzugserscheinungen manifestieren sich als seelische Störungen wie Angstzuständen, Schlaflosigkeit und Konzentrationsproblemen. Diese Cybersüchtigen vermögen nicht ihr unstillbares Bedürfnis zu zügeln, sich im Internet einzuloggen, und lassen sich nach und nach dazu verleiten, immer längere Zeiten auf den Sites zu verbringen. Das erzeugt einen Zeitmangel für den Rest des gesellschaftlichen Lebens, die Familie, die Freunde, die Freizeit, und wirkt sich letztlich auch negativ auf das Berufsleben aus, denn diese Cyberabhängigen verbringen all ihre Abende und Wochenenden vor dem Computer.

> Unmittelbar nach dem Tod ihres Mannes, der an den Folgen einer langen Krankheit starb, registrierte sich Annie, 43, auf mehreren Datingsites.

Zwei Jahre lang kehrte sie nach der Arbeit so schnell wie möglich heim, um zu chatten. Jeden Abend ging sie mit Unbekannten aus und loggte sich bei der Rückkehr wieder ein. Manchmal ging sie nach einer durchwachten Nacht direkt zur Arbeit. Natürlich war sie danach nicht mehr sehr leistungsfähig. Völlig vom Internet abhängig, vergaß sie, zu essen und sich um den Haushalt zu kümmern.

Aber im Internet kann man üble Bekanntschaften machen, und eines Tages sandte ein Mann, mit dem Annie korrespondierte, ihrer Firma E-Mails, die sie ihm während ihrer Arbeitszeit geschrieben hatte. Dann sandte ein anderer ihrer Sekretärin von ihr geführte Dialoge erotischen Inhalts. Eine weitere Person, von der sie nicht weiß, ob es sich um einen Mann oder eine Frau handelt, benutzte ihr Pseudonym, um in ihrem Namen an Chats teilzunehmen und ihre Telefonnummer zu verbreiten. Danach riefen Männer sie an, um ein Rendezvous mit ihr zu vereinbaren. Erst als Annie mächtigen Ärger in ihrer Firma bekam, reagierte sie und war bereit, einen Therapeuten aufzusuchen.

Die Diagnose lautete «manische Verlustreaktion», was einer Depression entspricht. Gewöhnlich erzeugt der Verlust einer Person eine betrübte, schmerzliche Stimmung, Gleichgültigkeit gegenüber der Außenwelt, eine Lähmung jeglicher Tätigkeit und manchmal auch Schuldgefühle. Annie hingegen geriet in einen Zustand intensiver Erregung, der von einem verminderten Schlafbedürfnis, seelischer Unruhe, Hyperaktivität, impulsivem Verhalten, unbesonnenen Ausgaben und inkonsequenten sexuellen Verhaltensweisen begleitet war.

Während der gesamten Krankheit ihres Mannes war sie nur für ihn da gewesen, aber sie machte sich Vorwürfe, weil sie nicht in der Lage gewesen war, ihm während seiner letzten Tage Erleichterung zu verschaffen. Da sie nie zuvor allein gelebt hatte, blieb sie nach dem Tod ihres Mannes hilflos und isoliert zurück. Sie hatte das Gefühl, innerlich tot zu sein, und ihre Unruhe war nichts anderes als ein Verteidigungsmechanismus, um nicht in eine tiefe seelische Depression zu verfallen.

Das Internet kann auch das Entstehen nie dagewesener Formen der Aggression begünstigen:

Eine Frau, die des Identitätsraubs auf Meetic.fr und auf der Datingsite für erotische Kontakte von Wanadoo angeklagt war, ist vom Carcassonner Oberinstanzgericht (Departement Aude) verurteilt worden. Die Cybernautin wurde am 16. Juni 2006 wegen «absichtlicher und vorsätzlicher Nötigung» verurteilt, weil sie einen Computer ihres Direktors benutzt hatte, um unter verschiedenen Pseudonymen zu kommunizieren, wobei sie sich für ihre Kollegin ausgab, die sie als eine «Frau mit lockeren Sitten und dem Wunsch nach sexuellen Kontakten» beschrieb. Die Betrügerin hatte es nicht versäumt, auf diesen Datingsites Adresse und Telefonnummer ihres Opfers zu verbreiten. Letzteres erhielt wenig später zahlreiche Nachrichten von Personen, die sie umgehend kennenlernen wollten. Nach dem Schock war die Kollegin für zehn Tage krank geschrieben worden und hatte Strafanzeige erstattet.[9]

Dieser Typus abnormen Verhaltens, in dem sich Internet und Sexualität verbinden, erklärt sich nicht nur aus der Mühelosigkeit der Onlinekommunikation. Er ist auch symptomatisch für die Übersexualisierung der modernen Gesellschaft, die ein Bündnis besonderer Art mit dem Web unterhält ...

Eine onanistische Gesellschaft

In unserer Zeit fortwährender erotischer Provokation, die vom Fall der Verbote gekennzeichnet ist, sind unter dem Vorwand, die Lust zu erhöhen, hinsichtlich der sexuellen Leistung neue Normen aufgestellt worden. Danach sollte man, um sich wohlzufühlen, die Zahl seiner Partner und die Häufigkeit des Geschlechtsverkehrs erhöhen und, da eine «normale» Sexualität nicht mehr erregend ist, verschiedene sexuelle Praktiken ausprobieren und alles wagen: Partnertausch, «softe» Perversionen, erotische Toys ... Heute erfreuen sich Oralsex und masturbatorische Praktiken zunehmender Beliebtheit, was manche die «plastische Sexualität»[10] genannt haben.

Die Kinder lernen, dank Internet und Pornos, immer früher die technische und mechanische Dimension des Geschlechtsaktes kennen. Man bringt ihnen bei, ohne Hemmnisse einen Orgasmus zu haben, aber auch ohne sinnliche Leidenschaft, denn mit dem Ende der Transgression sind auch Erotik und Begehren verschwunden. Unter dem Druck der Modemarken und der Teenagerzeitschriften lernen die jungen Mädchen, durch die sexuelle Hervorhebung und Aufwertung ihres Wesens zu verführen, wie die kanadischen Soziologen Richard Poulin und Amélie Laprade erklären: «Sie werden in Lustobjekte verwandelt, obgleich sie noch gar nicht über die Mittel verfügen, Lustsubjekte zu sein. Sie werden zu Gefangenen der Blicke des anderen, um zu existieren. Die Mädchen exponieren sich und bekommen eine Vorstellung von Sexualität und Liebe, in der sich alles um Sex und Konsum dreht.»[11]

Man findet heute immer häufiger Erotomanen unter jungen Männern, aber auch – und das ist neu – unter jungen Frauen. Eine zwanghafte Sexualität löst zunehmend die Störungen im Essverhalten wie Anorexie und Bulimie ab. Dieser Umschwung, der von Frauenzeitschriften als eine Errungenschaft der sexuellen Befreiung begrüßt wurde, war stärker bei denjenigen Frauen ausgeprägt, die ihren Emanzipationsrückstand sehr schnell aufgeholt hatten.

> Gloria, sehr kokett, um die fünfzig, ist Künstlerin und frequentiert den Jetset. Sie ist verheiratet und bewohnt eine riesige Wohnung zusammen mit ihrem Ehemann, der häufig beruflich unterwegs ist, und ihrem Sohn, einem jungen Mann, von dem man nicht genau weiß, was er studiert. Sie sagt, mit ihrem Mann habe sie schon lange nichts mehr, aber sie hätten vereinbart, weiterhin den Schein der Ehe zu wahren.
>
> Plötzlich erklärt sie, das Wichtigste im Leben sei für sie, «guten Sex» zu haben – bezeichnenderweise sagt sie nicht, «sich gut zu lieben» –, doch zurzeit funktioniere es nicht so besonders, darum sei sie in die Sprechstunde gekommen. Ihre Liebhaber müssen unbedingt jung und viril sein, dennoch schafft sie es nur mithilfe von Ecstasy, einen starken Orgasmus zu haben. Allerdings braucht sie immer höhere Dosen, und jetzt reicht auch das nicht mehr aus, um sie zu befriedigen.

Manche suchen Erregung und Lust mithilfe von Veränderungen oder Verkleidungen des Körpers, Pornografie oder extremen Erfahrungen. Trotz allem stehen die meisten Frauen der Pornografie weiterhin ablehnend gegenüber, wahrscheinlich weil die Frau darin unterworfen und geknechtet erscheint und somit ein Bild sexistischer Gewalt abgibt.

Als Reaktion auf diesen vorherrschenden Diskurs über die Sexualität entschließen sich immer mehr Zeitgenossen, sexuelle Erfahrungen nur noch im Internet zu machen. Nicht zufällig haben angeblich 70% der Webinhalte mit Sex zu tun, und 25% aller Onlinesuchen richten sich auf Sites mit pornografischem Inhalt. Amerikanischen Kinderpsychiatern zufolge erklärten im Jahr 2005 42% der jungen Internetbenutzer im Alter zwischen zehn und 17 Jahren, mit Pornografie in Berührung gekommen zu sein, ohne dies beabsichtigt zu haben,[12] was sich auf ihr späteres sexuelles Verhalten auswirken wird. Manche Männer, die Angst vor Sex haben, ziehen es vor, allein und virtuell Pornografie zu konsumieren und von unerreichbaren Leistungen zu träumen, statt sich einem eventuellen Misserfolg mit einer Frau auszusetzen.

> Gisèle, 38, kommt in die Sprechstunde, weil sie ganz zufällig entdeckt hat, dass ihr Mann seine gesamte Freizeit auf pornografischen Sites und in Foren mit sexuellem Inhalt verbringt. Als Krankenschwester hat sie anstrengende Arbeitszeiten, während ihr Mann arbeitslos ist. Als sie auf dem Computer zu Hause eine Onlinesuche durchführte, entdeckte sie in der Verlaufsliste eine Reihe erotischer Zwiegespräche mit mehreren Frauen. Ihr Mann hat einer von ihnen sogar ein Foto von sich mit erigiertem Glied geschickt.
> Als sie ihn darauf anspricht, gesteht er, dies regelmäßig und schon seit längerer Zeit zu tun. Es ist ihm etwas peinlich, aber er ist der Meinung, das sei ganz normal, alle Männer würden dies tun, es sei ja auch nicht schlimm, denn ihr Sexualleben sei im Übrigen normal. Gisèle ist schockiert und weiß nicht, wie sie sich daraufhin verhalten soll. Sie will sich nicht von ihrem Mann trennen, aber sie hat kein Vertrauen mehr zu ihm.

Das Internet ist ein gewaltiger Sexshop, den man unauffällig zu jeder Stunde, jeder Tages- oder Nachtzeit, besuchen kann. Manchmal entwickelt sich eine Sucht, die dazu führen kann, dass der Betreffende sogar vom Arbeitsplatz aus diese Sites aufsucht. Warum wohl werden pornografische Spam-Mails an Firmenadressen versendet? In einer onanistischen Gesellschaft gibt es keinen Körper mehr, er ist virtuell geworden. Der Soziologe David Le Breton ist der Ansicht, der Körper «werde immer häufiger als eine überzählige Gliedmaße empfunden, die man beseitigen sollte».[13]

Aber all diese Entwicklungen, die in den reichen, industrialisierten Ländern zu einer im Virtuellen versunkenen Einsamkeit führen, können nicht verstanden werden, ohne ebenjenen globaleren Rahmen zu berücksichtigen, den wir bereits angesprochen haben: den der dominierenden Repräsentation einer Überflussgesellschaft, in der das Individuum, der Konsum und der Narzissmus den Vorrang haben.

8 Die Macht des Konsums und des Narzissmus

«Es gibt Verlangen nach etwas, das fehlt,
es gibt kein Verlangen nach etwas, das nicht fehlt.»
Sokrates

Die Isolation, der jeder in seinem Privatleben begegnet, ist nur der Abglanz des Individualismus, der seit Langem den Ton angibt, wobei die digitale Revolution ihn nur noch verstärkt hat, indem sie seinen Ausdrucksmitteln eine größere Wirkung verlieh. Jeder versucht, schlecht und recht der Einsamkeit Herr zu werden, die die moderne Welt hervorbringt, indem er sich in augenblickliche Befriedigungen und sofortige Lösungen stürzt, die keine anhaltenden Bemühungen erfordern, oder indem er sie durch die Einnahme von Psychopharmaka zu vergessen versucht.

Das Serienindividuum, Mittelpunkt der Welt

Das Individuum steht im Mittelpunkt unserer Welt, aber es ist darin einsam und allein, denn es ist nur ein Statist in einer Unzahl von *Gleichen*, ein «Serienindividuum».[1] In dieser Welt, in der wir nur Klone sind, strebt jeder danach, einzigartig zu sein, aber da sich dies im Berufsleben selten verwirklichen lässt, hofft man, zumindest in der Paarbeziehung unersetzlich, nicht austauschbar zu sein. Bereits 1950 hatte der amerikanische Soziologe David Riesman in seinem berühmten Buch *Die einsame Masse* das Phänomen durch einen treffenden Vergleich auf den Punkt gebracht: «In der Sprache der Wirtschaftswissenschaftler bezeichnet der Begriff ‹Produktdifferenzierung› das Bemühen einer Firma, ihre Erzeugnisse aus der Masse der Produkte herauszuheben, nicht durch den Verkaufspreis, sondern durch Unterschiede, die gering, aber ausreichend sind – und zum Teil allein durch Werbung zustande kommen –, um das betreffende Produkt aus der direkten Konkurrenz ansonsten gleichartiger Artikel herauszulösen.»[2]

Das gilt auch weiterhin für die Männer und Frauen von heute. Ob bei der Arbeit oder auf einer Datingsite, immer lautet die Frage: Wie kann ich mich vom Gros der Bewerber abheben, wie kann ich meine Besonderheit zur Geltung bringen? Einerseits misst die Gesellschaft der Einzigartigkeit der Person enorme Bedeutung bei, und andererseits hat sich das Denken vereinheitlicht: Man muss wie die anderen denken, einem bestimmten Kreis angehören, darf nicht aus der Herde ausscheren. Insbesondere trifft dies für die Arbeitswelt zu, wo man mit doppelter Zunge spricht, wenn man jedem anbietet, seine Persönlichkeit zum Ausdruck zu bringen, und gleichzeitig die Angestellten zwingt, sich anzupassen. Aber es gilt auch für die Datingsites, wo die Bewerber mit einer Eigenheit auf sich aufmerksam machen müssen, um sich von den anderen zu unterscheiden, und gleichzeitig bestrebt sind, den gewünschten Kriterien zu genügen.

Da wir das Anderssein fürchten, bilden wir Gemeinschaften von Ähnlichen. Wir schließen uns mit Gleichgesinnten zusammen, die genauso denken wie wir: Damit sorgen wir für eine sichere Vermeidung von Konflikten, schließen aber auch jede echte Diskussion aus und folglich jede Möglichkeit des Fortschritts, der nur aus der Konfrontation unterschiedlicher Ideen erwachsen kann. Übrigens sprechen wir von «Communitys», aber es handelt sich nur um Untergruppen (Minoritäten sexueller, ethnischer, musikalischer usw. Art), die da sind, um uns die Illusion der Unterschiedlichkeit zu vermitteln, während im wirklichen Leben vor allem Gleiches, Identisches gefordert wird. Mit einem Mal existieren keine großen, offenen Gruppen mehr, sondern eine Vielzahl kleiner Gruppen, die sich untereinander erkennen und die anderen ausschließen. Man sieht das an den Jugendlichen, die in Banden umherziehen, gleich gekleidet und die gleiche Musik hörend.

Das heutige Individuum gehört einer Vielzahl von Netzen an, zwischen denen es hin und her «zappt» und in die es sich nur teilweise einbringt. Infolge des ständigen Wechsels von einem Netz zum anderen läuft es Gefahr, sich nirgends mehr wohlzufühlen, weil es sich auf nichts wirklich eingelassen hat. Es häuft einzelne Beziehungszellen an – Freunde, Liebhaber, Kinder – und vermeidet es auf diese Weise, sich in ein wirkliches Gesellschaftsleben einzugliedern. Diese Entwicklung wird durch den Druck der Medien verstärkt, die dazu einladen, sich in die Kategorien der «Konsumentenstämme» einzuordnen, definiert von «Medienplanern» der Werbebranche, die für die großen Hersteller von Konsumgütern tätig sind.

Konsumieren, um zu existieren ...

Denn um in unserer Zeit anerkennt zu werden, genügt es nicht zu existieren; man muss konsumieren: Ein Individuum definiert sich zunächst durch seine äußere Zugehörigkeit sowie die Qualität und Quantität seines Besitzes. Zahlreiche Frauenzeitschriften suchen also ihren Leserinnen Verführungsartikel zu «verkaufen» – Kleider, Parfums, Schönheitscremes ... Ebenso bewerben Tageszeitungen und Wochenzeitschriften das breite Publikum mit den neuesten technischen Spielereien, Reisen und Filmen, die «immer mehr» bieten, um unser Leben auszufüllen ...

Aber all das vermag uns bei Weitem nicht glücklich zu machen. Trotz des verbesserten Lebensstandards und der modernen Kommunikationsmittel gibt es noch genauso viel seelisches Leid und sogar noch mehr Isolation. Der Philosoph Gilles Lipovetsky ist der Meinung, es seien die Frustrationen, die den Menschen dazu treiben, so viel zu konsumieren: «Je mehr sich die Enttäuschungen und Frustrationen im Privatleben häufen, desto heftiger entlädt sich der Konsumdrang als ein Trost, eine ausgleichende Befriedigung, ein Mittel, sich wieder Mut zu machen.»[3] Aber könnte es nicht eher umgekehrt sein: dass die Menschen frustriert sind, eben weil der Konsum sie nicht befriedigt? Wenn das Verlangen sich auf den Besitz materieller Güter beschränkt, benötigt man davon immer mehr, was eine Sucht erzeugt, denn dieses «immer mehr» wird nie genügen.

Aus Furcht vor der Leere werden wir unruhig und aufgeregt, eilen von einer Tätigkeit zur anderen, ohne uns die geringste Pause zu gönnen. Das lässt einen unwillkürlich an Bruyère denken, der bereits 1688 schrieb: «Unser ganzes Übel rührt daher, dass wir nicht allein sind: Daraus ergeben sich das Spiel, der Luxus, die Zerstreuung, der Wein, die Ignoranz, die Verleumdung, der Neid, die Selbstverleugnung und die Verleugnung Gottes.»[4] Wir müssen uns ständig austauschen, immer Leute um uns haben, aus Angst, mit unserem eigenen Bild konfrontiert zu werden. Diese unentwegte Suche nach Kommunikation, Konsum, Aktivitäten und neuen Vergnügungen soll verhindern, dass wir die Leere unserer Existenzen sehen. Aber paradoxerweise stellt uns diese bis an den Rand gefüllte Zeit, sobald wir etwas Abstand nehmen, vor eine noch größere Leere. Dazu Irene, 53, Psychologin:

> Wozu so viel lernen, so viel arbeiten, sich mit Sport abquälen, um fit zu bleiben? Es geht mir nicht besser als meiner Mutter. Wenn ich mich betrachte, sehe ich ihr Desinteresse für das Leben. Ich weiß, dass ich nicht dadurch lebendig werde, dass ich mich mit Tätigkeiten zerstreue. Ich brauche mich nur ruhig hinzusetzen, um der Erde zu lauschen, die Sterne zu betrachten, ohne das Nichtleben zu fürchten, ohne den Tod zu fürchten.

Infolge der Beschleunigung der Zeit, der Ungeduld unserer Epoche, fehlt es uns an freiem Raum zum Träumen. Die Kinder wachsen schon mit einem vollen Terminkalender auf. Neben der Schule und den Hausaufgaben müssen sie Sport treiben, ein Musikinstrument spielen und an künstlerischen Aktivitäten teilnehmen. Wenn das gesellschaftliche Leben einen erschöpft, hat man irgendwann das Verlangen, sich vom Trubel der Welt zurückzuziehen, das Leistungsprinzip aufzugeben, nicht mehr das sein zu wollen, was die anderen von einem erwarten, gewissermaßen «das Handtuch zu werfen» und nur noch man selbst zu sein, nicht mehr und nicht weniger. Daraus erklärt sich wohl teilweise der Wunsch vieler Leute, vor dem Rentenalter mit Arbeiten aufzuhören und sich aufs Land «zurückzuziehen».

Aber der Druck des Konsumdenkens ist nicht alles. In der Zeit der obligatorischen Verführung existiert man erst durch den Blick des anderen. Erich, 43, Werbefachmann:

> Ich messe den anderen so viel Bedeutung bei, dass mir kein Raum zum Denken mehr bleibt. Ich definiere mich allein durch den Platz, den mir die Frauen zuweisen. Ich schaffe es nicht, allein zu leben, das heißt ohne eine Frau in meinem Leben. Wenn die eine mich verlässt, gerate ich in Panik, ich brauche sofort eine andere, um sie zu ersetzen.

Sei es, um eine Arbeit zu suchen, sei es, um einen Liebespartner zu finden, man muss über sein Erscheinungsbild wachen. Man hat schön, fit, freundlich, locker, glücklich zu sein … Und falls man nicht glücklich sein kann, hat man sich glücklich zu geben, will man nicht für einen Durchschnittsmenschen und ein Mauerblümchen gehalten werden. Glücklichsein ist in unserer Zeit ein Muss geworden, als wäre Nichtglücklichsein das Anzeichen einer verdächtigen Krankheit, als bedeutete das Unglücklichsein, egal, welchen Ursprungs, ein persönliches Versagen.

Erfolg im Beruf haben angesichts der ständigen Gefahr, seine Stelle zu verlieren; eine glückliche Ehe führen angesichts unausbleiblich scheinender Trennungen; die Kinder korrekt aufziehen, obwohl diese machen, was sie wollen: Das alles bietet Anlass zu Zweifeln und Besorgnis, die man sich vor allem nicht anmerken lassen darf. Aber wie soll man eine Arbeit finden, wenn man nicht besonders durchsetzungsfähig erscheint? Wie einen Partner finden, wenn man niedergeschlagen wirkt? Man muss so tun als ob; sich liebenswürdig geben, auch wenn man müde ist, lächeln, obgleich man Lust hat zu schimpfen. Auf diese Weise entwickelt man ein anpassungsfähiges «falsches Ich», das die Menschen den Kontakt zu ihren tatsächlichen, innersten Gefühlen verlieren lässt und sie daran hindert, ein authentisches Leben zu führen.

Viele meinen, dass sie nichts sind, wenn sie nicht die Besten sind, und die modernen Errungenschaften können sie dazu verleiten, sich für allmächtig zu halten: Die Fortschritte in der Medizin ermöglichen es, in fast jedem Alter ein Kind zu bekommen. Die Schönheitschirurgie kann Unvollkommenheiten des Körpers beseitigen. Psychopharmaka versprechen, die Leistungsfähigkeit zu steigern, und mithilfe des Internets hofft man den Lebenspartner nach Maß zu finden, der einem die erträumte Zukunft beschert. Werbung und Medien verleiten das Individuum dazu, von außergewöhnlichen Erfolgen zu träumen: *Star Academy* macht einen innerhalb weniger Wochen zum Schlagersänger. Durch diese Fernsehsendungen, die grandiose Erwartungen wecken, fühlen sich die, die keinen Erfolg haben, noch frustrierter und schwächer. Da sie selbst nicht grandios sind, heben sie einen Helden in den Himmel, bereit, ihn brutal vom Sockel zu stoßen, sobald er enttäuscht.

Die Imperative unserer Zeit – seid schön, reich und leistungsstark! – haben Scheitern und Verlust unerträglich gemacht. Die Männer kommen in die Sprechstunde, weil sie Probleme haben, die aus einer Situation der Ohnmacht entstehen. Sie fürchten, «es nicht zu schaffen» oder «der Situation nicht gewachsen zu sein». Sie haben den Eindruck, an einer zu großen Bürde zu tragen, und leiden abwechselnd unter einem Gefühl der Unzulänglichkeit, unter depressivem Versagen oder im Gegenteil unter einem hemmungslosen Verlangen nach Lust. Dem Soziologen Alain Ehrenberg zufolge sind die heutigen Männer mit einer Krankheit der Verantwortung konfrontiert, die von dem Gefühl der Ohnmacht beherrscht ist: «Der Mann ist weniger mit einer Krankheit des Fehlverhaltens als mit einer Pathologie der Unzulänglichkeit konfrontiert.»[5]

Um diese Zwänge zu überwinden und konkurrenzfähig zu bleiben, greifen viele zu Psychopharmaka. Manche nehmen schon morgens, gleich nach dem Erwachen, einen Vitamincocktail zu sich und, wenn sie ein schwerer Tag erwartet, sogar Stimulanzien mit länger anhaltender Wirkung; abends, wenn sie nach Hause kommen, nehmen sie etwas, um sich zu entspannen, und schließlich, bevor sie zu Bett gehen, ein Schlafmittel. Auf diese Weise wird man auf die Dauer medikamentenabhängig: Sucht ist eine Möglichkeit, gegen Depressionen zu kämpfen, aber sie gestattet auch, Konflikten aus dem Weg zu gehen und sie durch zwanghafte Verhaltensweisen zu ersetzen. So kommt es immer häufiger zu Suchterkrankungen, die den Betroffenen dazu treiben, in Alkohol, Spiel, Drogen, Sex und gewissen perversen Formen von Liebesbeziehungen starke Gefühle und Empfindungen zu suchen.

Und beim geringsten Anzeichen der Schwäche wird zu Beruhigungsmitteln und Antidepressiva gegriffen. Schon Freud bestätigte: «Das uns aufgezwungene Leben ist zu schwer für uns; es bringt uns zu viele Schmerzen, Enttäuschungen, unlösbare Aufgaben. Um es zu ertragen, können wir nicht auf beruhigende Mittel verzichten. Von diesen Mitteln gibt es drei Sorten: intensive Zerstreuungen, die es uns gestatten, unsere Not nicht weiter zu beachten, ausgleichende Befriedigungen, die sie verringern, und Rauschmittel, die uns dafür unempfindlich machen.»[6]

Banalisierung der Perversion und narzisstische Zerbrechlichkeit

Diese Versuchungen, die zu Beginn des 20. Jahrhunderts einen Teil der europäischen Bourgeoisie betrafen, haben sich heute auf die breite Masse ausgedehnt. Denn in einer Welt des äußeren Scheins zählt nicht, was man ist, sondern was man von sich sehen lässt, und das sind nicht die langfristigen Konsequenzen unserer Taten, sondern die unmittelbaren und sichtbaren Ergebnisse. Das ist auch der wesentliche Grund, der die Banalisierung der Perversion erklärt: Auf allen Gebieten bestätigt sich die Tendenz, den anderen als einen Gegenstand zu behandeln, dessen man sich bedient, solange er von Nutzen ist, und den man wegwirft, sobald er einem nicht mehr passt. Der Psychoanalytiker Charles Melman, der von einer «neuen seelischen Ökonomie» spricht, vertritt sogar die Ansicht, die Perversion sei zu einer gesellschaftlichen Norm geworden.[7]

Tatsächlich ist derzeit ein deutlicher Anstieg narzisstischer Pathologien festzustellen, denn der narzisstische Persönlichkeitstypus ist der modernen Welt überangepasst. Dieser Wandel des Durchschnittsindividuums ist ein Abbild der Veränderungen, die durch die Funktionsweise der Unternehmen und den Wirtschaftskrieg herbeigeführt wurden: Unter dem Einfluss des Mythos vom *Homo oeconomicus*, der den «Kampf für das Leben» gegen die anderen führt, neigt dieser Charaktertyp zu impulsivem Handeln. Ihm fehlt ein Innenleben, sodass er in spielerischen, oberflächlichen Beziehungen verharrt. Individuen dieses Typus kultivieren jene Oberflächlichkeit, die sie in affektiven Beziehungen abschirmt, und vermeiden jede engere Bindung. Das wiederum hält sie in einem Zustand affektiver Ungewissheit, worüber sie sich beklagen. Sie suchen ihrem Leben einen Sinn zu geben und versuchen um jeden Preis, selbst auf Kosten des anderen, ihre innere Leere auszufüllen.

Diese Wandlung der von Freud beschriebenen neurotischen Zustände zu Pathologien des Charakters haben die Psychiater meiner Generation wohl konstatiert. Doch leider führen heute zahlreiche Psychoanalytiker – unter dem Vorwand, den Lehren Freuds treu zu bleiben, und als habe sich in der Gesellschaft nichts geändert – die menschlichen Probleme weiterhin auf die Verdrängung von Trieben zurück und erweisen sich damit als unfähig, diesen Personen zu helfen. Die Entwicklung der Psychoanalyse war von Individuen mit starren moralischen Prinzipien und einem starken Über-Ich ausgegangen. Aber heute hat der Zerfall der Autorität viele äußere Verbote verschwinden lassen, die ehemals das Über-Ich in seinem Kampf gegen die beunruhigenden Triebe unterstützten.

Unsere Patienten kommen also nicht mehr mit greifbaren Symptomen, sondern eher, um über die Härte und Unerbittlichkeit der Außenwelt zu klagen. Es geht ihnen weniger um eine echte Hinterfragung der Ursachen ihres Leidens als darum, dass «ihre Maschine überholt wird», damit sie wieder besser funktioniert. In seelischer Hinsicht sind sie empfindungslos geworden, sie sprechen von einem anhaltenden Gefühl der Leere, das sie nicht zu analysieren versuchen: Sie erwarten einfach, dass wir eine Lösung für dieses Unbehagen finden, so wie man sich von seinem Hausarzt stabilisierende Medikamente für seine Diabetes oder den Bluthochdruck verschreiben lässt.

Es ist das Ende der Dichte und Tiefe der Gefühle. Alles ist oberflächlich, dünnhäutig. Die leiseste Bemerkung bewirkt gereizte Reaktionen. Die Bedeutung, die dem eigenen Bild beigemessen wird, erzeugt eine narzisstische Zerbrechlichkeit, die manche bei der leisesten Kritik eines Vorgesetzten oder eines Freundes zusammenbrechen lässt. Immer mehr Menschen fühlen sich unverstanden, abgewiesen, und jede Kritik wird als Aggression empfunden. Dieses Gefühl des Verfolgtseins macht die Porosität der körperlichen und seelischen Schutzhüllen dieser Personen deutlich: Es bezeugt, dass sie in ihrer Kindheit nicht in der Lage waren, die nötigen Schutzbarrieren zu errichten, die später ein selbstständiges Ich gewährleisten. Folglich müssen sie sich nun gegen jedes Eindringen von außen verteidigen und sich von den anderen abgrenzen.

Diese narzisstische Zerbrechlichkeit ist es, die ein perverses Individuum daran hindert, den anderen als ein Subjekt zu sehen und an seinem Leiden Anteil zu nehmen. Und sie ist es auch, die dieses Individuum dazu treibt, sich selbst zu bestätigen, indem es die anderen schikaniert oder ihnen das Leben zur Hölle macht. Wenn auch nicht alle narzisstischen Individuen pervers sind, ist doch eine Banalisierung der perversen Verhaltensweisen festzustellen: Man misst dem anderen immer weniger Bedeutung bei und entzieht sich der Verantwortung. Kommt es zu Problemen, stellt man sich selbst nicht infrage, sondern wälzt die Verantwortung auf einen anderen ab.

Die verfehlten Empfehlungen zur «Selbstachtung»

Innerhalb der narzisstischen Pathologien haben die Psychotherapeuten, wie ich feststellen konnte, immer häufiger mit «alexithymischen» Patienten zu tun. «Die Alexithymie», so erklärt der Psychiater und Psychoanalytiker Maurice Corcos, «ein 1972 entstandener Neologismus, bedeutet etymologisch das Unvermögen, Gefühle in Worten auszudrücken (*a*, verneinend – *lexis*, Wort – *thymie*, Gemüt, Gefühl).»[8] Diese Patienten besitzen ein Denken von pragmatischem Inhalt, das sich beschreibend ausdrückt, und sie behandeln lieber die trivialen Aspekte der erlebten Ereignisse als das, was sie angesichts dieser Ereignisse empfunden haben. Oftmals handeln sie unbesonnen, um Konflikte zu vermeiden.

Die Alexithymie entspricht einem durch Gefühllosigkeit bedingten Verteidigungsmechanismus: Diejenigen, die dieses Symptom aufweisen, vermögen nicht ihre eigenen Gefühle auszudrücken, sind aber auch nicht fähig, die Gefühle der anderen wahrzunehmen, also mit ihnen mitzufühlen. Sie sind einsam, aber das kümmert sie wenig. Einigen Spezialisten zufolge ist diese Funktionsweise eine

Folge traumatischer Erfahrungen, aber nicht etwa das Ergebnis schlimmer Ereignisse, sondern eher von Traumen ganz gewöhnlicher, banaler, alltäglicher Art.[9]

Vermutlich tragen dazu auch die Frustrationen jener bei, die den Versprechen der Politiker, der Medien oder der Werbung geglaubt hatten, dass sie alle ihre Wünsche erfüllen würden. Diese Frustrierten, die nicht verstanden haben, dass man, um erwachsen und eigenständig zu werden, auf die Befriedigung vieler Wünsche verzichten muss, stellen sich dann als Opfer dar, und einige klagen sogar vor Gericht auf Schadenersatz, weil ihre Erwartungen nicht erfüllt wurden.

Heutzutage verlangt man von einer Therapie nicht mehr, dass sie einem ermöglicht, sich besser kennenzulernen, sondern dass sie einem hilft, den mangelnden Komfort der gegenwärtigen Situation zu bekämpfen. Die Psychoanalyse wurde auf diese Weise allmählich von kurzen Therapien, insbesondere von den kognitiven Verhaltenstherapien, verdrängt, die den Patienten rasche Lösungen zur Behebung ihres Unbehagens anbieten. Heute müssen Psychotherapien kurz und mühelos sein und haben vor allem die Beseitigung der Hemmungen, die sofortige Befriedigung der Triebe und die schnelle Beseitigung des Leidens zum Ziel. Welche Methoden auch immer diese Berater anwenden mögen, ihre Empfehlungen lauten stets, die «Selbstachtung» zu steigern und die Abhängigkeit von den anderen zu verringern. Was darauf hinausläuft, noch mehr Narzissmus und noch weniger Verpflichtung zu predigen. Es ist ein weiterer Schritt im Krieg der Egos.

Das Coaching und die neuen Therapien zielen also nur darauf ab, die Person hinsichtlich ihres Wertes zu beruhigen, indem sie ihr dabei helfen, ihre affektiven Bedürfnisse zu befriedigen. Die Patienten lernen nicht, ihre Bedürfnisse und Interessen denen anderer unterzuordnen. Das Ziel der Beratung besteht am Anfang darin, eine Person zu begleiten, um ihr «die Entfaltung ihres Potenzials» zu ermöglichen: Man verspricht jedem, dass er seine Leistung steigern wird, ohne lange Jahre mit Lernen oder einer Therapie zuzubringen. Es geht darum, sich den kleinen Unzulänglichkeiten unserer Gesellschaft anzupassen und dabei jede allzu störende Infragestellung zu vermeiden.

In einer Welt von Manipulanten zum Beispiel muss man lernen, dagegen zu manipulieren. Oder wenn jemand an seiner Einsamkeit verzweifelt, gibt man ihm Anweisungen, wie er technisch effizienter neue Bekanntschaften machen kann. Es handelt sich also um einen Kursus in affektivem Relooking, in dem man lernt, ein besseres Bild von sich abzugeben. Viele erwarten auch von einer Psychotherapie, dass sie ihre Eigentümlichkeiten glättet, damit sie sich besser in eine Gruppe integrieren können. Mithilfe dieser Schnellmethoden lernt man, sich selbst genügend zu lieben, um die anderen nicht mehr zu brauchen, auch wenn man, um sich selbst zu achten, immer noch des billigenden Blicks des anderen bedarf.

Überall ist von Selbstachtung die Rede. Doch fasziniert von sich selbst, ist der Mensch mit seiner eigenen Ohnmacht konfrontiert. Er macht sich zu seinem eigenen Abgott, zu einem Genuss- und Lustobjekt. Dabei müsste echte therapeutische Arbeit uns dazu bringen, uns ganz einfach als unvollkommene und zerbrechliche Menschen anzunehmen und endlich zu akzeptieren, dass wir keine Übermenschen sind. Aber die meisten neuen Therapien ermutigen uns zu der Illusion der Leichtigkeit des «immer mehr». Wir müssen akzeptieren, dass wir nur «Durchschnittsmenschen» sind und dass wir als Erstes daran arbeiten müssen, ein «besserer Mensch» zu werden. Dafür brauchen wir realisierbare Ziele.

In unserer Zeit der Gewissheiten versuchen einem die Medien oft weiszumachen, das Leben könne leicht und leidlos sein. Aber ein reibungs- und problemloses Leben gibt es nicht. Wenn man permanent nach dem ewigen, völlig unbeschwerten Glück sucht, riskiert man, sich zugleich jeder echten Freude zu berauben. Darauf verweist der Neurologe Hervé Chneiweiss: «Soll das Leiden im Namen eines Rechts auf persönlichen Komfort, auf die notwendige Mäßigung der Gefühle – nicht nur aus der Sicht der anderen, sondern auch aus eigener Sicht – also im Namen eines Rechts auf permanentes Wohlbefinden in jedem Moment und überall beseitigt werden?»[10]

Zweifeln und Sich-infrage-Stellen – normalerweise Zeichen für eine gute psychische Gesundheit – werden immer seltener als positive Werte betrachtet. Heißt das, dass jede Frage, die dem – eventuell schmerzlichen – Nachdenken und Erschaffen von etwas Neuem zu dienen vermag, verboten sein sollte? Hier sieht man, dass in dem heute dominanten Diskurs für eine bewusst gewählte Einsamkeit nur wenig Platz bleibt.

In dem gleichen Tenor – größtmögliche Effizienz bei minimaler Anstrengung – erteilen die Handbücher für eine «persönliche Entfaltung» den Menschen zahlreiche Ratschläge zum Managen ihrer Gefühle, zur Verbesserung ihrer Beziehung zu anderen und zur «Entfaltung ihrer Potenziale». Die Sekten nutzen übrigens dieses Führungsbedürfnis, um eine ganze Palette an Workshops für den «persönlichen Wiederaufbau» und Ausbildungskursen in Pseudopsychotherapie anzupreisen. Das Fehlen jeglicher Bezugspunkte macht manche Menschen in der Tat äußerst manipulierbar: Ihre Identität ist unbestimmt; und schwach, wie sie sind, benötigen sie umgehend Hilfe. Sie haben das Bedürfnis, durch eine absolute Wahrheit beruhigt zu werden, was sie leicht in die Arme von Sektierern treiben kann.

Aber dieser Narzissmus der Besorgtheit ist alles andere als lebenslustig oder befreind, sondern oftmals gleichbedeutend mit einem Sich-Abkapseln angesichts der eigenen Angst vor der Welt: Angst vor dem anderen, Angst vor Arbeitslosigkeit, Angst vor Aggressionen, Angst vor Krankheit, Angst vor dem Altern, aber vor allem Angst davor, nicht den Anforderungen zu entsprechen. Wenn die Selbstachtung in erster Linie von der Bewunderung abhängt, die man bei jemandem hervorrufen mag, führen Scheitern und Altern zu Trostlosigkeit und Einsamkeit. Dann ist die Versuchung groß, sich abzukapseln oder nach einen Ersatz in der Liebe zu suchen. Für den letzteren Fall sind die Datingsites im Internet, deren illusorischen Charakter ich bereits erwähnt habe, ein beinahe obligatorisches Hilfsmittel geworden. Ihr Erfolg ist einen Exkurs wert.

9 Die Datingsites

«Entschuldigen Sie, ich hatte was anderes gesucht.
Auf Wiedersehen!»
Ein Meetic Boy

In Frankreich erschienen die ersten Heiratsannoncen am Ende des 19. Jahrhunderts, und das bekannteste Anzeigenblatt war *Le Chasseur français.* * In diesen Annoncen suchte man vor allem Bindungen, die auf materiellen Kriterien beruhten. So waren zum Beispiel nach dem letzten Krieg zahlreiche Witwen zu vielerlei Konzessionen bereit, um einen Ehemann zu finden: Man arrangierte sich, um nicht allein zu bleiben, und wenn sich in der Folge Zärtlichkeit oder Liebe einstellten, umso besser.

Vom «Chasseur français» zu «Meetic»

In der Nachfolge der Kleinanzeigen des Wochenmagazins *Nouvel Observateur* tauchten Supermärkte für Bekanntschaften wie *speed dating* oder *turbo dating* auf, gedacht für junge Angestellte, die zu wenig Zeit hatten, um eine Partnerin zu finden, «die bereit ist, am selben Abend durchzustarten». Die Gourmetabteilung der Kaufhauskette Galeries Lafayette organisierte sogar «Flirt-Donnerstage», an denen man den Zukünftigen/die Zukünftige mit einem Einkaufskorb in der Hand finden konnte. Die neuen Kontaktangebote für einsame Städter haben enorm zugenommen und richten sich hauptsächlich an die 20- bis 40-Jährigen.

---

* «Der französische Jäger» (*Anm. d. Ü.*).

Weil sie nach Paris versetzt worden war, wo sie niemanden kannte und nur verheirateten Männern begegnete, probierte Sarah, 32, Beamtin, verschiedene Möglichkeiten aus, jemanden kennenzulernen. Auf diese Weise testete sie vornehme Abendessen, zu denen man erst nach einem regelrechten Casting zugelassen wird, Kochkurse für Singles, wo sie nur jungen ausländischen Frauen begegnete, und Reisen für Ledige, auf denen nur über Sex geredet wurde. Des Suchens überdrüssig, gab sie auf: «Ich sehe das Gespenst einer düsteren Zukunft in schrecklicher Einsamkeit auf mich zukommen.»

Aber seit der rasanten Entwicklung des Internets Ende der Neunzigerjahre hat es noch nie so viele Kontaktmöglichkeiten gegeben. Unzählige Sites bieten gegen Bezahlung die Gelegenheit, den idealen Partner zu finden. Der Markt des Onlinedating ist auf diese Weise zu einem florierenden Geschäft geworden: 2001 gegründet, ging Meetic, die bekannteste Site Frankreichs, im Oktober 2005 an die Börse; ihr Wert lag damals bei 356 Millionen Euro. In 13 europäischen Ländern vertreten und in neun Sprachen verfügbar, behauptete Meetic im Jahr 2006, rund 17 Millionen registrierte Mitglieder seit Gründung verzeichnen zu können, davon fünf Millionen in Frankreich. Unter den Konkurrenten sind Match.com und netclub.com die bekanntesten. Auf anderen Sites werden religiöse, sexuelle oder regionale Eigenheiten der User berücksichtigt ...

Während früher Personen, die sich an Heiratsinstitute wandten, selten damit prahlten, ist heute der Besuch einer Datingsite etwas ganz Alltägliches geworden, ja ist geradezu «in». Unter Freunden werden die Adressen der besten Sites ausgetauscht. In einer Zeit, da in unserer Welt der Hyperkommunikation die Gelegenheiten, Kontakte zu Individuen anderer Milieus zu knüpfen, immer seltener werden, kommt das Onlinedating einem Bedürfnis entgegen, das im gesellschaftlichen Leben nicht mehr zu befriedigen ist. Man besucht diese Sites, um jemanden kennenzulernen und, wenn möglich, eine engere Beziehung aufzubauen. Der Zugang zu Alleinstehenden des anderen – wie auch des gleichen – Geschlechts wird damit theoretisch erleichtert.

Die Datingsites rühmen sich, Millionen von Singles zu versammeln, aber ihre Zahlen können nicht als zuverlässig gelten, da sie auch verheiratete Personen (vor allem Männer) einschließen, die ein paralleles Abenteuer suchen, sowie andere, die mehrere Annoncen unter verschiedenen Pseudonymen aufgeben, oder solche, die noch registriert sind, aber die Site nicht mehr frequentieren. Laut einer Umfrage, die 2004 in den USA über die Verhaltensweisen der Benutzer dieser Sites durchgeführt wurde,[1] sieht das durchschnittliche User-Profil so aus: zwischen 25 und 40 Jahre, Hochschulabschluss, mittlerer oder hoher Lebensstandard. Selbst wenn 65 % aller Registrierten Männer sind, stellen die Frauen die Hälfte der tatsächlich aktiven Mitglieder (denn viele Männer, die keine Antwort erhalten, geben die Suche auf, ohne ihre Registrierung zu annullieren). In derselben Untersuchung erfahren wir, dass die Männer 73 % der Kontakte initiieren und nur in durchschnittlich 18 % der Fälle eine Antwort erhalten. Die Frauen initiieren nur 25 % der Kontakte, erhalten aber fast immer eine Antwort.

Der Erfolg dieser Annäherungsweise erklärt sich in erster Linie aus seiner Einfachheit und der Anonymität. Es genügt, Zugang zu einem Computer zu haben und, wenn möglich, eine DSL-Verbindung, und schon kann man anfangen zu «spielen». In der Tat gibt es dabei einen spielerischen Aspekt, der an einen Flirt ohne großes Risiko erinnert. Man sucht das Internet auf, weil es einfach, anonym und preiswert ist. Ideal ist es für Schüchterne, die nicht wissen, wie sie jemanden anmachen sollen, und es ist zu jeder Tag- und Nachtzeit zugänglich, chatten kann man sogar im Schlafanzug. Am Anfang ist es ein Zeitvertreib, um das Alleinsein zu lindern, aber man kann sehr schnell süchtig werden. Personen, die im echten Leben Probleme haben, auf herkömmliche Weise zu kommunizieren, laufen am ehesten Gefahr, in diese Abhängigkeit zu geraten.

Das Onlinedating ermöglicht die Kontrolle des eigenen Bildes, der Worte, der Bekenntnisse. Man vermeidet mit dem Körper zusammenhängende Gemütsbewegungen, und vor allem kann man die Beziehung jederzeit abbrechen, ohne sich rechtfertigen zu müssen, denn nicht alle, die registriert sind, wagen den Schritt zu einer wirklichen Begegnung. Die Anonymität erlaubt es, die eigenen Schwächen und wunden Punkte vor den anderen wie auch vor sich selbst zu verbergen. Man kann sich einen Avatar erfinden, kann zu einem Bild werden, kann selbst virtuell werden. Einige empfinden es wie ein Spiel: «Ich kann einen ganzen Abend lang eine andere Identität annehmen, etwas anderes werden.» Dabei entsteht eine heimliche Gemeinsamkeit, ein stilles Einverständnis ohne die Risiken einer echten Beziehung. Das Chatten ist also oft ein freizügiges Spiel mit intimen Bekenntnissen und suggestiven Äußerungen, die zum Cybersex führen können.

Am Anfang waren die Männer auf den Datingsites in der Mehrzahl, und den Frauen blieb nur die Qual der Wahl. Sie brauchten bloß die rein sexuellen Angebote zu meiden. Inzwischen hat sich einiges geändert, Männer und Frauen sind gleichermaßen vertreten, und die Frauen zögern nicht, Annoncen für rein sexuelle Begegnungen aufzugeben. Das Onlinedating bewirkt eine Art Beschleunigung im Aufbau der Beziehung, der bei herkömmlichen Begegnungen sehr viel langsamer und allmählicher vor sich ging. Auf diesen Sites sind die Frauen anspruchsvoll, und die Männer haben es eilig. Sie verlieben sich sehr schnell und wollen rasch eine Zusage der Frau. Und wenn die Dinge nicht so laufen, wie sie wollen, sind sie genauso schnell wieder verschwunden.

Ein Klick genügt

Um einen Partner zu finden, genügt es, sich einen kleinen Ruck zu geben und sich anzumelden. Danach ist alles sehr einfach, zu einfach. Man füllt ein Formular aus, um sich kurz zu beschreiben, und fügt nach Möglichkeit ein Foto von sich bei. Da mit Ausnahme einiger Sites keinerlei Möglichkeit zur Kontrolle der Angaben besteht, ist natürlich die Versuchung groß, ein paar kleine Schönheitskorrekturen vorzunehmen, um seine Chancen zu erhöhen. Die Männer lügen bei der Angabe ihres Alters, ihres Berufs, ihrer Adresse (sie vermeiden bestimmte Vorstädte oder Stadtviertel) und ihres Bildungsniveaus (sie gehen alle ins Konzert und haben alle Gemäldeausstellungen besucht), ja sogar ihres Familienstandes. Diese Erfahrung machte Emma, 34, Geschäftsführerin:

> Die Männer verstehen es, die Wirklichkeit zurechtzubiegen: Ein Mann behauptete, getrennt zu leben, tatsächlich aber schlief er nur getrennt von seiner Frau. Ein anderer sagte, er und seine Frau würden getrennt schlafen, und in Wahrheit schliefen sie in demselben Bett, nur auf Einzelmatratzen.

Die Frauen lügen ebenfalls in Bezug auf ihr Alter, ihre soziale Herkunft und ihr Bildungsniveau. Diese institutionalisierten Lügen erzeugen Misstrauen und können zynische Reaktionen auslösen: «Wenn die anderen mogeln, tue ich es auch.» Wenn man sich selbst beschreibt, neigt man dazu, ein idealisiertes Bild statt des wirklichen von sich abzugeben, was ein Hindernis für eine wirkliche Beziehung ist. Fast alle suchen anstelle ihrer moralischen Qualitäten sichtbare Werte in den Vordergrund zu stellen. Interessant ist, dass viele eine Eigenheit zu verbergen suchen, deren sie sich schämen oder von der sie glauben, sie könne sich nachteilig auswirken. All diese Mogeleien enden mit einer Enttäuschung. So schreibt ein Mann von 51 Jahren auf seiner Profile Card einer Datingsite:

> Das Jahr geht zu Ende; Zeit, Bilanz zu ziehen, ich bin immer noch allein. Zum Teil rührt das daher, dass ich mich um andere Dinge als um Frauen gekümmert habe. Ich glaubte, sie verdienten meine Aufmerksamkeit, aber die Erfahrung mit den Datingsites beweist mir das Gegenteil. Ständige Lügen, was euer Alter, euer Foto und auch euer «Ich» betrifft. Darum bin ich dieser Täuschungen schon vor der eigentlichen Begegnung leid. Ich habe es mir überlegt, letztendlich geht es mir gar nicht so schlecht allein, und ich will lieber allein bleiben, anstatt mich mit Unehrlichkeit und Heuchelei abgeben zu müssen. Ich bin nicht gereizt oder bissig, sondern sehe einfach die Dinge so, wie sie sind. Ich werde weiterhin aktiv sein, ausgehen, Sport treiben und dieses wundervolle Leben genießen, das allerdings zu zweit noch schöner gewesen wäre.

Sobald das Spiel begonnen hat, kann man theoretisch Dutzende, ja Hunderte von Partnern kontaktieren und ebenso von diesen kontaktiert werden. Wie kann man sich angesichts einer solchen Masse von den anderen abheben, um die Aufmerksamkeit auf sich zu lenken? Einen Partner suchen kostet viel Zeit; die meisten Cybernauten sagen, sie benötigten ein oder zwei Stunden pro Tag, um zu chatten und die Mails zu beantworten. Theoretisch kann der Suchende hier Leuten begegnen, denen er sonst nie begegnet wäre, aber im Grunde bewirkt die Vorauswahl, dass er nur mit Personen in Kontakt kommt, die sich für die gleichen Dinge interessieren wie er.

Und vor allem kann man – selbst wenn jemand sein Foto hinzufügt – nur deshalb ins Träumen geraten, weil der Körper abwesend ist. Bei der «guten, alten Art» des Kennenlernens wurde die Wirklichkeit viel früher auf die Probe gestellt: Als Erstes begegnete man dem Körper, einer Haltung, einem Blick, einem Gefühl. Heute kommt es durch den Austausch von Bekenntnissen sehr rasch zu einer engen Vertrautheit. Der Körper kommt erst an zweiter Stelle. Im Internet herrscht schon beim ersten Kontakt ein vertraulicher Ton, man duzt sich sehr schnell und kommt beim Chatten rasch auf sehr persönliche Dinge zu sprechen. Die Jüngeren beteiligen sich an mehreren Foren und kommunizieren per Webcam; die Älteren freunden sich mit den neuen Technologien schwerer an und ziehen es vor, möglichst bald ein wirkliches Treffen zu vereinbaren. Viele sagen, sie seien bei dem anfänglichen Austausch per Mail oder Telefon ganz Feuer und Flamme gewesen und dann von der ersten Begegnung mit der Person enttäuscht gewesen, die sie offenbar idealisiert hatten.

Je mehr Datings man hat, desto schneller stellt sich Vertrautheit ein: Man hat keine Zeit zu verlieren, man muss sie effizient nutzen. Untersuchungen haben gezeigt, dass, wenn der erste Onlinekontakt gut verlaufen ist, es schon beim ersten tatsächlichen Treffer zum Geschlechtsverkehr kommen kann. Denn man glaube nur nicht, das eigentliche Ziel dieser Sites sei die große Liebe: Viele suchen einzig und allein Sex. Es gibt sogar regelrechte Jäger (und einige Amazonen), die an einem Abend mehrere Rendezvous haben und eine Beute nach der anderen konsumieren. Einer von ihnen hat in seinem Blog berichtet, wie er in einem Jahr mit siebenundzwanzig der zweiundfünfzig über Meetic kennengelernten Frauen im Bett landete: Aus seinem Blog ist ein Buch geworden, in dem er seine Jagdmethoden und seine Leistungen beschreibt. Und selbst diejenigen, die eventuell eine «echte» Bekanntschaft suchen, begnügen sich mit einem kurzen sexuellen Abenteuer, wenn der Kontakt sie nicht völlig zufriedenstellt. Im Allgemeinen beginnen die Kontakte im Web auf sexueller Ebene, anschließend kommt es eventuell zu einer Beziehung.

Nach einer Scheidung und zwei gescheiterten Beziehungen, gefolgt von vier Jahren affektiver und sexueller Einsamkeit, hat sich Judith auf einer Datingsite angemeldet. Sie sagt, in den ersten drei Monaten habe sie nur Sex gesucht. Sie war wie toll, loggte sich jeden Tag ein, chattete ständig, traf eine Menge Männer und amüsierte sich prächtig. Sie besuchte auch

Sites, wo über Sex und Liebe diskutiert wurde. Voller Komplexe wegen ihres Übergewichts, glaubt Judith, die Männer würden Reißaus nehmen, wenn sie eine wirkliche Beziehung von ihnen erwartete: «Das ist nichts für mich!»

Sie macht sich keinerlei Illusionen über diese Art von Rendezvous: «Wenn man mal genauer nachsieht, wer sich alles auf dem Markt anbietet, gibt es da zum einen diejenigen, die gerade mit einer problematischen Ehe abgeschlossen haben und sich nicht eine neue Kugel ans Bein ketten wollen, und zum anderen die Schürzenjäger. Wenn ein Mann in einer Annonce von Anständigkeit redet, ist er verheiratet.» Von den Männern verlangt Judith nicht viel: Sex und Zärtlichkeit. Sie verlangt keine Treue. «Wenn ein Mann weiß, dass man sich ihm nicht aufdrängen will, zeigt er auf einmal Respekt.» Allerdings würde sie gern mit einem Mann «ein Team bilden».

Die dichte Aufeinanderfolge von Kennenlernen und Geschlechtsverkehr führt zu einer Banalisierung des Gefühls. Die Leichtigkeit, mit der man sich kennenlernt, und die Schnelligkeit, mit der die Körper intim werden, laufen der Idealisierung zuwider, die für einen Ausbau der Liebesgefühle notwendig ist. Man kommt sofort auf die Interessen der Beziehung zu sprechen: zusammenziehen, ein Kind machen. Es ist keine Zeit zu verlieren, die Investition soll sich möglichst bald lohnen. Man hat Zeit, Geld und Mühe für eine Bekanntschaft «angelegt», nun muss es rasch klappen und ohne zusätzliche Kosten. Susanne, 36, ledig:

> Die erste Person, die ich über diese Datingsite kennenlernte, hat mich gewaltig überrascht: Gleich zu Anfang sagte mir der Mann, er wolle lieber, dass wir uns in einer Grünanlage träfen, denn es sei ihm schon passiert, dass er Frauen zu einem Glas und ein- oder zweimal sogar zum Abendessen eingeladen habe, und dann sei nichts dabei herausgekommen, und das sei ein teures Vergnügen. Er sei nicht mehr bereit, für nichts zu bezahlen …

Was wird gesucht? Natürlich ein Rendezvous, aber auch ein Partner mit komplementären sozialen Merkmalen oder eine Erweiterung der sexuellen Praktiken. In der Tat verbergen sich hinter dem Wort «Liebe» ganz unterschiedliche Realitäten: die leidenschaftliche Liebe, die traditionelle eheliche Liebe, die freie Liebe usw. Ganz eindeutig ist das ruhige, häusliche Glück im Niedergang begriffen. Viele erwarten eine «Liebe auf den ersten Blick» und verstehen darunter eine Begegnung, die vor allem auf Sexualität beruht. Um zu funktionieren, benötigt ein Paar sicherlich eine befriedigende sexuelle Aktivität, aber ebenso bedarf es gegenseitiger Bewunderung, guter Kommunikation und gemeinsamer Interessen.

Viele wollen lieben, ohne etwas dafür zu geben, und sind dann natürlich enttäuscht, wenn sie nicht erhalten, was sie sich erträumt haben. Wenn es nicht so «klappt», wie sie es sich erhofften, suchen sie sich einen anderen, der sie besser zu lieben versteht, ohne sich deshalb infrage stellen zu müssen. So können sie in einer endlosen Suche von einem Objekt zum nächsten springen. Die gewaltigen Ansprüche und Forderungen, die einige Singles im Internet stellen, sind der beste Weg, niemanden zu finden. Viele Frauen sind zum Beispiel nicht bereit, das Ideal eines Supermanns aufzugeben: «Ich suche, aber es gibt niemanden, der meinem Niveau entspricht.» Andere Frauen klagen über die eigene Persönlichkeit und lehnen sich selbst ab: «Ich bin nicht interessant, ich bin hässlich.» Diese Personen hegen die Erwartung, sie könnten sich fallen lassen und ausruhen, sobald sie den Richtigen gefunden haben. Und natürlich endet auch dies in einer Enttäuschung. Sie müssen noch mehr «leisten», müssen verfügbar, verführerisch sein ... Hierzu Katharina, 62, vor Kurzem geschieden:

> Ich habe mich auf einer Datingsite angemeldet, aber bin schon entmutigt, denn nur dicke, kleine, hässliche oder aber sehr junge Männer interessieren sich für mich. Sie wollen chatten, aber ich habe keine Lust, meine Zeit mit Korrespondenzen zu verlieren, die nichts bringen. Wenn ich Männern schreibe, die mir gefallen könnten, beißt keiner an. Ich müsste offensiver vorgehen, um mehr Kontakte zu bekommen, aber ich verstehe mich nicht aufs Anmachen, aufs Verführen. Und dann fehlt mir auch niemand so sehr, dass ich ihn um jeden Preis haben muss.

Bisweilen klagen unsere Patienten, dass sie niemanden finden, obwohl sie, auf ein ehemaliges Trauma fixiert, für überhaupt niemanden verfügbar sind: Sie kreisen unentwegt um ihren Narzissmus. Um jemanden kennenzulernen, müssten sie lernen, sich verfügbar zu machen, mit der Vergangenheit abzuschließen, ihre Trennung oder Scheidung ein für alle Mal hinter sich zu lassen, sich von ihrem Vater oder ihrer Mutter zu lösen.

In gewisser Weise ist Mozarts Figur des Don Giovanni heute aktueller denn je. Allerdings gibt es nicht mehr eine lange Liste mit 1003 allein in Spanien verführten Frauen, heute gibt es einen Computerausdruck sämtlicher flüchtiger Datings überall in der Welt.

Wegwerfpartner

Denn ebenso rasch, wie man im Internet Kontakte knüpft, löst man sie wieder auf. Man findet sich leicht damit ab, denn sofort füllt man die eigene Leere mit einer neuen, ebenso schnelllebigen Beziehung aus. Wenn die Beziehung nicht lange hält, gibt man dem anderen die Schuld, der nicht «den Erwartungen entsprach», der einen nicht «zufriedengestellt» hat. Diese Art der Kontakte droht ein wesentliches Merkmal unserer Zeit der Nützlich- und Flüchtigkeit weiter zu verschärfen: die Instrumentalisierung des anderen, den man wie einen Gegenstand benutzt und wegwirft, sobald er einem nicht mehr gefällt oder rentabel erscheint. So fühlte sich eine meiner Patientinnen ganz besonders erniedrigt, als der Mann, den sie auf einer Datingsite kontaktiert hatte, bei ihrem ersten Rendezvous zu ihr sagte: «Entschuldigen Sie, ich hatte was anderes gesucht. Auf Wiedersehen.»

Wenn etwas nicht gefällt, sucht man sich ein anderes Objekt. Die theoretische Verfügbarkeit Hunderter, ja Tausender anderer Partner lässt das Phantasma der Allmacht Wirklichkeit werden, denn es genügt ein Klick, um erneut ebenso viele Männer oder Frauen zu finden, die bereit sind, ihre Liebe zu verschenken. Da man immer den Gedanken im Hinterkopf hat, die nächste Bekanntschaft könnte die «richtige» sein, kann es sehr verlockend sein, die geringste Schwierigkeit beim Aufbau der Beziehung zum Anlass zu nehmen, um alles aufzugeben und abzubrechen und mit einem anderen Bewerber nochmals ganz von vorn zu beginnen. Bei einer virtuellen Beziehung ist es einfach, sich aus seiner Verpflichtung zu lösen, man kann jederzeit die «Delete»-Taste drücken. Man unternimmt nicht die Anstrengung, eine wirkliche Beziehung aufzubauen, mit allen Schwierigkeiten, die damit verbunden sind. Franziska, 31, gesteht:

> Jedes Mal, wenn ich einen Mann kennenlerne und merke, dass er nicht meinen Erwartungen entspricht, mache ich sofort Schluss. Danach bedauere ich es und denke wehmütig daran, was wir alles gemeinsam hätten unternehmen können.

Bei dieser Art von Bekanntschaften steht die bewusste Auswahl im Vordergrund: Ich suche einen Mann, groß, reich, Freiberufler; oder eine Frau, klein, blond, geistig anspruchsvoll … Aber das dient nur dazu, um die unbewussten Auswahlkriterien besser zu verbergen. Ein nach wie vor schwer zu lösendes Problem, selbst für neue Sites wie Ulteem – 2005 von Meetic ins Leben gerufen, Zielgruppe: «Senioren» (sic) zwischen 35 und 50 Jahren –, die mehrere aufeinanderfolgende psychologische Tests anbieten, um eine Abstimmung der Persönlichkeiten zwischen den Bewerbern vorzunehmen und eine «Vorauswahl» zu treffen. Das Problem scheint im Gegenteil noch viel komplizierter zu sein, denn selbst wenn bei jeder neuen Bekanntschaft Diskrepanzen zwischen dem bewusst Gewünschten und den unbewussten Wunschvorstellungen existieren, ist dieses Phänomen beim Onlinedating noch ausgeprägter: Die Beziehung zu der anderen Person kommt nur noch über eine vorgeblich rationale Abgleichung der «Benutzerprofile» zustande, die jegliche Form von Subjektivität eliminiert und eine Illusion aufrechterhält, die auf der Pseudoeffizienz der vorausgegangenen Archivierung basiert.

Auf diese Weise kann man ewig weitersuchen, und wir werden sehen, dass manch einer, obwohl er bereits in einer Beziehung mit jemandem lebt, noch mehrere Jahre auf Datingsites angemeldet bleibt. In der Tat bedeutet das Eingehen einer festen Bindung zugleich auch das Ende aller übrigen möglichen Bekanntschaften, die einen vielleicht noch glücklicher machen könnten. Es besteht dann die Gefahr, zu einem reinen Konsumenten von Dates zu werden, ohne sich jemals in einer wirklichen Beziehung zu binden. Denn viele scheinen vergessen zu haben, dass wirkliche Liebe es erfordert, ein Risiko einzugehen, sich ohne Aussicht auf Gewinn und ohne jede Garantie für einen Erfolg ganz auf jemanden einzulassen. Man sagt: «Ich muss jemanden finden.» Aber um eine Bekanntschaft zu machen, in der sich beide entfalten können, muss man affektiv verfügbar sein: Liebe kann man nicht auf Kommando herstellen.

Um eine Beziehung aufzubauen, die eine Weile halten soll, muss man sich anstrengen. Nach einer Phase leidenschaftlichen Überschwangs kehrt der kritische Verstand zurück. Wenn man den anderen nur benutzt, führen die angesammelten Verstimmungen bald zum Bruch. Dagegen kann eine größere Offenheit gegenüber dem anderen dank gemeinsamer Werte, Aktivitäten und Projekte die Bindung stärken. Eine Beziehung bedeutet auch die Gewohnheit und die Vertrautheit, mit jemandem zusammen zu sein, dicht an dicht mit einem anderen Körper zu schlafen und seine Wärme zu spüren. Das ist nicht wenig, das kann einem Schwung für einen ganzen Tag geben. Wie Léo Ferré so treffend sagte, sind das die Worte der armen Leute: «Hast du gut geschlafen?»

Um den anderen kennenzulernen, müssten wir aufhören, uns abzuschirmen, dürften wir keine Angst haben, unsere wunden Punkte zu zeigen, müssten in der Lage sein zu zeigen, dass wir Hilfe und Trost benötigen, müssten unsere anmaßenden Sicherheiten und vor allem unsere hohen Ansprüche fallen lassen. Wir müssten die Überraschungen der Liebe akzeptieren. Heißt es nicht «sich vergucken» und «sein Herz verlieren»? Das setzt eine Überraschung voraus, also die Tatsache, dass man nicht darauf gefasst war. Aber zu oft fürchten wir, unsere Illusionen zu verlieren oder unser Geld, zu oft haben wir Angst, abgewiesen zu werden. Und dann ziehen wir es vor, vernünftig zu sein oder so zu tun, als wären wir unerschütterlich.

Man kann sich verlieren, indem man sich zwischen immer mehr Möglichkeiten zu entscheiden sucht. Und man kann, wie Buridans Esel, durch diese Möglichkeiten auch gelähmt werden, um überhaupt nichts mehr zu entscheiden. Einige, die es leid sind, sich für etwas entscheiden zu müssen, beschließen, mehr oder weniger bewusst, ganz zu verzichten. Das ist das Paradoxe am Onlinedating: Obwohl es vorgibt, die Kontakte zu erleichtern, kann es durchaus Abkapselung und Rückzug begünstigen. Um weniger allein zu sein, isoliert man sich noch mehr vor seinem Computer, man verbringt ganze Abende mit Chatten und lässt andere gesellschaftliche Aktivitäten völlig unbeachtet.

Eine unbarmherzige Auswahl

Auf den Datingsites ist vor allem von romantischer Liebe die Rede, und selbst diejenigen, die von einer Beziehung zur nächsten zappen, erwähnen in ihren Annoncen das Gefühl der Liebe. Aber trotz dieser Diskurse erfolgt hier die Suche nach einem Partner auf ganz pragmatische und rationale Weise. Auf einer Datingsite schreibt ein Mann, der in beruflichen Schwierigkeiten steckt und eine Frau mit guten Einkünften sucht, von denen er sich materielle Unterstützung erhofft, folgende Zeilen:

> Ich erwarte von einer Mann-Frau-Beziehung ein sehr enges Verhältnis, den begnadeten Zustand, der bewirkt, dass alles bisher Erlebte lächerlich scheint in Anbetracht der Wogen von Glück, die uns überfluten: nicht mehr schlafen, nicht mehr essen, ganz vom anderen erfüllt sein und das mögen.

In Wahrheit wird hier nach einer Vernunftehe gesucht, wie sie früher üblich war, aber sie soll wie die große Liebe aussehen, denn vernunftbedingte Bindungen wirken wie Trostpreise, erinnern an eine Art, das gemeinsame Leben zu planen, die so gar nichts von dem Traum einer leidenschaftlichen Liebe hat, der uns das Chaos der Welt vergessen ließe. Die eigentlichen Entscheidungen aber werden nach vernünftigen, praktischen, ja zynischen Kriterien getroffen. Man sucht weniger eine affektive und emotionale, sondern vielmehr eine praktische und soziale Ergänzung seiner selbst. Eine 40-jährige, gut gestellte Frau sucht zum Beispiel einen finanziell schlechter gestellten Mann, der bereit ist, ihr ein Kind zu machen. Demzufolge schließen sich oft Personen zusammen, die derselben sozialen Schicht angehören, die ein vergleichbares Bildungsniveau besitzen oder die komplementäre Ziele verfolgen – der Grund, weshalb oft von Freizeit und Kultur die Rede ist: In erster Linie geht es darum, gemeinsam «etwas zu machen», am Wochenende an irgendwelchen Aktivitäten teilzunehmen, ins Kino oder ins Theater zu gehen.

Wir wollen an eine selbstlose Liebe glauben, aber jede Beziehung hat etwas von einem Handel. Auch wenn man sich immer auf die Gefühle beruft, handelt es sich doch um einen Austausch, wie früher das Bündnis zwischen der Frau am Herd und dem sie beschützenden Mann. Aber inzwischen haben sich die Machtverhältnisse in diesem Austausch geändert, und die Frauen kommen dabei nicht immer auf ihre Kosten, denn die Männer fungieren kaum noch als Beschützer.

Die Auswahl findet folglich nach Kriterien statt, die denen der Auswahl eines Lebenslaufs für ein erstes Vorstellungsgespräch vergleichbar sind. Einige gehen dabei sehr gefühllos vor und suchen dies keineswegs zu verbergen: «Es ist, wie wenn man jemanden einstellt, also sind dieselben Methoden anzuwenden.» Sie gehen also als Erstes daran, die Marktlage zu erforschen, um dann ihre Investition rentabel zu machen, denn die meisten Sites verlangen von Männern Anmeldegebühren. Das bedeutet, man muss innerhalb kürzester Zeit ein Maximum an Partnern mit den gewünschten Merkmalen treffen. Man sucht eine Beziehung, die nach dem Do-ut-des-Prinzip oder eher, wie man heute in Unternehmerkreisen sagt, nach der Win-win-Strategie funktioniert. Laurent, 45, äußert sich im Verlauf einer seiner ersten Schriftwechsel auf einer Dating-site so:

> Sie sind beruflich sehr beschäftigt, aber ich hoffe doch, dass Sie zumindest bereit sind, sich ein wenig Zeit für den Aufbau einer Beziehung zu nehmen.

Im Klartext: «Wenn du nicht bereit bist, weniger zu arbeiten, brauchen wir eine Beziehung gar nicht erst ins Auge zu fassen.» Wie im Berufsleben zwingt auch hier ein gewaltiger Leistungsdruck die Individuen, sich in einem fort wie genormte und ersetzbare Produkte zu verkaufen. Man stellt sich nicht als eine einmalige, einzigartige Person vor, sondern als eine Ware, die man durch eine ansprechende Präsentation oder eine verführerische Verpackung zur Geltung bringen muss, um einen Abnehmer dafür zu finden. Damit beginnt ein erbarmungsloses Casting, in dessen Verlauf man mit der Sachkenntnis eines erfahrenen Verbrauchers über die Qualitäten und Mängel des Partners diskutiert, den man im Internet «gefunden» hat. Léa, 34, geschieden, zwei Kinder, Informatikerin:

> Meine Suche im Internet hat mich schon entmutigt, bevor es überhaupt losging. Die Konkurrenz ist dermaßen hart, dass ich nicht wüsste, warum sich jemand ausgerechnet für mich entscheiden sollte. Ich habe ein Weilchen mitgespielt, aber es hat nicht geklappt. Ich hab's satt. Ich kann mich nicht zerreißen und überall gleichzeitig sein: im Betrieb, wo ich derzeit sehr präsent sein muss, zu Hause, wo meine Kinder tun, was sie wollen, und dann noch auf einer Site, wo ich mich als die ideale Frau präsentieren soll.

Man muss dynamisch wirken, also versieht man seine Annonce mit Ausrufezeichen, die Begeisterung vermitteln sollen. Männer machen keinen Hehl daraus, dass sie eine Frau benötigen, damit sich jemand um ihre Kinder kümmert, für die ihnen das Sorgerecht zugesprochen wurde: «Ich bin ein frisch geschiedener Mann, und die Umschulung zur Papa-Glucke ist nicht gerade einfach. Wer will mir helfen?» Die Bewerber verlieren ihre spezifischen Merkmale: In einer Flut von Frauen unter 40 gibt es die Untergruppe derjenigen, die bereits Kinder haben, es gibt die Brünetten, es gibt die Blondinen … Aber was führt denn in Wirklichkeit dazu, dass ein Mann eher die eine als die andere Frau kontaktiert? Ganz einfach die Tatsache, dass die eine eher zur Stelle ist als die andere. Folglich muss eine Frau, die eine Chance haben will, bemerkt zu werden, sich einloggen und so oft und so lange chatten wie möglich. So wie die Suche nach einer Arbeit ein Ganztagsjob ist, nimmt auch die Suche nach einem Partner im Internet viel Zeit in Anspruch. Einige sind ununterbrochen eingeloggt, um die seltene Perle zu finden.

> Seit ihrer Scheidung vor zwei Jahren rackert sich Diane, 32, ab, um ihre Arbeit und gleichzeitig die Erziehung ihrer drei Kinder auf die Reihe zu kriegen. Sie ist es leid, in einer zu kleinen Wohnung zu leben und an allem sparen zu müssen. Darum achtet sie bei ihrer Suche im Internet vor allem auf die berufliche und soziale Stellung der Männer, mit denen sie sich trifft. Ulrich mag nicht immer sehr aufregend sein, aber sein hohes Einkommen könnte es ihr ermöglichen, ihre Lebensbedingungen zu verbessern und weniger zu arbeiten.

Gleichzeitig aber haben die traditionellen Vorstellungen offenbar ein zähes Leben. Die Frauen suchen nach wie vor virile, kräftige, überlegene Männer mit allen Merkmalen des Machismus, den sie andererseits verurteilen. Und die Enttäuschung ist in vielen Fällen vorprogrammiert, wie Konstanze, 40, Psychologin, zu berichten weiß:

> Onlinedating kann funktionieren, aber nicht bei mir. Ich bin zu kritisch. Ich hatte mir in meiner Fantasie einen Mann vorgestellt, der mich zum Träumen bringen könnte, aber ich habe alle meine Illusionen verloren, sowohl was Männer allgemein angeht als auch den Mann meines Lebens. Ich bin nicht mehr in der Lage, mir über mich oder andere etwas vorzugaukeln. Die Männer sind zu direkt: «Kommen Sie doch zu mir, ich nehme Sie zu einem Ausflug in meinem Privatjet mit und zeige Ihnen mein Gut in der Touraine und meinen Park.» Ich pfeife auf ihr Landhaus und ihre sexuellen Hochleistungen. Ich will nur einen Mann, der einfach Mann ist und mich so akzeptiert, wie ich bin.

Was die Männer anbetrifft, nehmen viele es mit ihren Vorlieben für bestimmte körperliche Reize sehr genau:

> Besonders angezogen von Frauen eines bestimmten Typs, auch Schwarzen oder Mischlingen, suche ich eine Frau mit molligen Rundungen.

Und die überwiegende Mehrheit der Männer bevorzugt jüngere Frauen, manchmal sogar sehr viel jüngere; so erklärt zum Beispiel ein Mann von 56 Jahren, dass er eine Frau von weniger als 30 Jahren sucht. Diejenigen, die auf das Rentenalter zugehen, wollen häufig eine Familie gründen und hoffen demzufolge, eine Frau zu finden, die die 40 noch nicht überschritten hat und alle klassischen Merkmale der Weiblichkeit besitzt.

> Felix, 53, kommt auf den Rat seines Hausarztes in meine Sprechstunde, weil er an Beklemmungen leidet, die sich in leichten psychosomatischen Schwächeanfällen äußern. Ehemals Angestellter bei einer Computerservicefirma, aus der er vor vier Jahren entlassen wurde, beschloss er, sich als Unternehmensberater selbstständig zu machen. Leider läuft das Geschäft nicht sehr gut, und er hält sich nur mühsam über Wasser.
> Da er über entsprechend viel freie Zeit verfügt, hat er sich auf mehreren Datingsites angemeldet: Seit fünf Jahren geschieden, möchte er

eine Frau kennenlernen, mit der er ein Stück Wegs gemeinsam zurück-
legen kann. Er sagt, in vier Jahren habe er mehr als zweihundert Frauen
kennengelernt, aber nicht die passende gefunden. Er beklagt sich, dass
die Frauen nicht mehr weiblich sind: «90% der Frauen auf den Datingsites sind nicht weiblich, und die anderen sind zu kapriziös oder zu anspruchsvoll.» Wenn man ihn fragt, was er unter einer weiblichen Frau
versteht, reagiert er verwundert: «Das weiß doch jeder! Eine weibliche
Frau ist wie meine Exfrau, die sich nie zeigte, ohne geschminkt und
frisiert zu sein, nie ohne Schmuck und hochhackige Schuhe, selbst zu
Hause.»

Selbst wenn die Frauen nicht seinen Kriterien entsprechen, versucht
er dennoch sein Glück bei ihnen, und bei einer von zehn klappt es schon
am ersten Abend. Aber nur selten dauert die Beziehung länger. Ein-, zwei-
mal hat er ein mehrmonatiges Verhältnis gehabt, aber die letzte Frau war
so herrschsüchtig und anspruchsvoll, was einige kleine Dinge des alltäglichen Lebens und seine Treue betraf, dass er es vorzog, Schluss zu machen. Er beklagt sich, dass er nach vier Jahren Suche noch immer allein
ist.

Forderungen und innere Widerstände

Diese Liebesangelei könnte ein harmloses Spiel sein, aber das ist
sie nur selten. Jeder prahlt mit seinen Verdiensten, versucht sich
zu verkaufen, bemüht sich, fröhlich und attraktiv zu sein, obwohl
sich die Partnersuche auf einer Datingsite oft als ermüdend und
eintönig erweist. Darum versuchen manche, um die «lästige Arbeit» loszuwerden, diese zu beschleunigen. In diesem Sinne schreibt
ein Mann in seiner Annonce: «Ich lebe seit drei Monaten getrennt
und gebe mir zwölf Monate, um eine neue Lebensgefährtin zu finden.»

Für diese Suche hat sich jeder mit einem Schutzpanzer versehen:
ein voller Terminkalender, die Härte der Arbeitswelt… Nun
kommt aber ein wirkliches Rendezvous nicht infolge online aus-
posaunter Qualitäten zustande, sondern infolge einer kleinen Öffnung, die es erlaubt, sich dem anderen zu nähern, eine Öffnung, die
oft mit einem Gefühl aus der Kindheit, mit einer empfindlichen
Stelle in Zusammenhang steht. Man müsste fähig sein, sich dem anderen gegenüber zu öffnen, aber die inneren Widerstände sind meist
stärker, wie Katherina, 62, bezeugt:

Da ich mich viele Dinge nicht zu tun traue, seitdem ich allein bin, habe ich mich auf den Rat meiner Freundinnen hin auf einer Datingsite angemeldet. Aber ich antworte nicht immer auf die Mails, denn es macht mir Angst. Wie der Kleine Prinz sagen würde: Sich jemanden vertraut zu machen, ist schwer. Ich fühle mich nicht dazu in der Lage, darum suche ich mir Ausreden, um es auf später zu verschieben: wenn die Arbeiten an meinem Haus beendet sind, wenn meine Enkelkinder, auf die ich aufpasse, etwas größer sind ... Na gut, aber wenn das eines Tages alles geregelt ist, werde ich zu alt sein.

Unter den Jüngsten heißt es: «Ich suche jemanden, mit dem ich nette Momente verbringen kann, für ein freundschaftliches Beisammensein und, warum nicht, auch für Liebe.» Sie sprechen nicht von Bindung, auch wenn sie häufig betonen, dass ihre Suche «seriös» ist. In der Altersgruppe über 30 wird die Suche genauer: Man stellt sich selbst in den Vordergrund und weniger das, was man sucht. Ab einem Alter von 50 wird Misstrauen hinter den Ansprüchen spürbar: Es geht nicht darum, die Schicksalsprüfungen des Lebens gemeinsam zu bestehen, sondern nur die guten Augenblicke miteinander zu teilen. Die Vorschläge für gemeinsame Projekte beziehen sich vor allem auf Freizeit, Urlaub, Wochenenden, als könnte das alltägliche Leben unmöglich etwas zu bieten haben. Manche Cybernauten identifizieren sich völlig mit der Freizeitaktivität, unter der sie sich angemeldet haben. So wird ein Mann mit dem Pseudonym «Golf-250» (was bedeuten kann, dass es bereits 250 weitere Pseudonyme mit «Golf» gegeben hat) ausschließlich Frauen kontaktieren, die Golf spielen. Kein anderes spezifisches Merkmal einer eventuellen Partnerin wird seine Aufmerksamkeit auf sich ziehen.

Ein weiterer Faktor inneren Widerstands: der Kult der äußeren Erscheinung. Im Internet wie im echten Leben ist das Erscheinungsbild zum wichtigsten Trumpf auf dem Weg zum Erfolg geworden. Man tut besser daran, schön oder zumindest anziehend zu sein, glücklich zu wirken, in seiner Arbeit aufzugehen, Kinder zu haben, die keine Schwierigkeiten machen. Es ist ebenfalls ratsam, bei guter Gesundheit zu sein, schlank, aber nicht dünn, nicht zu rauchen (der Punkt Raucher/Nichtraucher ist auf dem Präsentationsformular bereits vorgesehen), Alkohol in Maßen zu genießen und Sport zu treiben. Auf diese Weise werden mithilfe von Schönheit und Gesundheit neue soziale Unterschiede geschaffen, die sich beim Onlinedating in einer rücksichtslosen Ausgrenzung und einer gewaltigen Ungleichheit angesichts der Einsamkeit äußern.

Die Forderungen nach Schönheit und Gesundheit haben auf manche Bewerber bei der Partnersuche eine geradezu lähmende Wirkung: «Ich bin unvollkommen, darum wird mich niemand wollen.» Und zugleich ist dieselbe Person, die an ihrer Fähigkeit zu verführen zweifelt, nicht bereit, bei der Wahl eines Partners ihre eigenen Ansprüche aufzugeben. Wir suchen bei dem anderen, aber mit jedem Blick in den Spiegel auch an uns selbst, die ersten Anzeichen eines Makels zu entdecken: «Werde ich erfüllen können, was man von mir erwartet?»

All diese Widerstände erklären die eher mäßige Bilanz der Datingsites, wo die aus einer unvollendeten Suche resultierende Enttäuschung häufiger die Regel ist als der Erfolg. Selbst wenn es manchmal doch «klappt», wie es Sonia, 45, zwei Kinder, erlebt hat:

> Ein Jahr nach ihrer Scheidung beschließt sie, nicht länger allein zu bleiben, und meldet sich auf einer Datingsite an. Da sie sich ihr ganzes Leben lang unsicher gefühlt hat, schreibt sie in ihrer Annonce, dass sie einen ausgeglichenen Mann sucht, der ihr Geborgenheit gibt. Sie weiß genau, was sie will, und hält sich nicht mit Chatten auf, wenn der Mann ihren Kriterien nicht entspricht. Sie lässt sich nicht zu Zugeständnissen hinreißen, wenn der andere nicht genügend verfügbar ist.
>
> Als sie Theo kennenlernt, spricht sie mit ihm sofort über ihre Wünsche und Träume: Sie möchte ein friedliches Leben in einem Haus, in dem sie immer verweilen möchte. Das trifft sich gut: Er ist häuslich, sucht eine Frau, die seinen Alltag organisiert, wofür er Sicherheit und Wohlstand beisteuern kann, denn er verdient sehr gut in seinem Beruf, den er mit Begeisterung ausübt. Sonia weiß, dass sie für Theo niemals das empfinden wird, was sie sich erträumt hatte, aber er ist affektiv ausgeglichen, und seine gute finanzielle Situation gibt ihr die erhoffte Geborgenheit.

Obgleich die Partnersuche per Internet heutzutage eine übliche Praxis geworden ist, betrifft sie doch nur einen Teil derjenigen, die mit dem Alleinsein konfrontiert sind. Viele von ihnen treffen die – mehr oder weniger leichte – Entscheidung, sich mit ihrer Einsamkeit abzufinden, und finden neue Arten der Beziehung zu anderen.

III Die neuen Einsamkeiten

10 Die Leidenschaftslosen

«Ich bin eine Luftblase, ohne Verlangen, ohne Lust.»
Elisabeth

Wie ich schon sagte, empfangen wir in unseren Praxen immer mehr Personen, die feststellen, dass sie unfähig sind, etwas zu empfinden. Sie fürchten sich vor Liebesbeziehungen, weil sie unter ihnen leiden könnten, haben Angst vor Gefühlen, weil sie durch sie in eine Abhängigkeit geraten könnten, und halten sich, um sich dagegen abzuschirmen, in einem Zustand der Oberflächlichkeit, der sie vor affektiven Folgen bewahrt. Auch wenn sie, ohne wirklich daran zu glauben, von erfüllten und intensiven Beziehungen träumen, bewahren sie Distanz, bemühen sich, unbeteiligt zu wirken, und verlieren sich in alltäglichen, bedeutungslosen Kontakten. Matthias, 39, Informatiker:

Was die Leute reden, die mir nahestehen, interessiert mich meistens nicht. Ich rede lieber mit Leuten, die ich nicht kenne, und am liebsten in einer anderen Sprache.

Vor dem Verlangen fliehen,
um nicht an einer gescheiterten Liebe zu leiden

Diese Patienten klagen über ihre Unfähigkeit zu fühlen. Manche haben versucht, ihre Gefühle zurückzugewinnen, indem sie sich in Grenzsituationen begaben: hohe Geschwindigkeit, Extremsport, überlaute Musik, Alkohol, Drogen. Oft suchten sie sich dadurch mit einem isolierenden Schutzschild zu umgeben, um sich von der

Suche nach Liebe oder Anerkennung zu befreien. Sebastian, 52, ist ein Beispiel des Scheiterns, das diese Art von Flucht nach vorn fast immer kennzeichnet:

> Als ich jung war, suchte ich Gefahrensituationen, die mir eine Art Orgasmus verschafften. Ich brauchte Stress, nur so gelang es mir, etwas zu fühlen. Heute ist es, als hätte ich alle meine Reserven an Lusthormonen aufgebraucht. Die Kurve ist flach geworden. Ich habe die Gefühlswelt aus meinem Leben verbannt, ich bin ganz und gar abgestumpft. Es fällt mir zum Beispiel schwer, wütend zu werden. In einer etwas aufgeheizten Diskussion lasse ich ziemlich schnell von meiner Position ab und gebe schließlich dem anderen recht, zumindest unter Vorbehalt. Es ist nicht Kapitulation oder Schwäche, sondern Gleichgültigkeit. Ich ertrage es nicht, dass man mir vorschreibt, wie ich zu denken habe, und will nicht rechtfertigen müssen, was ich tue oder lasse.

Grundsätzlich ist zu sagen, wenn Desengagement und Misstrauen sich immer weiter ausbreiten, dann deshalb, weil sich in einer grausam und unbarmherzig erscheinenden Welt, in der man niemandem trauen kann, jeder lieber in sich selbst zurückzieht. Ob bei der Arbeit, wo man durch zu viel Engagement sich selbst schaden kann, oder zu Hause im Falle einer Ehekrise, überall können die eigenen Schwächen Ziel hinterhältiger Attacken werden. Richard, 51, Jurist, hat diese Situation erlebt:

> Ich bin noch wie betäubt von meiner Scheidung, unfähig, irgendetwas zu empfinden, und bin mir nicht sicher, ob ich in der Lage sein werde, mich neu zu verlieben. Ich habe das Zerbrechen der Familie nur schwer ertragen, die Zerstörung des Ideals eines Familienkokons mit Eltern und Kindern. Ich fühlte mich vor allem von der Brutalität im Zusammenhang mit der Scheidung getroffen; die falschen Zeugenaussagen, das Komplott, mit dem erreicht wurde, dass ich eine hohe Unterhaltszahlung zu leisten habe, obwohl meine Frau im Grunde keine Lust hatte, die Kinder bei sich zu behalten. Danach musste ich mir mein neues Leben als alleinerziehender Vater organisieren: Ich muss mich um alles kümmern, was mit der Schule zu tun hat, wie auch um die Erziehung der Kinder außerhalb der Schule, zusätzlich zu meiner Arbeit, und das ist manchmal eine schwere Bürde.

Da das gesellschaftliche Leben schon genügend Konkurrenzkampf mit sich bringt, kann man verstehen, wenn manche sich weigern, diesen auch noch im Liebes- oder Familienleben weiterzuführen, und sich für das Alleinsein entscheiden, um sich nicht mit Eifersuchtsszenen oder Spannungen des Zusammenlebens konfrontiert zu sehen. Das hat auch Anne, 52, festgestellt:

> Ich lebe gern allein, denn immer wenn ich mit einem Mann zusammengelebt habe und ich durch meine Arbeit bis spät in den Abend aufgehalten wurde, machte mich das total nervös, denn ich wusste, selbst wenn kein böses Wort fiele, würden mich zu Hause Spannungen erwarten. Das konnte von meinem Mann kommen, der demonstrativ auf die Uhr sah, oder auch von meiner Seite. Denn aufgrund der Erfahrungen mit meinem ersten Mann, der mir jedes Mal eine Szene gemacht hatte, fühlte ich mich schuldig, wenn ich ihn allein ließ. Jetzt, wo ich allein lebe, fühle ich mich frei, so lange im Büro zu bleiben, bis ich meine Arbeit in Ruhe beendet habe.

Es kommt auch vor, dass eine Frau, die in einer ersten Ehe betrogen wurde, vor einer neuen Bindung zurückscheut, weil sie fürchtet, erneut betrogen zu werden. Überzeugt, dass alle Männer untreu sind, kann sie das Leid, das ihr durch den Ehebruch zugefügt wurde, nicht vergessen und will diese schmerzliche Erfahrung nicht erneut durchmachen. So begegnen wir immer mehr Erwachsenen im reiferen Alter, die nach mehreren Misserfolgen niemandem mehr genügend vertrauen, um eine neue affektive Beziehung aufzubauen, und folglich keine weiteren Projekte für ein Zusammenleben mehr ins Auge fassen. Sie sind ernüchtert und enttäuscht, wie Peter, 58, Versicherungsangestellter, geschieden; er hat eine Freundin, fühlt sich aber «auf dem Abmarsch»:

> Ich bin mir bewusst, dass ich mich beruflich auf dem absteigenden Ast befinde. Unter den 50-Jährigen gibt es die, die sich auf den Abmarsch vorbereiten, und die, die sich festklammern. Ich möchte lieber in meinem Landhaus sein als arbeiten. Übrigens stehe ich damit nicht allein da; seit es die 35-Stunden-Woche gibt, herrscht allgemein eine Stimmung der Demotivation; freitags ist im Betrieb kein Mensch mehr anzutreffen. Im Privatleben sieht es nicht besser aus, ich habe keine Libido mehr. Das Liebesleben, die großen Leidenschaften: Ich habe das Gefühl, dafür bin ich zu alt. Ich verbringe meinen Urlaub lieber mit einer Gruppe von Kumpeln als mit meiner Freundin. Offenbar stehe ich am Anfang eines anderen Lebensabschnitts, wo es ruhiger zugeht.

Einige sehen die Liebesbeziehung als eine zusätzliche Komplikation in einer ohnehin schon schwierigen Welt, auf die man darum besser verzichtet. Die Angst vor dem Alltag, die Schwierigkeit, mit den Kindern des Partners zusammenzuleben, die Tyrannei der permanenten Anwesenheit des anderen, die Geldsorgen, all das spielt dabei eine Rolle. Man zieht sich lieber in ein komfortables Schneckenhaus mit einigen alten, Geborgenheit gebenden Beziehungen zurück und meidet die quälenden Sorgen der Leidenschaft und des sexuellen Verlangens. Mehr zu wollen ist zu gefährlich. Man fürchtet, alles zu verlieren, sich selbst zu verlieren, wie im Fall von Anne:

> Ich binde mich nicht in einer neuen Beziehung, weil ich nicht wieder verlassen werden möchte. So bleibe ich zwar allein, aber es ist meine eigene Entscheidung.

Der Traum von der absoluten Liebe ist nicht verschwunden, aber häufig schwinden, vor allem bei älteren Frauen, die Bemühungen und die Bereitschaft, Männer zu verführen. Viele haben keine Lust, auf den anderen zuzugehen oder sich zu «verbessern», um zugänglicher oder gefälliger zu erscheinen. «Um bevorzugt zu werden, muss man sich liebenswerter als der andere machen, liebenswerter als alle anderen, zumindest in den Augen des geliebten Objekts», schrieb Jean-Jacques Rousseau in *Émile*. Ein Rat, dem Laura, 56, Immobilienmaklerin, geschieden, mit zwei Kindern, heute nicht mehr folgt:

> Im Laufe meines Lebens habe ich mich immer mehr abgeschirmt. Ich habe das Gefühl, egoistisch und herrschsüchtig geworden zu sein, und ich weiß nicht mehr, ob die Dinge mich berühren oder nicht. Ich habe keine Lust, einen Mann in meinem Leben zu haben, im Übrigen sehen sie mich nicht einmal an. Allerdings bemühe ich mich auch nicht im Geringsten, jemanden zu verführen, und halte überhaupt alle Leute auf Distanz. Vielleicht sollte ich mich ein bisschen anstrengen, zum Beispiel etwas abnehmen, aber da ich keinen Freund habe … Ich werde älter, und wenn ich nicht einmal mehr essen kann, worauf ich Lust habe, dann wird alles noch trister!
> Bei meiner Arbeit mit den Kunden bin ich sehr aktiv und voller Energie, aber abends habe ich Lust, es mir zu Hause gemütlich zu machen. Ich zünde mir ein paar kleine Kerzen an und mache ein Fest, nur für mich.

Allein fühle ich mich wohl, warum sollte ich das für eine Nervensäge wie meinen Exmann aufgeben? Ich habe es ständig mit Alltagsproblemen zu tun, und die Leute, denen ich draußen begegne, haben nicht viel Erfreuliches an sich. Für Menschen meines Alters werden keine Feten mehr gegeben, nur noch Abendessen mit Leuten, die selber genug Sorgen haben.

Wie wir gesehen haben, sind utilitäre Beziehungen immer häufiger anzutreffen: Man nimmt den anderen, benutzt ihn, und wenn er einen nicht mehr zufriedenstellt, wirft man ihn weg. Um das zu vermeiden, ziehen manche es vor, ganz in den Hintergrund zu treten, ja ihr gesamtes Äußeres auszulöschen, um den anderen jeden Zugriff auf sich zu nehmen. Da die Beziehungen immer mehr dem Zufall unterworfen sind und keinerlei Beständigkeit mehr gewährleisten, versucht man, diesem Problem zu entgehen, indem man allein bleibt. Für diese Option hat sich Helena, 39, entschieden:

> Meine größte Angst ist, eine neue Liebe anzufangen und sitzen gelassen zu werden. Wenn mein Verlangen sehr stark ist, werde ich abhängig. Wenn man nach nichts Verlangen hat, braucht man auch keine Angst zu haben.

Einige von denen, die sich für die Einsamkeit entscheiden, sind in ihrem übermäßigen Glauben an die Liebe enttäuscht worden, wie zum Beispiel Carmen, 46:

> Man gewöhnt sich an das Nichts. Wenn man lange Zeit keinen Geschlechtsverkehr hat, lässt das Verlangen nach und verschwindet schließlich ganz. Aber plötzlich taucht ein Mann auf, und man bekommt Lust, sich ihm – warum gerade ihm? – zu nähern, man möchte, dass er sich für einen interessiert. Und tatsächlich zeigt er Interesse. Warum? Weil er bemerkt hat, dass man sich kaum zurückhalten konnte, ihn zu berühren? Nun ist dieser Mann allerdings schwer abkömmlich. Dafür hat er sehr lobenswerte Gründe: die Arbeit, die Kinder, die Sorgen. Man richtet also seinen Zeitplan entsprechend ein, um ihm darin einen Platz einzuräumen, und beginnt, auf ihn zu warten.
> Infolge einiger Lappalien, einiger Küsse, einiger zärtlicher Worte, einiger Liebkosungen, sitzt man mit einem Mal in der Falle. Das Begehren, das man längst versiegt glaubte, lebt plötzlich wieder auf. Man schläft schlecht, wälzt sich nachts unruhig im Bett, ist zerstreut, verliert

ständig etwas. Kurz, man ist verliebt. Aber unter der leidenschaftlichen Liebe, die gerade im Entstehen ist, zeichnet sich bereits der Mangel, das Fehlen des anderen ab. In dem Moment wird einem bewusst, dass man die Liebe nur gemieden hat, um ihre Folge, den Mangel, zu vermeiden.

Auch Frauen, die es geschafft haben, die Enttäuschung einer schmerzlichen Beziehung zu überwinden, fürchten sich vor neuen Qualen und sagen: «Nie wieder!» Martha, 56, Personalleiterin:

> Nach dem Scheitern meiner Ehe glaube ich nicht, wieder mit jemandem zusammenleben zu können. Mein erster Mann war sehr hart zu mir. Er hat mich zwar nie geschlagen, aber er redete ständig schlecht über mich, spottete über mein Aussehen und sagte mir regelmäßig, dass ich nicht begehrenswert sei. Außerdem – und das erfuhr ich erst im Nachhinein – hat er mich immer betrogen. Schließlich habe ich ihn verlassen. Inzwischen habe ich mich davon erholt, aber an die Liebe glaube ich nicht mehr.
>
> Heute habe ich alle meine Energie in meine Arbeit gesteckt, wo ich für meine Fähigkeiten geschätzt werde. Ich ziehe meine Kinder groß, treffe mich mit Freunden, treibe Sport, unternehme Reisen. Seit zehn Jahren lebe ich jetzt allein. Ich hatte einige Liebhaber, aber nach ein paar Monaten verlor ich jedes Mal die Motivation. Die Männer waren mir zu egoistisch. Ich musste mich immer ihren Erwartungen anpassen. Ob ich mich nochmals verlieben könnte? Ich fürchte, nein. Ich habe zu viel Angst. Sosehr ich mir auf anderen Gebieten einiges zutraue, so sehr zweifele ich an meinen Fähigkeiten, was Liebe anbelangt.

Vom Verlangen nach dem anderen zum Verlangen nach sich selbst

Die Angst vor der Bindung entspricht somit einem zweifachen Mangel an Vertrauen, in sich selbst und in den anderen: Kann man mich noch lieben? Bin ich fähig, jemanden länger zu lieben? Wird mir der andere treu bleiben? Da die affektiven Beziehungen keine Garantie für Beständigkeit mehr bieten, sind sie beunruhigend geworden. Manche flüchten sich deshalb in eine affektive Gleichgültigkeit. Sie lehnen jede Art von intimer Beziehung ab und entschließen sich, allein zu leben, wie Elisabeth, 49, geschieden, kinderlos, Lehrerin:

Als junge Frau war ich in einem fort darauf aus, jemanden zu verführen, und war sehr um den äußeren Eindruck besorgt, den ich auf andere machte. Es funktionierte, und ich befand mich ständig in einer Art leidenschaftlichen Erregung. Ich hatte das Gefühl, nur zu existieren, wenn mich ein Mann begehrte. Und eines Tages war das Gefühl weg, als hätte ich ein Kleid abgelegt und für immer in den Schrank gehängt. Es ist vorbei, ich versuche niemanden mehr zu verführen. Ich habe nicht mehr den Wunsch, einem Mann zu gefallen, es ist undenkbar geworden und fehlt mir auch nicht. Im Übrigen scheint man es mir anzumerken, dass ich nicht verfügbar bin, denn die Männer sehen mich nicht mehr so an wie früher.

Ich habe in allen Bereichen ein erfülltes Leben: Ich habe mit meinen ehemaligen Geliebten Sex, wann ich will, von meinen Freunden erhalte ich Zärtlichkeit, ich habe geistige Interessen und eine Arbeit, die mir gefällt, aber ich habe kein Liebesverhältnis. Wenn ich abends nach Hause komme und die Tür hinter mir schließe, bin ich froh, endlich allein zu sein und mit einem Buch ins Bett zu gehen. Ich habe keinerlei sexuelles Verlangen, und es fehlt mir auch nicht. Ab und zu schlafe ich mit meinem alten Geliebten, aber so große Lust habe ich auch nicht dazu. Da ich selber keine Lust mehr verspüre, stört mich die Lust der anderen.

Insgesamt ist mir die Lust egal. Ich habe viele verschiedene Dinge gemacht, ich habe bekommen, was ich wollte, und jetzt gibt es keine fälligen Ziele mehr, die ich noch erreichen müsste, weder beruflich noch gesellschaftlich, noch in der Liebe. Ich muss niemandem mehr etwas beweisen. Ich tue, was ich zu tun habe, ich mache es gut, aber es sprühen keine Funken. Ich verspüre eine Art Gleichgültigkeit, selbst bei neuen Bekanntschaften: wenn was draus wird, umso besser, wenn nicht, ist es auch nicht schlimm. Ich bin eine Luftblase, ohne Verlangen, ohne Lust. Ich habe meine Illusionen verloren, was die Gesellschaft, was die Arbeit und auch was die affektiven Bindungen angeht. Ich bin zur Defätistin geworden.

Ich habe es nicht gern, wenn jemand – selbst jemand, den ich mag – zu mir nach Hause kommt. Ich empfinde das als ein unerlaubtes Eindringen. Es ist mein Raum, und ich habe keine Lust, dass sich jemand darin breitmacht. Wie weit wird diese Gleichgültigkeit gehen, das frage ich mich.

Man kann sich auch aus vorgeschobenen Gründen für die Einsamkeit entscheiden, etwa weil man einige Misserfolge erlitten und sich daraufhin jeder engeren Bindung verweigert hat. Das Alleinsein kann dann als egoistisches Vorgehen erscheinen, denn für diese Personen ist es ein Mittel, sich der Abhängigkeit zu entziehen. In der Tat ist es in einer Zeit absoluter Ansprüche leichter, jeg-

liche Bindung und damit auch die Unvollkommenheiten abzuleh-
nen, die jeder menschlichen Beziehung innewohnen. In diesem
Sinne rechtfertigt auch Christian, 62, Schriftsteller, seine Entscheidung:

> Um schöpferisch tätig zu werden, muss man allein sein. Ich habe mich
> immer von den Menschen ferngehalten, selbst von denen, die ich liebte,
> um den Kopf völlig frei zu haben für ein produktives Arbeiten. Die Kehr-
> seite davon ist, dass mit demjenigen, den man liebt, auch die Idee, pro-
> duktiv tätig zu sein, verschwindet.

Aber die Suche nach sich selbst, die ursprünglich über die Liebe
angestrebt wurde, kann, nach den Misserfolgen eines Lebens zu
zweit, durchaus in der Einsamkeit fortgesetzt werden. Übrigens
leiden die Frauen, die ihre Suche nach einem Lebensgefährten aufgegeben haben, weniger unter dem Alleinsein als diejenigen, die
weiter darauf warten, von einem Mann glücklich gemacht zu werden. Christine, 49, hat nach reiflicher Überlegung folgenden Entschluss gefasst:

> Die Liebe ist nur ein Kräftemessen, und davon habe ich genug. Es geht
> immer wieder nur darum, wie man den anderen verführen kann, die
> Macht über ihn erlangen kann, ihn mit Gefühlen erpressen kann, und
> um die Angst, verlassen zu werden. Auch wenn ich es manchmal ver-
> misse, mit jemandem ins Bett zu gehen, brauche ich einfach Raum, Ein-
> samkeit und Ruhe. Mir sind die friedlichen Freundschaften mit Frauen
> lieber, wo man in einem fort lacht, diskutiert, sich austauscht.

Es geht also darum, jedes Begehren zum Erlöschen zu bringen, um
nichts mehr zu erwarten, also den Zustand der *Ataraxie* zu suchen,
das heißt ein friedliches, ungebundenes Glück fern aller Leidenschaften, die die Seelenruhe zu stören drohen. Wenn man von seiner
Arbeit, seiner Beziehung oder durch den Bruch anderer Bindungen
enttäuscht wurde, kann man so auf eine absolute Leidenschaftslosigkeit zusteuern. Das Verlangen sucht sich dann ein neues Ziel.
Da man nichts mehr zu verlieren hat, befreit man sich von äußeren
Erscheinungsbildern und konformistischen Vorstellungen. Das
Verlangen, man selbst zu sein, wird intensiver, und die Stille lässt
Raum zum Nachdenken entstehen.

Nach seiner traumatischen Scheidung von einer gewalttätigen Frau hat sich Florian – 44, ehemaliger Finanzdirektor, arbeitslos – zu einer Lebensweise entschlossen, die seinen inneren Bestrebungen mehr entspricht, und ist von Paris aufs Land gezogen. Er beschreibt sich als einen ungeselligen, introvertierten Menschen, der des Alleinseins bedarf, um nachzudenken, zu lesen und zu schreiben. Heute lehnt er jede Art von oberflächlichen Beziehungen ab, denn er benötigt Beziehungen, die auf wesentlichen Dingen beruhen. Wie er sagt, sind 90% der Kommunikation zwischen Leuten seinesgleichen völlig bedeutungslos, da es dabei nur um Unwesentliches gehe, und das langweile ihn.

Er erklärt seinen einzelgängerischen Charakter mit einem Kommunikationsmangel in seiner Kindheit: Sein Vater war ein schweigsamer Mann, den der Algerienkrieg traumatisiert hatte. In dieser Familie fand keinerlei Austausch statt. Um das Schweigen zu überdecken, wurden die Mahlzeiten vor laufendem Fernseher eingenommen. Ihm ist bewusst, dass der Kurswechsel in seinem Lebens riskant ist und Mut erfordert, aber er hält ihn für wesentlich, denn er hat das Bedürfnis, «sich wiederzufinden», endlich er selbst zu sein.

Sich von einer beängstigenden Welt befreien

Zahlreiche Zeitgenossen ertragen somit immer weniger das enge Zusammenleben, die Belästigungen und Einschränkungen, die ihnen durch andere entstehen. Lebensqualität besteht heutzutage in Ungestörtheit, Unabhängigkeit und Privatsphäre. Sofern sie können, ziehen viele es vor, in einem alleinstehenden Haus zu leben, wenn möglich mit einem Garten und weit weg von den Städten, selbst wenn das mit langen Arbeitswegen verbunden ist. Ebenso wächst unter Eheleuten, soweit die Möglichkeit dazu besteht, das Verlangen nach getrennten Schlafzimmern, um sich einen persönlichen Raum zu bewahren.

Nach den Zwängen des heute weitgehend verschwundenen patriarchalischen Modells hat uns unsere Zeit in der Tat eine individuelle Freiheit gebracht, die als eine ständige Bedrohung des Ichs empfunden werden kann, falls dieses nicht genügend Stärke beweist, um sich der Unzahl neuer Möglichkeiten zu erwehren. Die Flucht vor den Gefühlen ist also nicht nur eine Konsequenz der erlebten Misserfolge, sondern erklärt sich auch aus der Tatsache, dass die Individuen ihre innersten Triebe manchmal als bedrohlich empfinden:

Aus Angst vor einer Beziehung, die zu hohe Ansprüche an sie stellen und ihre Schwächen aufdecken könnte, und innerlich überzeugt, dass ihre Wünsche nicht durch eine Liebesbeziehung zu erfüllen sind, ziehen sie die Vermeidung vor. Bisweilen auf radikale Weise, wie Florian:

> Ich würde gern zu nichts werden, mich auslöschen, mein gesamtes Äußeres verschwinden lassen, den anderen jeden Zugriff auf mich verwehren und mich ganz auf mein Inneres konzentrieren. Es hätte mir gefallen, Leuchtturmwärter zu sein, mich nicht durch flüchtige, oberflächliche Dinge ablenken zu lassen, lesen, nachdenken, das Meer betrachten zu können und nicht diesen Zerstreuungen zu verfallen, die einen völlig von sich abbringen.

Sicher sind wir im Prinzip heute freier, aber zugleich auch verwundbarer und einsamer. Denn sind wir nicht von einer brutalen Unterwerfung – der des Patriarchats, das Frauen wie Männer einander entfremdete – in eine andere, diffusere Unterwerfung geraten, die der Ware und des Wettbewerbs, deren Überwindung fast ebenso schwierig ist? In gewisser Weise entspricht dies der erstaunlichen Vorausahnung des deutschen Soziologen Ferdinand Tönnies (1855 bis 1936), der bereits 1887 prophezeite, dass die zukünftige Gesellschaft wirtschaftlich effektiver, aber psychisch deprimierend sein werde:[1] Seiner Ansicht nach würden die individuellen, auf Blutsverwandtschaft, Zuneigung, Achtung und Furcht gegründeten Bindungen der traditionellen Gesellschaft in der modernen Gesellschaft durch rationale, auf Vertrag und Interessen basierende Bindungen ersetzt werden.

Und in der Tat, je mehr Einfluss die Leistungsgesellschaft auf das Geschick jedes Einzelnen nimmt, desto mehr verlieren manche Menschen den Mut: «Wozu noch weitermachen?» Die Folge ist oftmals der Verlust jeglichen Verlangens, ja eine gewisse Verzweiflung, wie Thomas, 28, Graphiker mit Zeitvertrag, es hier ohne Umschweife ausdrückt:

> Ich bin in einem System gefangen, in dem kein Platz für meine Besorgnisse ist. Ich bin zum Roboter geworden: Ich arbeite, gehe nach Hause, konsumiere ein wenig… Da ich kein Geld habe, um auszugehen, ruft

mich auch niemand an. Aber ich habe ohnehin keine Lust, jemanden zu sehen, ich habe nicht mal mehr Lust auf Sex, keine sexuellen Fantasien, ich verliebe mich nicht mehr, wenn ich Frauen kennenlerne. Wenn ich keine Arbeit mehr habe und mein Gefühlsleben zu Ende ist, wozu bin ich dann noch da?

Aber es gibt auch viele andere, die nicht so verzweifelt sind: In allen Generationen gibt es Menschen, die – ob aus Müdigkeit oder weil sie niemandem mehr etwas beweisen müssen – sich dem Spiel der gegenseitigen Anerkennung in unserer Welt des Wettbewerbs verweigern und aus den Machtkämpfen um den Platz des Stärksten, Schönsten und Reichsten entschlossen heraushalten.

Natürlich zeugt es von Stärke, nicht davon abzuhängen, was die anderen über einen denken mögen, aber es ist nicht leicht, diese Position zu halten. Und das umso weniger, als die traditionellen Räume der Geselligkeit immer seltener werden. Dagegen wächst das Misstrauen gegenüber der Pseudoverbundenheit, zu der die großen Firmen ihr Personal mit kernigen Parolen und Großveranstaltungen, die die Angestellten einander näherbringen sollen, zu ermuntern versuchen; wie man auch, mit ebenso großer Berechtigung, den Politikern misstraut, die alle mehr oder weniger das Gleiche anbieten oder unsere Wünsche mit völlig irrealen Vorschlägen erfüllen wollen.

Selbst wenn, mehr oder weniger sichtbar, in der Stadt wie auf dem Land neue Formen des Zusammenlebens gefunden werden, ist doch eine allgemeine, deutliche Tendenz zur Abkehr von den herkömmlichen Institutionen und Kollektiven zu beobachten, und das in den meisten Gesellschaftsschichten – außer vielleicht im Großbürgertum, in dem eine feste Tradition endogamer Fortpflanzung weiter besteht.

Aber in der Mittel- und der Unterschicht schließen sich insbesondere die Jüngeren häufig nach ihren Affinitäten zusammen: Viele haben einen eng begrenzten Bekanntenkreis, wollen sich nicht binden und akzeptieren nur selten Beziehungen, die über alle Herkunftsunterschiede hinweg eine echte Solidarität zwischen Männern und Frauen erlauben. Unsere Gesellschaft besteht mehr und mehr aus isolierten Individuen, die sich, je nach Interesse und Affinität, dieser oder jener Gruppe ihrer Wahl anschließen, wobei auch eine gewisse Willkür herrscht, wie Jeff, 34, Lehrer, erklärt:

> Wir teilen mit den anderen nur einzelne Bereiche unserer Interessen. Da dies zwangsläufig unvollkommen und nicht zu ändern ist, ist keine Beziehung besser oder wichtiger als die andere. Man kann jederzeit mit verschiedenen Personen sehr intensive Erfahrungen in einzelnen Dingen machen. Warum sollte man sich da mit den Fehlern von X oder den Schwächen von Y herumschlagen?

Mit anderen Worten: Warum sollte man sich da noch dauerhaft engagieren, sei es in einer Liebesbeziehung oder für eine soziale oder politische Sache? Diese Unter-Ideologie der Leidenschaftslosigkeit, die die meisten modernen Gesellschaften durchzieht, bleibt indessen eine «schwache Ideologie», konturenlos und vermutlich von kurzer Dauer (in dem Sinne, dass sie eine neue Zeit ankündigt): Bei Weitem nicht so normativ wie die Ideologien von einst, bewirkt sie sowohl die provisorischen Bindungen – die der «zeitlich befristeten Beziehungen» und die der kurzlebigen kollektiven Proteste gegen die Skandale der jeweiligen Zeit – als auch das radikale Desengagement auf individueller oder gesellschaftlicher Ebene. In dieser allgemeinen Verwirrung unserer Zeit, die wir zu begreifen und zu bewältigen haben, ist wohl eine der erstaunlichsten, von mir bisher nur am Rande erwähnten Äußerungen die des Lebens ohne Sex.

11 Das Leben ohne Sex

«Die Liebe ist in dem Sinne obszön,
als sie das Sexuelle durch das Gefühlsmäßige ersetzt.»
Roland Barthes,
Fragmente einer Sprache der Liebe

Die sexuelle Abstinenz kann das Ergebnis einer Entscheidung, mangelnder Libido oder des Fehlens eines Partners sein. Wie wir gesehen haben, bringt uns unser Leben mit großer Wahrscheinlichkeit immer mehr Zeiten der Einsamkeit und folglich der Enthaltsamkeit. Damit werden wir uns abfinden müssen.

Ist Sexualität unverzichtbar?

Unsere Gesellschaft ist stark sexualisiert, und Sex ist zu einer gewöhnlichen Ware geworden. Auf Websites werden Rendezvous verkauft, Zeitschriften geben Gebrauchsanweisungen, wie man den idealen Partner findet, die Werbung preist Kleidung zum Verführen, Schönheitscremes für dauernde Attraktivität und sogar Zauberpillen zur Steigerung der sexuellen Leistung an. Der Schriftsteller Michel Houellebecq ist der Meinung, dass wir Menschen uns zusammenballen, um unsere Endlichkeit zu vergessen, denn das Leben sei nur ein Nichts. Indem wir den Sex unbegrenzt vermehren, versuchen wir die Leere aus uns zu vertreiben, aber das verschafft uns nur vorübergehend Befriedigung oder Befreiung.

Man findet in der Sexualität dasselbe anspruchsvolle Verbraucherverhalten wie auf anderen Märkten. Heutzutage muss Lust gewährleistet sein. Viagra und Cialis, Medikamente, die ursprünglich verordnet wurden, um Erektionsstörungen zu behandeln, werden jetzt benutzt, um die Angst vor ungenügender sexueller Leistung abzustellen: «Ich kriege einen Steifen, wann und wo ich will!» Der Einsatz dieser Mittel ist inzwischen so alltäglich geworden, dass 2006 in Frankreich die Tageszeitung *Le Monde* ohne ein Wort der Kritik oder Einschränkung diesen neuen sexuellen Glückspillen zwei ganze Seiten widmete[1] und eine Wochenzeitschrift das Thema sogar zu ihrer Titelseite machte. Um den Markt auszuweiten, schuf die Pharmaindustrie ein neues Symptom: die «sexuelle Dysfunktion der Frau», an der laut Angaben des medizinischen Labors, das das Äquivalent der Viagra-Pille für Frauen in den Handel zu bringen versucht, 43% aller Frauen zwischen 18 und 59 Jahren leiden.[2]

Erfüllte Sexualität ist zu einer der Normen unserer Zeit geworden und der Körper zu einer simplen Lustmaschine, deren Leistungen verbessert werden müssen. Um im Sex Höchstleistungen zu erbringen, muss man den Ratschlägen der Illustrierten folgen, Sex-Toys kaufen und nötigenfalls zu Wunderpillen greifen. Frigidität ist zu einer Krankheit der Geschlechtsorgane geworden, Impotenz zu einem Symptom, das unbedingt geheilt werden muss. Im Bett wie bei der Arbeit fühlt sich der Mann einem Leistungszwang unterworfen und fürchtet, gefeuert zu werden, wenn er sich nicht den in ihn gesetzten Erwartungen gewachsen zeigt.

Gewisse Medien, die uns mit Beiträgen zum Thema «Orgasmus ohne Grenzen» überschwemmen, beklagen im selben Atemzug die vom Sex Ausgeschlossenen und gehen sogar so weit, von «sexuellem Elend» zu sprechen. Sicher suchen uns manchmal Patienten auf, die über ihre sexuelle Frustration klagen, aber in Wahrheit ist das Problem nach wie vor die affektive Isolation. Bereits 1998 hatte Michel Houllebecq in seinem ersten Roman auf den harten Markt des Sexkonsums aufmerksam gemacht: «Ganz wie der schrankenlose wirtschaftliche Liberalismus, und aus vergleichbaren Gründen, produziert der sexuelle Liberalismus Erscheinungen absoluter Verelendung. Manche machen jeden Tag Liebe, andere fünf-, sechsmal in ihrem Leben oder niemals. Einige schlafen mit Dutzenden von Frauen, andere mit keiner einzigen … Das nennt man das Gesetz von Angebot und Nachfrage.»[3]

Sex ist zu einer Frage der Hygiene geworden: Liebe machen ist gut für die Linie, gut für die Haut … Aber mit der sexuellen Befreiung beginnt ein Nachlassen des sexuellen Begehrens offenkundig zu werden: Es gibt nichts mehr zu begehren, denn alles ist möglich. Zu viel Sex führt somit zu seiner Elimination. Immer häufiger begegnen wir Menschen, die sich den Sex abgewöhnt haben wie andere das Trinken oder das Rauchen. Heute zählt vor allem Bequemlichkeit. Sich in einem Nest einrichten, wo man alles in Reichweite zur Verfügung hat und niemanden braucht. Sich all die endlosen Bitten und Forderungen vom Leibe halten, sich aus dem Zwang des «immer mehr» lösen.

Christine, 53, hat die sexuelle Befreiung der 68er in Frauengruppen erlebt. Zu jener Zeit brauchte sie ihre sexuellen Wünsche nicht zu bremsen, sie konnte alles versuchen, Sex mit Frauen, Gruppensex. Wenn sie in die Disco ging, kam sie jedes Mal mit einem anderen Mann zurück. «Selbst wenn man vor Angst und Eifersucht fast verrückt wurde, gehörte es zum guten Ton, nicht besitzergreifend zu sein.»

Eines Tages hatte es Christine satt, immer verfügbar zu sein, und von einem Extrem ins andere verfallend, verzichtete sie auf die Sexualität: «Ich habe zwar die sexuelle Revolution mitgemacht, aber deswegen ist Sexualität für mich noch lange kein Muss.» Seit zehn Jahren hat sie keinen Geschlechtsverkehr mehr gehabt. «Ich vermisse den Sex nicht. Das Einzige, was ich vielleicht manchmal vermisse, sind zärtliche Gesten oder mit Verlangen angesehen zu werden. Von Liebe ganz zu schweigen, was das anbelangt, habe ich alle Illusionen verloren. Ich habe alles Körperliche aufgegeben, außer Tanz und Sport. Ich masturbiere nicht einmal mehr. Alles passiert in meinem Kopf. Ich habe noch mal ein Studium begonnen, ich diskutiere gern mit meinen Freunden. Ich habe mir eine Art Schutzsystem errichtet, es besteht darin, Situationen zu vermeiden, die mich aus dem Gleichgewicht bringen.»

Das Streben nach einem absoluten Glück mithilfe intensiver sexueller Befriedigung galt einmal als das oberste Ziel, aber angesichts der Überflutung unserer Gesellschaft mit Trash-Sexualität ist vielleicht nichts Begehrenswertes mehr geblieben. In einem Interview äußert sich Catherine Millet, Autorin des berühmten Bestsellers *Das sexuelle Leben der Catherine M.* (2001), wie folgt: «Je eingehender ich meinen Körper betrachte, je eingehender ich meine Handlungen betrachte, desto mehr löse ich mich von mir los.» In der Tat sind diese Ausschweifungen des Körpers ohne Gefühl, ohne Affekt. Was bleibt, ist eine mechanische Bewegung von Leibern. Ebenso sucht unsere Zeit sich des Unterschieds der Geschlechter zu entledigen, oder – wie der Schriftsteller Michel Schneider sagt – «das Weibliche und das Männliche haben sich lässig miteinander vermischt, sie wissen nicht mehr, was sie noch voneinander erwarten sollen, und tun alles, um eine geschlechtliche Begegnung zu vermeiden.»[4]

In einer Umfrage des Ipsos-Instituts vom Juni 2004 erklärten 25% der Frauen und 15% der Männer, seit mehreren Monaten praktisch keinen Geschlechtsverkehr gehabt zu haben, und 26% der Befragten sagten, dass sie das gleichgültig lasse. Der Sexualwissenschaftler Philippe Brenot schätzt, dass 50% der Ehepaare um die 60 keine sexuellen Beziehungen mehr unterhalten. Einer Studie von 1992 zufolge versicherten 6,2% der Männer und 12,4% der Frauen, niemals Geschlechtsverkehr zu haben. Laut einer anderen staatlichen «ASCF»-Untersuchung (Analyse der geschlechtlichen Verhaltensweisen in Frankreich, 1992) sind im Alter zwischen 30 und 34 Jahren 2,7% der Frauen und 1,9% der Männer und im Alter zwischen 35 und 39 Jahren 2,5% der Frauen und 2,3% der Männer sexuell inaktiv. Eine amerikanische Studie hat gezeigt, dass 2% der Erwachsenenbevölkerung noch nie Geschlechtsverkehr hatte.

Das Nachlassen des sexuellen Verlangens kann medizinische Ursachen haben; so führt eine operative Entfernung der Gebärmutter, bei der auch die Eierstöcke entfernt werden, bei fast jeder zweiten Frau infolge des plötzlich abfallenden Testosteronspiegels zu einem völligen Verlust der Libido. Heute ist es möglich, diese hormonalen Libidomängel zu beheben, aber viele wollen das gar nicht.

Wenn das Verlangen schwindet

Die Zahlen liefern uns indessen nur ungenaue Angaben. In der Tat ist das Problem einer jungen überqualifizierten, stellungslosen Frau, die ihren Traumpartner noch nicht gefunden hat und deshalb keine Zeit mit flüchtigen Abenteuern verlieren will, ein ganz anderes als das einer Ehefrau, die, obgleich bei ihr jedes sexuelle Verlangen erloschen ist, dennoch nach außen weiterhin den Eindruck einer glücklichen Ehe aufrechterhalten will. Frauen, die seit zehn oder zwanzig Jahren keine sexuellen Beziehungen mehr hatten, sagen uns, dass sie den Geschlechtsverkehr nicht vermissen, dass ihre Sinne wie betäubt sind. Sie sehnen sich nur nach einer Beziehung von Zärtlichkeit. Die Medien verwechseln übrigens allzu oft die Einsamkeit des Herzens mit der des Körpers. So beziehen sich denn auch männliche Journalisten – wie etwa Hubert Prolongeau in *Le Nouvel Observateur* –, wenn sie anhand von Beispielen über das Leben ohne Sex reden, eher auf die Einsamkeit als auf den Mangel an Sex.

Männer und Frauen erleben das Fehlen sexueller Beziehungen auf unterschiedliche Weise: Wenn von Einsamkeit die Rede ist, verbinden Männer damit eher Mangel an Sex, während Frauen vor allem an das Leben in einer Beziehung denken. Laut Gérard Mermet halten 50% der Männer es für schwer erträglich, mehrere Monate lang keinen Geschlechtsverkehr zu haben, während nur 34% der Frauen dieser Meinung sind.[5] 26% der Frauen und 18% der Männer würden ohne Weiteres auf Sex verzichten. Diese Diskrepanz zwischen den Zahlen macht deutlich, dass mehr Frauen als Männer auf Sexualität verzichten. Frauen wollen Liebe, keinen Sex, aber für viele Männer funktioniert das Bekunden der Liebe über Sex. Nur 23% derer, denen es gleichgültig ist, auf Sex zu verzichten, versichern, erleichtert zu sein, keinen Sex mehr haben zu müssen.

Unter denen, die an Sexmangel leiden, befinden sich auch verklemmte Ledige, die nur mit Urlaubsbekanntschaften Liebe machen. Und dann gibt es noch diejenigen, die von ihren Partnern vergessen oder abgelehnt werden und nicht mehr die Kraft aufbringen, die Beziehung zu beenden oder sich jemand anderen zu suchen. Das sagt auch Christine:

> Wer macht noch eine Frau in meinem Alter an? Ich verbinde Sexualität zu sehr mit Ästhetik. Ich kann mir nur schwer vorstellen, dass alte oder hässliche Menschen Liebe machen. Wenn ich morgens verschwollene Augen habe, sage ich mir, nur gut, dass mich kein Mann so sieht. Für mich muss beim Sex eine Art Vollkommenheit existieren, obwohl ich mit Männern geschlafen habe, die alles andere als perfekt waren. Ich

würde eine Beziehung mit einem älteren Mann vorziehen, der dann keine negativen Bemerkungen über mein Aussehen machen kann, weil er selbst nicht mehr ganz taufrisch ist. Es ist etwas anderes, wenn man zwanzig Jahre lang mit derselben Person zusammengelebt hat. Dann sind beide Seite an Seite gealtert. Man ist dann nachsichtiger, was mit der Zärtlichkeit und der gemeinsamen Vergangenheit zusammenhängt.

Mit zunehmendem Alter ist es praktisch unvermeidlich, dass die Häufigkeit der sexuellen Kontakte abnimmt. Einige wollen sich damit nicht abfinden und beschließen, einen Sexologen aufzusuchen, aber dafür müssen beide Partner den Wunsch haben, die Situation zu verbessern. Wenn die Beziehung in einer Krise steckt, können Aussöhnungen auf dem Kopfkissen stattfinden. Manche Frauen gestehen, dass sie bereit sind, Sex zu haben, obwohl sie selbst keine Lust dazu verspüren, nur um den gewalttätigen Partner zu besänftigen. Bei Frauen entsteht das Verlangen gewöhnlich aus einer Harmonie in der Beziehung, während für viele Männer die Annäherung nur über den Geschlechtsakt erfolgen kann.

Wer ein regelmäßiges Geschlechtsleben gewohnt ist, leidet nach einer Trennung unter dem affektiven und sexuellen Mangel; aber nach einer Weile beruhigen sich im Prinzip die Sinne, denn je seltener man Liebe macht, desto weniger verspürt man das Verlangen danach. Christine fügt hinzu:

Mit meinen 53 Jahren bin ich der Meinung, dass es für mich kein Leben in einer Beziehung mehr gibt. Auf sexueller Ebene bin ich von der Fülle ins Nichts gewechselt. Als ich jung war, hatte ich eine Menge Abenteuer, ich liebte es, zu gefallen und zu verführen, aber wenn ich es mir recht überlege, war Sex für mich nie ein besonderes Vergnügen. Habe ich mich vielleicht zu oft mit Leuten eingelassen, die mich gar nicht interessierten? Jetzt fühle ich mich von all dem weit weg, obwohl ich noch manchmal davon träume oder es in meinen Fantasien nacherlebe. Heute habe ich keine Lust mehr, mich zu zwingen, aber ich traue mich nicht, es groß zu sagen, denn ich habe manchmal den Eindruck, die Einzige zu sein, die Sex nicht super findet. Wenn man kein Sexualleben mehr hat, ist es, als wäre man arbeitslos: Hat man einmal damit aufgehört, ist es sehr schwer, sich erneut daranzumachen. Ich habe Angst, ein neues Sexualleben zu beginnen, denn ich habe das Gefühl, dass ich nicht dazu in der Lage sein werde.

In einer Zeit, da die Medien die flüchtigen Bekanntschaften preisen und immer mehr Ratschläge für eine Steigerung der sexuellen Lust verteilen, schwindet das sexuelle Verlangen immer mehr dahin, und wir erleben mit, wie erstmals Pathologien sexueller Insuffizienz auftauchen. Einige Männer sind beunruhigt; überall verlangt man von ihnen, Leistung zu erbringen, und sie stellen fest, dass die Frauen genügend Eigenständigkeit besitzen, um sie zu verlassen, wenn ihnen die Beziehung nicht zusagt. Folglich fürchten sie, dass ein sexuelles Versagen sie vom Markt der Liebe ausschließt. Sie hegen die Vorstellung, dass die Frauen hauptsächlich Sex von ihnen erwarten und dass sie sie nur glücklich machen werden, wenn sie im Bett ihren Erwartungen entsprechen. Christian, 62, sagt hierzu:

> Was Sex betrifft, herrscht bei mir Ebbe, und so wird es wohl auch bleiben. Ich habe kein Sexualleben mehr, aber der Sex sucht mich in meinen Träumen heim. Kann man sexuelles Verlangen haben, wenn man nicht stolz auf sich ist? Womit kann man ab einem gewissen Alter denn noch aufwarten? Mit über 60 hat man auf sexueller Ebene weniger zu bieten als früher.

Manche Männer haben die Fantasie, dass der sexuelle Appetit der Frauen unersättlich sei, da sie fähig sind, mehrere Orgasmen hintereinander zu haben. Wenn man jedoch die Frauen anhört, wird offensichtlich, dass ihre Ansprüche nicht in diese Richtung gehen. Sie erwarten viel von einem Mann, zu viel vermutlich, aber nur wenn der Mann im alltäglichen Leben enttäuscht, nur wenn die traditionelle Rollenverteilung nicht überwunden wird, erwarten sie, dass der Mann seine Unzulänglichkeiten im Bett wettmacht.

Das Vergnügen am Sex verdeckt kaum die panische Angst vor Gefühlen, und unsere Patienten klagen vor allem über einen Mangel an Nähe, an Beziehung, über einen Mangel an Wärme und Zärtlichkeit. Sie suchen einen Gefährten; alles deutet darauf hin, dass sie sich mit einer in sexueller Hinsicht armen Beziehung abfinden würden, sofern sie ihnen nur Zärtlichkeit und Geborgenheit bringt. Für die Frauen sind die sogenannten sexuellen Beziehungen vor allem mit Gefühlen verbunden, und in der Therapie reden sie, im Gegensatz zu den Männern, kaum über Sex.

Bernhard und Lise sind seit 30 Jahren verheiratet und haben zwei Kinder. Von Anfang an war das Sexualleben nicht die Stärke ihrer Ehe. Bernhard leidet an vorzeitigem Samenerguss, und Lise ist eher eine Familienmutter als eine feurige Geliebte. Dennoch ist ihre Ehe stabil, und sie hängen sehr aneinander. Während eines von seiner Firma vorgeschlagenen Lehrgangs für Persönlichkeitsentwicklung wird Bernhard aufgefordert, sich fallen zu lassen, neue Formen der Entfaltung auszuprobieren, was dazu führt, dass er mit einer wesentlich jüngeren Frau ein leidenschaftliches Verhältnis beginnt. Das ist zu viel für ihn, er verfällt in tiefe Depressionen, die einen Aufenthalt in einer psychiatrischen Klinik notwendig machen.

Nach seiner Entlassung zieht Bernhard Bilanz: «Ich bin nicht für große Leidenschaften und Ausschweifungen geschaffen. Meine Frau und ich sind unvollkommen: Ich bin kein großartiger Liebhaber, und sie hat Komplexe wegen ihrer Figur und ihres Übergewichts. Darauf beruht unser Gleichgewicht.»

Die Forderung nach Asexualität

Die sexuelle Enthaltsamkeit gewinnt an Boden, und diejenigen, die keinen Sex praktizieren, beginnen, es alle Welt wissen zu lassen. Schon 2001 eröffnete der 23-jährige Amerikaner David Jay die Website AVEN (Asexual Visibility and Education Network[6]), um die *A-pride-attitude* (die Haltung asexuellen Stolzes) zu verfechten und laut kundzutun, was viele nur im Geheimen, in Schuld und Leiden erleben. Es handelt sich dabei keineswegs um eine puritanische oder religiöse Bewegung, im Gegenteil, diese Gruppe sucht sich von einer neuen Moral der Abstinenz abzugrenzen, die seit den 90er-Jahren in den USA wütet, mit dem Ziel, die Jugend zu kontrollieren, um die Ausbreitung von Aids und anderen sexuell übertragbaren Krankheiten sowie Schwangerschaften unverheirateter junger Mädchen zu verhindern. Vereinigungen wie True Love Waits (Wahre Liebe wartet) machen auf diese Weise an den Universitäten Propaganda für die Keuschheit; und 2,4 Millionen Jugendliche sind der Baptistenkirche beigetreten, um jungfräulich in die Ehe zu gelangen.

Den Asexuellen hingegen geht es nicht um Keuschheit oder Reinheit, sondern sie beanspruchen für sich einfach ein Desinteresse an Sex. Männer und Frauen sind bereit, den Geschlechtsakt gegen ein gutes Buch einzutauschen, und teilen damit die Ansicht der weiblichen Person, die, von der Comiczeichnerin Maïtena auf einer spanischen Werbeplastiktüte dargestellt, verkündet: «*Lo mejor que me he llevado a la cama últimamente... lo encontré en la Fnac!*» (Das Beste, was ich in letzter Zeit im Bett hatte, habe ich in der Fnac-Buchhandlung gefunden!).

Diejenigen, die die Asexualität praktizieren, glauben, dass das Sexualleben unwesentlich sei. Warum sollte die Gesellschaft jemandem, der sich mit einem Leben ohne Sex abfindet, eine Norm aufzwingen, die ihm nicht zusagt? Unter den Asexuellen gibt es einige, die noch nie das Bedürfnis gehabt haben, sich anderen zu nähern, und sich als Einzelgänger bezeichnen. Andere haben ein Leben mit vielen Freundschaften und Beziehungen, aber keine Lust, den «Schritt zum Geschlechtsakt» zu machen, weniger aus einer Entscheidung heraus als aufgrund eines Mangels an Verlangen.

Wie die Homosexualität noch bis vor nicht allzu langer Zeit in psychiatrischen Leitfäden unter den Perversionen aufgeführt war, wird auch die Entscheidung, keinen Geschlechtsverkehr mehr zu haben, derzeit noch als Merkwürdigkeit, ja als eine Pathologie betrachtet. Solange die Zeitschriften uns aufrufen, Sex wie Mode zu konsumieren, kann der Mangel an Verlangen nur als emotionale Funktionsstörung, als eine Art Gefühlskälte gesehen werden. Genau dieser Stempel der Anormalität ist es übrigens, der diejenigen, die enthaltsam bleiben wollen, dazu veranlasst, ihre Haltung vor ihrer Umgebung zu verbergen, wie im Fall von Isabelle, 54, Führungskraft:

> Mir ist bewusst, dass ich eine recht attraktive Frau bin, aber die Männer, denen ich bisher begegnet bin, haben mich enttäuscht, und ich habe keine Lust, noch mehr oberflächliche Abenteuer zu erleben. Mein Berufsleben ist sehr aktiv und bringt es mit sich, dass ich häufig abends ausgehe und viel reise, und wenn ich nach meinem Liebesleben gefragt werde, lasse ich die Antwort offen. Niemand kann sich vorstellen, dass ich seit fast sechs Jahren keinen Geschlechtsverkehr mehr hatte.

Einige erklären, dass sie sich von der Bürde übermächtiger sexueller Triebe befreit fühlen. Sie entscheiden sich für die Sublimierung, das heißt, sie verlagern ihre Libido in eine geistige, künstlerische oder berufliche Tätigkeit. Die Sublimierung beinhaltet zwar einen gewissen Verzicht auf das Triebhafte, aber die Entscheidung bringt auch Vorteile, wie die kanadische Historikerin Élisabeth Abbott erklärt: «Die Nachteile, die mit dem Nichtvorhandensein eines Sexuallebens verbunden sind, werden durch eine größere Verfügbarkeit und ein neues Wohlbefinden ausgeglichen.»[7] Von da an entwickeln alle anderen Sinnesfreuden eine besondere Intensität, eine ganz neue Welt eröffnet sich, in der das Gefühl, man selbst zu sein, besonders stark ist und wo die libidinöse Energie auf die Natur, die Freundschaft und die Kreativität gerichtet ist. Diese Personen wollen keine Zeit mit Beziehungen verlieren, die ihnen nichts bringen. Sie gleichen das Fehlen sexueller Beziehungen durch ein reicheres Innenleben aus.

Andere sehen die Enthaltsamkeit in engem Zusammenhang mit der Anorexie: Sie sei eine Verteidigungsreaktion, eine Haltung im Sinne der antiglobalen Bewegung, die das Konsumdenken verurteile. Wenn man ganz von sich selbst erfüllt ist, bleibt kein Platz mehr für das Verlangen. Erinnert das nicht an die Hilflosigkeit vor dem Leben, wie sie Alain Ehrenberg beschreibt,[8] angesichts des Erfolgszwangs auf allen Gebieten? Die Frauen verlieren auch deswegen immer mehr Interesse an Sex, weil dies der bevorzugte Bereich war, in dem sie von den Männern unterworfen wurden, und weil sie der Meinung sind, dass gewisse Männer den Sex weiterhin als Machtinstrument einsetzen.

In der Paarbeziehung spielt Sex eine viel geringere Rolle als allgemein angenommen. Übrigens ist eine neue Bewegung der Ehe ohne sexuelle Aktivität im Kommen, die die Kirche als josephsche oder «eheliche Keuschheit» bezeichnet. Es handelt sich um ein Eheleben, das sich auf die Treue, die Achtung vor dem anderen, eine intensive Liebe und in sehr geringem Maße auf die Sexualität gründet. Diese Paare haben ihre Libido in einen anderen Bereich verlagert und führen bei einer äußerst niedrigen, ja gegen null tendierenden Frequenz des Geschlechtsverkehrs eine harmonische Ehe. Sie prangern die machistische Haltung der Männer an, die die Frauen nur benutzen, um das eigene sexuelle Verlangen brutal zu befriedigen. Sie wollen dem Verlangen seinen einstigen Stellenwert zurückgeben. In einer von Verlangen geprägten Beziehung, die ein Individuum mit seinem Partner eingeht, gibt es nicht nur Sex, sondern auch nicht-sexuelle Liebe und eine Nähe, die man als sozial bezeichnen könnte. Die Beherrschung der Exzesse des Trieblebens wird folglich als etwas wahrgenommen, das von Reinheit, Edelmut und Erhabenheit zeugt.

Im Grunde hat diese Art der Paarbeziehung schon immer existiert, zum Beispiel nach einer durch eine Midlife-Crisis ausgelöste Ehekrise, aber neu daran ist, dass diese Entscheidung heute bei jungen Paaren um die dreißig zu beobachten ist. Sex ist für sie eine zweitrangige Aktivität, sie ziehen es vor, sich in ihrem Berufsleben oder in der Militanz für eine Sache zu entfalten.

Asexualität ist keine Neurose

Ist die Asexualität eine sexuelle Ausrichtung so wie die Hetero-, die Homo- und die Bisexualität? Oder ist sie eine Verdrängung des sexuellen Triebs? Die Forscher haben erst seit Kurzem damit begonnen, sich für diese Frage zu interessieren. Als wären die Begriffe «Asexualität» oder «sexuelle Inaktivität» bis dahin nicht in den Forschungsprogrammen vorgesehen gewesen. Dennoch haben in den Neunzigerjahren amerikanische Teams gezeigt, dass, wenn man junge, gerade geschlechtsreif gewordene Widder 18-mal in Folge jeweils einzeln mit weiblichen Schafen in einer Koppel einschließt, 10% von ihnen keine Reaktion zeigen. Wenn man sie danach mit männlichen und weiblichen Tieren zusammenbringt, zeigen 2 bis 3% von ihnen keinerlei Interesse, weder für die Männchen noch für die Weibchen. Das entspricht mehr oder weniger den Anteilen der Asexuellen unter den Menschen.

Wie dem auch sei, Psychoanalytiker und Sexualwissenschaftler sind besorgt. Wenn wir jedes Interesse an Sex verlieren, sollen wir laut Empfehlung der Ärzte einen Spezialisten aufsuchen, damit er uns hilft, das «Problem» zu lösen. Sie glauben, die Sexualität bilde den Mittelpunkt unseres Daseins und ihr Fehlen werde zwangsläufig unbewusste Frustrationen erzeugen, die sich negativ auf unser seelisches Leben auswirken könnten. Folglich verordnen sie Therapien, um die versagenden sexuellen Mechanismen instand zu setzen und das Verlangen wieder in Gang zu bringen.

Sigmund Freud war derjenige, der die Vorstellung einführte, dass eine neurotische Person an einer Störung seiner sexuellen Entfaltung leide. Daraus folgte, dass eine glückliche und gesunde Person ein befriedigendes Sexualleben haben müsse. Auf die Frage, was eine gute psychische Gesundheit ausmache, antwortete Freud: die Fähigkeit zu lieben und zu arbeiten. Für ihn war die Heilung einer Neurose an die Fähigkeit gebunden, den Orgasmus zu erlangen. Dabei stellte er sich jedoch nicht die Frage nach dem Partner und der Beziehung insgesamt. Seiner Lehre folgend, behaupten die meisten Psychoanalytiker, indem sie zwischenmenschliche Beziehungen mit sexuellen Beziehungen gleichsetzen, dass die Neurose für die Unfähigkeit stehe, befriedigende menschliche Beziehungen aufzubauen. Indem sie den sexuellen Beziehungen so große Bedeutung beimessen, vernachlässigen sie andere, ebenso richtige und wichtige Möglichkeiten, zu einer persönlichen Entfaltung zu gelangen. Die Libido besteht nicht ausschließlich aus sexuellen Trieben, sie ist auch eine Energie und Kraft, die sublimiert werden kann und sich in eine soziale Kraft umzuwandeln vermag.

Manche Ärzte beziehen sich auf biologische Konstanten wie den Testosteronspiegel oder den Dopaminspiegel im Gehirn, um das fehlende sexuelle Verlangen zu erklären. Aber die Asexuellen sind im Gegensatz zu den sexuell Frustrierten nicht deprimiert, sie gehen gern aus, treffen sich gern mit Freunden, lachen gern, trinken gern einen guten Wein und schätzen gutes Essen. Das Problem liegt also woanders.

Das gemeinsame Merkmal all derer, die sich zum Verzicht auf die Sexualität entschlossen haben, ist der Wille, sich nicht zu zerstreuen, nicht länger an dem Spiel der flüchtigen Dates und dem Lustzwang unserer Gesellschaft teilzunehmen. Es handelt sich dabei weniger um die Ablehnung von Sex als vielmehr um die Ablehnung oberflächlicher Bekanntschaften. Es ist also falsch zu behaupten, das Verlangen existiere nicht, es ist einfach nicht mehr da, wo wir es erwarten. Weshalb sollte man die kritisieren, die diese private Entscheidung getroffen haben? Welchen Schaden könnten sie für die

Gesellschaft bedeuten, solange die Geburtenrate in Frankreich nicht sinkt?

In derselben Weise müssen wir unsere noch allzu häufig negativen Vorurteile in Bezug auf die Einsamkeit überdenken. Das Alleinsein ist bei Weitem nicht immer das Symptom für eine Charakterstörung, sondern kann im Gegenteil – immer häufiger übrigens – auf eine reiche Persönlichkeit hindeuten.

12 Die Fähigkeit, allein zu sein

«Ich bin nie allein mit meiner Einsamkeit.»
Georges Moustaki

Die Fähigkeit, allein zu bleiben, ist eine wertvolle Hilfe, die es einem gestattet, mit seinen innersten Gefühlen in Verbindung zu treten, seine kreative Vorstellungskraft zu entwickeln und einen Verlust leichter zu ertragen. Diese Fähigkeit wird in der Kindheit erworben. Während der ersten Lebensmonate und des Kleinkindalters ist die enge Bindung an die Mutter oder eine stellvertretende Person für das Überleben des Kindes wesentlich. John Bowlby, Psychoanalytiker an der Tavistock Clinic London, entwickelte anhand der Beobachtung von Kindern, die durch den Krieg von ihrer Mutter getrennt worden waren, in den Sechzigerjahren seine «Bindungstheorie». Er gelangte zu dem Schluss, dass die Kinder vor allem Nahrung und Wärme benötigen. Beides wird ihnen am Anfang von der Mutter geliefert, und fehlt diese, binden sie sich an eine Ersatzmutter.

In der Folge bestätigte der amerikanische Psychoanalytiker René Spitz diese Hypothese mithilfe von Experimenten an Affen. Dabei wurden Affenbabys durch zwei Arten von «Ersatzmüttern» ernährt, künstliche mit einem Nahrungsspender versehene Gebilde: Die einen, aus starrem Eisendraht, lieferten eine reichhaltige Nahrung; die anderen, aus weichem Samt, gaben eine nährstoffärmere Milch. Am besten entwickelten sich die Affenkinder, die eine weiche, flauschige Mutter hatten, obwohl sie von ihr schlechter ernährt wurden.

Das unentbehrliche Erlernen des Alleinseins in der Kindheit

Die Psychoanalytiker, insbesondere die der englischen Schule des 20. Jahrhunderts, haben sich mit der Erfahrung der Trennung beschäftigt. Der englische Psychiater Donald W. Winnicott betrachtete die Fähigkeit zum Alleinsein im Beisein der Mutter als ein wichtiges Zeichen der Reife in der affektiven Entwicklung: «Ich versuche, das Paradox zu rechtfertigen, dem zufolge die Fähigkeit zum Alleinsein auf der Erfahrung beruht, in Anwesenheit einer anderen Person allein zu sein, und sich nicht entwickeln kann, wenn diese Erfahrung nicht oft genug wiederholt wird. Nur wenn das Baby allein ist (d. h. allein im Beisein eines anderen), vermag es sein eigenes Leben zu entdecken.»[1]

Später verspürt ein Kind, das sich der Verfügbarkeit der Mutter sicher ist, das Verlangen, seine unmittelbare Umgebung zu erkunden und sich anderen Kindern zu nähern. Diejenigen, die das Glück hatten, eine Mutter zu haben, die präsent genug war, aber es zugleich verstand, zwischendurch abwesend zu sein, werden später das Alleinsein ohne Angst ertragen. In *Jenseits des Lustprinzips* (1920) berichtet Freud, dass er seinen achtzehn Monate alten Enkel dabei beobachtet hatte, wie er mit einer Garnrolle spielte, die er weit von sich wegschleuderte und dabei «Fort!» rief. Dann ließ er die Rolle, die unter dem Sofa verschwunden war, wieder zum Vorschein kommen, indem er sie am Faden zu sich heranzog, und sagte: «Da!» Freud begriff, dass das Kind anhand der Garnrolle, die sich entfernt, verschwindet und wieder auftaucht, die Abwesenheit zu beherrschen lernt: «Mama geht fort, sie fehlt mir, aber sie wird zurückkommen.»

Wenn dieser Lernprozess nicht stattfindet, etwa aufgrund eines Traumas oder einer zu großen Zerbrechlichkeit des Ichs, führt dies bei jeder Trennung zur Verzweiflung und hat oft auch im Erwachsenenalter ernste Folgen für die Fähigkeit zu lieben, wie Bertrand, 42, bezeugt:

Auf mir lastet der Schatten meiner Eltern und hindert mich daran zu lieben. Der Liebesmangel meiner Kindheit findet sich in meinem heutigen

Liebesmangel wieder. Es ist, als hätte man von Anfang an nicht den nötigen Schwung erhalten.

Unser Verhalten gegenüber dem durch äußere Lebensumstände aufgezwungenen Alleinsein ist also an den Lernprozess gekoppelt, den man diesbezüglich in der Kindheit durchgemacht hat. Wenn man nicht schon als Kind darauf vorbereitet wurde und eines Tages infolge einer Trennung, eines Trauerfalls oder eines beruflichen Wechsels plötzlich allein dasteht, wird man den Trennungsschmerz mit dem Alleinsein verwechseln. Doch schmerzlich ist die Abwesenheit des geliebten Menschen, nicht die Einsamkeit. Wenn wir diese schwer ertragen, dann unter anderem deshalb, weil wir in der Vorstellung erzogen wurden, dass wir nur durch den Blick der anderen existieren, dass affektives Glück allein an die Präsenz des anderen gebunden ist.

So gibt es Mütter, die ihr Kind völlig vereinnahmen, seinen gesamten seelischen Raum ausfüllen und ihm niemals die Gelegenheit geben, das Alleinsein zu lernen. Da sie selbst Schwierigkeiten haben, allein zu sein, bekommen sie Angst, wenn sie ein Kind sehen, das allein ist, denn sie verwechseln Einsamkeit und Traurigkeit. Diese Personen geraten auch in Angst, wenn ein anderer schweigt: «Sag doch etwas!» Sie empfinden jede Art von Stille als feindselig, Pausen müssen ausgefüllt werden, es muss immer geredet werden, egal, worüber. Um den negativen Charakter auszugleichen, den sie dem Alleinsein zuschreiben, füllen sie es mit Aktivitäten, mit Nähe zu anderen an, selbst wenn dies nur auf recht künstlichem Wege zu erreichen ist. Sie müssen ständig an dem anderen kleben, denn sie haben das Gefühl, dass die Liebesbindung ohne diesen Kontakt zerbricht.

Diese Personen verwechseln Liebe mit Abhängigkeit. Sie können nicht ohne den anderen sein, verlangen ständig nach seiner Anwesenheit und geben so ihre Freiheit und die des anderen auf. Doch gilt die altbekannte Feststellung: Liebe benötigt Abstand. Wenn man sich zu nahe ist, sieht man den anderen nicht mehr. Die Kinder müssen lernen, dass Liebe nicht gleichbedeutend ist mit Abhängigkeit, sie müssen lernen, in Anwesenheit eines anderen für sich zu sein, zu spielen oder zu zeichnen, während die Mutter kocht; sie

müssen lernen, der Liebe des anderen zu vertrauen, ohne ständig zu
überprüfen, ob er noch da ist.

«Ihr müsst eure Einsamkeit lieben»

Um eine gewisse Selbstachtung zu besitzen, muss man das Gefühl
haben, um seiner selbst willen geliebt zu werden und nicht nur aufgrund sexueller Beziehungen. Wer nicht aus sich selbst heraus existiert, leidet viel mehr unter Alleinsein und Isolation, denn sie kon-
frontieren ihn mit seiner inneren Leere. Die Einsamkeit akzeptieren
heißt, nicht länger vom Blick des anderen abzuhängen und die Verantwortung zu übernehmen für das, was man ist, das heißt für das,
wozu man dank seiner selbst imstande ist – mit anderen Worten,
sich auf sich selbst zu verlassen und nicht auf die anderen. Schon
Montaigne empfahl, sich von der Vereinnahmung der anderen loszumachen: «Sorgen wir dafür, dass unsere Zufriedenheit von uns
abhängt, machen wir uns von den Bindungen an die anderen los,
überwinden wir uns, um ganz bewusst allein zu leben und so, wie
es uns beliebt.» Was Rousseau bestätigte: «Jede Anhänglichkeit ist
ein Zeichen von Unzulänglichkeit: Wenn nicht ein jeder der anderen bedürfte, würde kaum jemand daran denken, sich mit ihnen zusammenzutun.»
   Die Fähigkeit, allein zu sein, erlaubt es einem, sich zu behaupten,
also sich selbst genügend zu gefallen, um nicht länger von dem anderen und seinem Urteil abzuhängen; sich nicht länger darum zu sorgen, was er denken mag, und in ihm keinen Rivalen, sondern einen
Weggefährten zu sehen. Um eine entwicklungsfähige und glückliche Beziehung mit einem Partner zu haben, ist es also wichtig, genügend Abstand zu halten und nicht in eine Symbiose zu verfallen.
Niemand kann an unserer Stelle leben, lieben oder leiden. Wir können den anderen allenfalls unterstützen und an seinem Leiden Anteil nehmen. Den anderen achten bedeutet, seine Identität und sein
psychisches Territorium zu achten.
   Indem man akzeptiert, bis an die Grenzen seiner Einsamkeit
zu gehen, kann man seine persönlichen Ressourcen erforschen,
denn Eigenständigkeit und Selbstachtung erlernt man anhand

von Problemen im Zusammenhang mit dem Alleinsein. Claudia, 50:

> Ich leide nicht unter dem Alleinsein als solchem, eher unter dem Mangel an anregenden Kontakten. Ich finde es nicht schlimm, abends allein zu sein und mir etwas zum Essen zu machen.

Man muss also eine gewisse Eigenständigkeit erlangen, die Fähigkeit, nicht ausschließlich mithilfe der anderen zu leben, ja man muss sogar in der Lage sein, mehr an seiner Freiheit festzuhalten als an der Begegnung mit den anderen. Diese entschlossene, aber nicht immer leicht zu lebende Position vertritt Christian, 62:

> Meine Lebensregel ist seit je die «Nichtzugehörigkeit» gewesen, ich gehörte keiner Familie, keinem Klan, keiner Gruppe an. Ich wollte nie ein Modell, ich hatte nie einen festen Bekanntenkreis. Ich hatte immer Angst, dass man mich zwingen wolle, ein anderer zu sein. Ich habe mir meinem Weg immer als Einzelgänger gesucht. Beim Militär bin ich fast wahnsinnig geworden. Später, wenn eine Frau mir zu herrschsüchtig wurde, habe ich jedes Mal gewalttätig reagiert und das Weite gesucht. Aber die Gesellschaft zahlt einem die Nichtzugehörigkeit irgendwann heim.

Um bei einem Kind die Entwicklung der Fantasie und des Vorstellungsvermögens zu fördern, muss man ihm genügend Raum und Zeit lassen, sich zu isolieren. Bertrand, 42, erinnert sich:

> Als ich klein war, nahm mein Vater, der die ganze Woche über schwer arbeitete, am Sonntagmorgen seine kleine Familie mit zum Angeln. Ich hasste den Gedanken, frühmorgens aufs Land zu fahren, wo alles feucht war, und dann zu warten, bis vielleicht mal ein Fisch anbiss. Überhaupt ekelte mich der Geruch der Süßwasserfische zutiefst an. Sobald wir dort ankamen, ließ sich mein Vater am Ufer nieder, und ich begab mich auf die Suche nach einem bequemen Ort in der Nähe, wohin ich mich mit meinen Büchern und Träumereien zurückziehen konnte. Ich kapselte mich ab, das war meine Art zu schmollen.
> Es gab eine Stelle, die ich besonders gern aufsuchte, einen Baum, der sich weit über den Fluss neigte und voller Geäst war. Wie ein Bett mit einem Baldachin, das über dem Wasser schwebte. Durch das dichte Blattwerk sah ich meine Eltern, ohne selbst gesehen zu werden, und konnte so die Welt beherrschen. Seit der Zeit suche ich mir jedes Mal, wenn ich neue Kraft schöpfen muss, einen Fluss, der so ähnlich ist wie jener.

Die Fähigkeit, allein zu sein, findet sich oft bei starken Persönlichkeiten, deren Charakter bereits in der Jugend gefestigt wurde, oder aber sie wurde durch die äußeren Lebensumstände erzwungen, dann akzeptiert und assimiliert, um am Ende manchmal sogar als bewusst gewählte Option beansprucht zu werden: Diese Personen haben dann in der Einsamkeit eine Freiheit gefunden, auf die sie schwer verzichten können.

Die Erfahrungen mit dem Alleinsein sind auch Erfahrungen mit Lernprozessen. Die positive Haltung gegenüber der Einsamkeit stellt eine wichtige Etappe im Reifeprozess dar. Erst dadurch wird es möglich, unsere eigenen inneren Dimensionen zu ergründen und uns der Kreativität zu öffnen, denn wenn man allein ist, tritt jedes Gefühl, jeder Gedanke eindringlicher und schärfer hervor. Rainer Maria Rilke suchte einem jungen Dichter Folgendes zu vermitteln: «Darum, lieber Herr, lieben Sie Ihre Einsamkeit, und tragen Sie den Schmerz, den sie Ihnen verursacht, mit schön klingender Klage. (…) Was nottut, ist doch nur dieses: Einsamkeit, große innere Einsamkeit. Insich-Gehen und stundenlang niemandem begegnen – das muß man erreichen können.»[2]

In sich gehen

Leider versäumt es das heutige Bildungssystem allzu oft, die Jugendlichen auf die Eigenständigkeit vorzubereiten: Man lernt nicht, sich selbst zu genügen. In unserer Zeit entwickeln immer mehr Personen das, was die Psychiater ein «falsches Ego» nennen, das heißt eine Funktionsweise, die den Wunschvorstellungen anderer zu entsprechen sucht, statt auf die eigenen Wünsche und Gefühle zu hören. Sie sind der modernen Welt überangepasst, haben jedoch nicht die Mittel erworben, den Bruch einer Beziehung zu bewältigen.

Wer gelernt hat, allein zu sein, wird indessen die schmerzlichen Ereignisse des Lebens, Trennungen und Verluste mit wesentlich mehr Kraft überwinden können, während der, dem dieser Lernprozess fehlt, auf ein Verlassenwerden oder eine tiefe Enttäuschung viel schlechter zu reagieren vermag. Und viele haben nicht gelernt, dass der Verlust einer Liebe nicht zwangsläufig eine unabänderliche

Katastrophe bedeutet: Allein die Tatsache, diese Liebe gelebt zu haben, sollte einem im Gegenteil helfen, darüber hinwegzukommen. «Um zu leben», erklärt der Schriftsteller Christian Bobin, «muss man wenigstens einmal angesehen, wenigstens einmal geliebt und wenigstens einmal getragen worden sein. Und dann, nachdem einem das geschenkt wurde, kann man allein sein. Die Einsamkeit ist dann nie mehr etwas Schlimmes.»[3]

Sicher, wenn man gerade eine Trennung hinter sich hat, muss man zunächst von einer Beziehung Abschied nehmen oder von dem, was man für eine Liebe hielt. Aber ist dieser Schock erst einmal überwunden, kommt es oft zu einer Erneuerung, wie Jeanne, 45, bezeugt:

> Am Anfang ist die Stille geradezu ohrenbetäubend. Man kommt heim, und niemand ist zu Hause. Man findet seine leere Tasse da vor, wo man sie stehen gelassen hatte. Und dann gewöhnt man sich daran. Man kann sich im Bett ausbreiten, bis tief in die Nacht lesen, essen, rauchen, ohne dass sich jemand beklagt. Wenn man das erste Mal allein in den Urlaub fährt, ist es schrecklich, aber dann kommen die Leute auf einen zu, und man tauscht sich auf eine andere Weise aus. Das Problem liegt eher in den vorwurfsvollen Bemerkungen, die aus dem Bekanntenkreis kommen: «Du solltest versuchen, dir jemanden zu angeln!» «Du bist zu anspruchsvoll!»

Um ihre Einsamkeit auszufüllen, haben sich manche angewöhnt, im Stillen mit einem bevorzugten Gesprächspartner zu reden. Es ist selten der tägliche Partner, sondern meistens ein potenzieller Liebhaber, dem man seine Sehnsüchte, Fragen und Zweifel anvertraut. Dasselbe passiert zwischen den Sitzungen einer Psychoanalyse: «Ich werde ihm sagen …» – und selbst wenn dann in der nächsten Sitzung kein einziges Wort fällt, drückt es sich doch innerlich aus. Heutzutage führen, in Ermangelung eines Gesprächspartners, immer mehr Menschen solche stillen Selbstgespräche und nehmen sich die Zeit, ein persönliches Tagebuch zu schreiben. «Persönlich»: Dieses Wort ist wichtig, denn es geht darum, sich selbst gegenüber aufmerksam zu sein, nicht in egoistischer Weise, sondern um in sich zu gehen.

Dennoch kann eine zunächst aufgezwungene Einsamkeit sich in der Folge verschlimmern: «Da es nun einmal so ist, habe ich keine

Lust mehr, auszugehen und Leute zu treffen.» Sie bewirkt dann eine Abkapselung, eine Selbstaufgabe, die sich zu einer Depression entwickeln kann. Diese Individuen verhalten sich ähnlich wie die Pseudoeinsamen, die darüber klagen, dass niemand auf sie zukommt, oder genauer gesagt, dass niemand Interessantes auf sie zukommt, während sie selbst nie auf andere zugehen. Dieses Rückzugsverhalten entspringt einer Verachtung der Welt:

Seit sie von ihrem Mann verlassen wurde, hat Emma, 62, Ärztin im Vorruhestand, aufgehört zu leben. Während sie ihr ganzes Leben lang beruflich äußerst aktiv war, interessiert sie sich jetzt für gar nichts mehr. Es handelt sich nicht um eine reaktive Depression, wie man sie häufig nach dem Zerbrechen einer Beziehung antrifft, sondern um eine Gleichgültigkeit, die sich nicht durch Antidepressiva beeinflussen lässt. Emma kann sich ein Leben ohne ihren Mann nicht vorstellen. Sicher zwingt sie sich dazu, Freunde zu treffen, aber im Grunde interessiert sie das nicht.

Manchmal führt auch mangelndes Selbstvertrauen dazu, sich abzukapseln: «Ich halte Distanz, denn ich bezweifle, dass sich jemand für mich interessieren kann. Die Leute haben Besseres zu tun, als sich mit mir abzugeben.» Stefan, 34, Pflegehelfer:

Was mich aus dem Gleichgewicht bringt – ich würde sogar sagen, was mir wehtut –, ist, dass ich nicht in diese Welt passe. Natürlich mache ich meine Arbeit gut, ich bin umgänglich, überall gern gesehen, aber ich habe oft das Gefühl, dicht an der Grenze zu sein, dass eine Kleinigkeit genügte, um meine Deplatziertheit auffliegen zu lassen.

Wenn man sein Leben lang für ein einziges Ziel oder eine einzige Person gelebt hat, kann man nach ihrem Verschwinden rasch vereinsamen. So stehen diejenigen, die nur für ihre Arbeit gelebt haben, oft hilflos da, wenn sie in den Ruhestand treten. Und ebenso erleben Menschen, die in einer Beziehung nur füreinander da waren, nach ihrer Trennung einen völligen Zusammenbruch. Diese schwachen, verwundbaren Personen sind die bevorzugten Opfer der Sekten, die ihre Angst vor der Einsamkeit nutzen, um sie anzuheuern: «Kommt zu uns, hier seid ihr nie mehr allein, wir sind eine große Familie!»

Und dennoch kann die Tatsache, dass man mit einem Mal allein dasteht, auch eine Gelegenheit sein, um die eigene Innenwelt zu erkunden, denn das Nachdenken, das Heranreifen von Gedanken kann nur in einer gewissen Abgeschiedenheit zustande kommen. Diese mehr oder weniger bewusste und verinnerlichte Feststellung veranlasst eine wachsende Zahl unserer Zeitgenossen, sich für das Alleinleben zu entscheiden, ohne sich deswegen von den anderen abzusondern, und in dieser Einsamkeit eine neue Fülle zu finden.

13 Die Entscheidung für die Einsamkeit

«Ich finde mich damit ab, so zu leben, wie ich bisher gelebt habe,
allein, umgeben von meiner Menge berühmter Männer,
die mir den Freundeskreis ersetzen, mit meinem Bärenfell am Boden,
da ich doch selber ein ungeselliger Brummbär bin.»
Gustave Flaubert, aus einem Brief an seine Mutter

Der Entschluss zur Einsamkeit fällt sicherlich schwer in einer Zeit,
die auf leichte Lösungen drängt, aber oftmals eröffnet sie ein reiches
und kreatives Innenleben. Gegenüber dem «immer mehr» unserer
hyperaktiven Gesellschaft tut sich immer häufiger das Bedürfnis
nach frischer Luft, nach leerem Raum kund, das Verlangen, die
wesentlichen Dinge unseres Lebens nach ihrer Bedeutung einzustufen,
um nach Sinn und Liebe zu suchen. In der Tat lässt uns
unsere Welt wenig Platz für die Einsamkeit. Was zählt, ist das «Zusammenleben».

Sich regenerieren

Während viele in ihrer Arbeit und Freizeit geschäftig umherwirbeln,
um nicht zu sehen, dass sie allein sind, verspüren andere im
Gegenteil und in Reaktion auf diesen Tätigkeitsdrang das Bedürfnis,
sich von zahlreichen lästigen Verpflichtungen zu befreien.
Wenn man permanent beschäftigt oder gehetzt ist, hat man keine
Gelegenheit, sein Denken weiterzuentwickeln. Nachdenken bedarf
eines Freiraums, und manchmal muss man in der Lage sein, eine
Weile «brachzuliegen», um seinem Boden neue Kraft zu verleihen.
In unserer heutigen Welt ist es schwer, einen Ort zu finden, wo man
allein und in Stille sein kann. Ob Mobiltelefone, MP3-Player, Hin-

tergrundmusik in Geschäften, Flugzeugen oder Hotelhallen, unser Hörsinn ist einer ständigen Überreizung ausgesetzt. Übrigens ist Lärm im städtischen Alltag jedem so zur Gewohnheit geworden, dass viele Leute sich unwohl fühlen, wenn er plötzlich verschwindet. Dazu Nadia, 42, verheiratet, zwei Kinder, kaufmännische Angestellte:

Ich führe ein sehr aktives Leben. Ich bin eine gewissenhafte, zuverlässige Frau. Wenn ich als Kind meine Schulaufgaben beendet hatte, sagte meine Mutter zu mir: «Hast du nichts zu tun?» Und dann suchte sie mir Beschäftigungen: in der Küche helfen, mein Zimmer aufräumen, Einkaufen gehen. So habe ich gelernt, effizient zu sein. Heutzutage werde ich bei der Arbeit den ganzen Tag lang von den anderen bedrängt, ich muss immer für sie da sein, mich dazu zwingen, liebenswürdig zu sein, und mich dabei vergessen. Wenn ich nach Hause komme, nehmen mich meine Kinder in Beschlag, sie verlangen, dass ich nur für sie da bin. Mein Mann ist sehr besitzergreifend, auch wenn er das nicht zugibt, und wenn ich mal mit meinen Gedanken woanders bin, ist er sofort überzeugt, dass ich mich von ihm loslöse. Dann muss ich ihn beruhigen.

Ich brauche Raum, ein Anderswo, wo ich ganz für mich bin. Mir fehlt ein freier Raum, wo ich nicht erreichbar bin, ohne Handy, ohne Computer, wo ich alle Einladungen absagen kann, um mich mit einem guten Buch unter meine warme Bettdecke zu verkriechen. Ich würde gern weit weggehen, ans Ende der Welt, auf eine Insel, wo ich niemandem Rechenschaft schuldig bin. Allein losmarschieren, um meinen Gedanken freien Lauf zu lassen, um meine Innenwelt wiederzufinden, um meine Fantasie spielen zu lassen. Aber in dem Leben, das ich führe, gibt es dafür überhaupt keinen Platz.

Jeder benötigt seine eigene Dosis an Einsamkeit. Egal, ob man allein, in einer Beziehung oder in einer Familie lebt, es ist wichtig, sich – und dem anderen – Zeit und Raum zum Alleinsein zu lassen, denn den anderen lieben heißt, seinen unzugänglichen Teil zu akzeptieren. Das erklärt vermutlich die derzeitige Begeisterung für Gärtnerei und Heimwerkerei. Sagte doch schon Montaigne: «Wir müssen uns einen Nebenraum vorbehalten, ganz für uns allein, ganz offen, in dem wir unsere wahre Freiheit und Zuflucht und Einsamkeit einrichten.»[1] Anna, 56, sagt, dass sie immer das Bedürfnis nach Raum um sich verspürt hat:

Als ich klein war, hat mich meine Mutter immer mit ihrer Anwesenheit in Beschlag genommen. Sie ließ mich nie allein. Da wir nicht viel Geld hatten, habe ich nie ein eigenes Zimmer gehabt, bis ich volljährig war. Ich brauchte Ruhe, und meine Mutter war geschwätzig. Darum gab ich vor, dass ich Schulaufgaben zu machen, Lektionen zu lernen hätte, um mich zurückziehen zu können. Nach meiner Ausbildungszeit habe ich geheiratet. Aber obwohl ich meinen Mann liebte, war das Zusammenleben mit ihm eine Last, denn er drang auf eine enge Bindung ohne Freiraum. Er wollte, dass wir alles zusammen machten: Wenn er zum Beispiel fernsah, verstand er nicht, dass ich mich lieber irgendwo hinsetzen wollte, um in Ruhe zu lesen.

Jetzt lebe ich allein, ich mache allein Urlaub. Ich treffe mich mit Freunden, aber nur wann ich will, also nicht allzu oft. Wenn ich eingeladen werde, kommt es vor, dass ich meine Arbeit als Ausrede benutze, um abzusagen. Ich fühle mich nicht einsam, denn es gibt Leute, die ich mag und die mich mögen. Meine echten Freunde haben verstanden, dass ich einen Freiraum brauche, und drängen sich nicht auf.

Über einen Raum zu verfügen, in den man sich zurückziehen kann, ist ein Luxus, der nicht allen vergönnt ist, so die Werbung von Renault für sein Modell «Espace»: «Raum ist Luxus.» Darum suchen immer mehr Menschen sich an entlegenen Orten, in irgendwelchen Refugien oder in Klöstern von ihrer Kruste aus Leistungsdruck und Stress zu «reinigen». In einer Zeit, in der Aktion und Unverzüglichkeit absoluten Vorrang haben, ist es in der Tat notwendig, dass man sich einen Raum für die Meditation und die Innenwelt der Gefühle bewahrt, dass man es wagt, sich den äußeren Anforderungen und der allmächtigen Kommunikation zu entziehen, den Fernseher auszuschalten und seinen MP3-Player für eine Weile beiseitezulegen.

Wenn wir unsere fortwährende Flucht beenden wollen, müssen wir uns die Zeit nehmen, in unser Inneres hineinzuhorchen, denn die Angst vor Einsamkeit und Stille schafft eine Gesellschaft, die keine Tiefe kennt. Lara, 45:

Meine Lebensgefährten und meine Freunde haben immer Mühe gehabt, meinen Hang zum Alleinsein zu verstehen. Auch wenn man mich für eine äußerst gesellige Frau hält, empfinde ich die Präsenz der anderen im Alltag als lästig. Als ich noch verheiratet war, wartete ich immer ungeduldig darauf, dass mein Mann auf Geschäftsreise ging. Er war jedes Mal betrübt: «Wirst du dich nicht langweilen?» Aber ich freute mich: endlich

Zeit für mich, tun können, was ich will, nichts für das Abendessen planen, nicht reden müssen. Sicher kann man mir entgegenhalten, dass das sehr einfach ist, da ich ja immer sicher war, dass er zurückkäme, aber seitdem wir uns getrennt haben, habe ich nie einen Mann in meinem Alltag zu Hause gewollt.

Wenn wir immer nur agieren und reagieren, kann es passieren, dass wir zu Gefangenen unserer Gewohnheitsmuster werden. Um sich daraus zu befreien und neue Funktionsweisen zu erlernen, ist es wichtig, sich in einen freien Raum zu begeben, in eine Art Schleusenkammer, die es ermöglicht, dass sich die vorausgegangenen Erfahrungen langsam setzen. Es handelt sich dabei nicht um eine weltverachtende Flucht, sondern um das Bedürfnis, in sich zu gehen, damit die neue Stille an Tiefe gewinnt. Es ist eine innere, reiche Erfahrung, die es gestattet, sich wiederzufinden, fern aller Unruhe der Welt.

Man selbst sein

In dem Moment, da die Partner immer anspruchsvoller geworden sind, hat das Alleinleben, oder zumindest das Nichtzusammenleben, auch den Vorteil, dass man nicht mehr den Blick des anderen fürchten muss. Man kann unbekümmert essen, was und wann man will, kann morgens in einer alten bequemen Hose und in Pantoffeln herumlaufen usw. Es geht nicht darum, sich gehen zu lassen, sondern einfach darum, sich wohlzufühlen, ohne die immer strengeren Vorwürfe und Urteile des Partners fürchten zu müssen. Es entsteht eine Art Friede, wenn man allein lebt, wenn man gewisse Schwächen nicht zu verbergen braucht. Gina, 51:

> Endlich kann ich es mir erlauben, untätig zu sein. Ich bin glücklich, endlich Zeit für mich zu haben, nicht gezwungen zu sein, jeden Abend oder jedes Wochenende etwas zu unternehmen.

Wenn man ledig ist, existiert eine Verfügbarkeit, die einen veranlasst, Unbekannte anzusprechen und neue Bekanntschaften zu machen. In der Ehe – selbst wenn sie nicht symbiotisch ist – neigt man dazu, sich auf den familiären Kern zu konzentrieren, sich seltener mit Freunden zu treffen, während für den Single das affektive Leben außerhalb stattfindet; es steht einem reicheren Gesellschaftsleben offen: Freunde, kulturelle Veranstaltungen, Vereins- und ehrenamtliche Tätigkeiten.

In einer Zeit, in der, wie wir gesehen haben, die meisten ein angepasstes, uniformes Dasein führen, ermöglicht es das Alleinleben, die eigene Persönlichkeit zu entwickeln, das eigene Denken zu festigen. Es fördert die Freiheit und eine kritische Geisteshaltung. Es bedeutet, keine Macht über den anderen auszuüben, wie auch zu verhindern, dass man von dem anderen beherrscht wird. Es bedeutet, sich als den zu akzeptieren, der man ist, und nicht die anderen für das eigene innere Unbehagen und die eigenen Unzulänglichkeiten verantwortlich zu machen. Frei sein heißt, man selbst sein, sich genügend lieben, damit das eigene Glück nicht allein vom anderen abhängt. Wenn einem hinreichend bewusst ist, wer man ist, und wenn man das akzeptiert hat, kann man es ertragen, allein zu sein, sich anders als die anderen zu wissen und sich dennoch nicht wegen des Urteils der anderen zu sorgen, wie Gina bezeugt:

> Ich habe aufgehört, die Beziehungen zu anderen zu idealisieren. Ich habe meine Portion an Enttäuschungen und Desillusionen gehabt. Heute kommt meine persönliche Entfaltung eher über eine Harmonie mit mir selbst und der Natur zustande, weniger über Liebesbeziehungen.

Alle unsere Fähigkeiten entstehen und entwickeln sich in einer von uns akzeptierten Stille und Einsamkeit. Wenn der Mensch allein ist, kann er nur auf sich selbst vertrauen, er ist gezwungen, seine eigenen Ressourcen zu erkunden. Wie Robinson Crusoe auf seiner Insel muss er alles neu finden, ohne sich auf andere stützen zu können. Das Alleinleben mit all den daraus erwachsenden Schwierigkeiten lehrt einen Demut, nötigt einen, sich keine Illusionen über sich selbst zu machen: «Ich bin nur das, was ich bin, und ich kann mich nur über mich selbst beklagen.» Daniel, seit Langem arbeitslos, 60:

> Seit meine Frau weg ist und ich keine Arbeit mehr habe, bin ich vollkommen allein. Es liegt eine Art Wohlgefühl und Erleichterung in dieser Einsamkeit, als würde ich endlich die äußerste Grenze kennenlernen. Ich

gelange ans Nichts, an eine Art Strichmännchen. Ich stehe mir gegenüber, mir und meinem Körper, mir und meinem Leid. Ich sitze eindeutig lieber allein vor einem Bier in einer Kneipe als in Gesellschaft einer Frau oder einer anderen Person, mit der sich nichts ereignet. Ich brauche jemanden, der meinem Denken aufhilft, der mich anregt und bereichert. Natürlich wird man durch alle, die einen lieben, ein wenig bereichert, aber man muss sie erst einmal finden und verstehen.

Eine Initiation

Das Alleinsein kann auch als eine Initiation, eine Lehre, eine Suche nach sich selbst akzeptiert werden, denn zur Wahrheit des menschlichen Daseins gelangt man erst in dem Moment, da man sich der absoluten Leere gegenübersieht. Sich seiner Einsamkeit stellen heißt, seiner Angst vor dem Tod ins Auge zu sehen. Leider ziehen viele es vor, sich zu vergnügen, anstatt – wie Pascal sagte – «allein in einem Zimmer zu bleiben». Die Einsamkeit treibt uns dazu, unsere Grenzen zu überwinden, sie gibt uns Kraft und Inspiration, denn sie bringt uns in direkten Kontakt mit uns selbst. Sie ermöglicht es, uns selbst kennenzulernen und uns zu akzeptieren. Einige wesentliche seelische Erfahrungen können wir nur in unserem Innern machen.

Einige Autoren unterscheiden zwischen freiwilliger und unfreiwilliger Einsamkeit. Dabei wird aber vergessen, dass dieser Zustand stets einen Lernprozess erfordert: Ein zu Anfang aufgezwungenes Alleinsein kann in der Folge positiv aufgenommen und integriert werden und schließlich eine Innenwelt eröffnen. Es handelt sich übrigens nicht um einen absoluten Zustand, sondern um eine relative Situation. Wir alle haben Augenblicke der Einsamkeit erlebt, die wir mehr oder weniger leicht ertragen haben, und werden im Laufe unseres Lebens weitere erleben. Das ist nicht schlimm, wenn wir die Einsamkeit lieben lernen, wenn wir lernen, in ihr eine Gelegenheit zur Weiterentwicklung und Kreativität zu sehen. Wo aber ist die wahre Einsamkeit?

Nehmen wir als Beispiel Inès: Sie hatte noch nie allein gelebt. Sie verließ ihr Elternhaus und zog mit ihrem ersten Ehemann zusammen, mit dem sie Kinder hatte. Nach ihrer Scheidung fand sie sofort einen neuen Lebensgefährten, danach einen anderen, sodass sie in dieser Zeit nie mit der Einsamkeit konfrontiert wurde. Erst als ihr zweiter Ehemann sie auf brutale Weise verließ, erfolgte bei ihr der Zusammenbruch, und sie litt furchtbar unter dem Alleinsein. Immerhin war sie damals von Freunden umgeben, die sich um sie kümmerten. Ihr Schmerz kam aber nicht von der Einsamkeit, sondern von der Abwesenheit, dem Verlust eines geliebten Menschen: «Er liebt mich nicht mehr. Wird mich danach noch jemand lieben können?»

Dank ihrer schöpferischen Fähigkeiten und einem recht fest umrissenen Selbstbild gelang es ihr, nach und nach aus ihrer Depression heraus und zu sich zu finden. Heute geht es Inès gut, sie hat Pläne, macht wieder Musik, gibt Feste, unternimmt Reisen, nur ist sie noch immer ohne Liebe. Ist das noch Einsamkeit? Wahrscheinlich empfindet sie es an manchen Abenden so, aber sie versichert, dass sie ihr Leben als Ehefrau nicht bereut und dass sie endlich entdeckt hat, wer sie wirklich ist.

Die Einsamkeit verändert uns im guten wie im schlechten Sinne. Einigen verleiht sie Weisheit, andere erfüllt sie mit Bitterkeit. Sie kann wie eine Initiation wirken, die uns dazu bringt, unser Bestes zu konzentrieren, aber genauso kann sie uns rachsüchtig, verbittert und hartherzig machen. So ziehen manche der Gesellschaft ihrer Mitmenschen die Einsamkeit vor, denn sie erlaubt ihnen, in Ruhe ihr Unglück wiederzukäuen und in ihrem Wehklagen zu schwelgen, wie Daniel:

> Ich will nicht, dass sich jemand in mein Privatleben drängt. Zum einen ertrage ich es nicht, dass man mir mein Terrain streitig macht, und andererseits fürchte ich, dass man aus der Nähe bemerkt, dass ich gar nicht so gut drauf bin.

Wenn die Isolation zu lange andauert und dabei zugleich auf die Ablehnung der anderen stößt, kann sie mangels jeglichen Austauschs zur Vereinsamung führen. In diesem Fall vermag der Betreffende den Trubel und die Ticks der anderen nicht länger zu ertragen. Er kapselt sich ab und bemerkt nicht einmal mehr, wenn jemand ihm helfen will.

> Emma, eine Frau im selben Alter wie Inès, wird plötzlich von ihrem Ehemann verlassen. Aber im Gegensatz zu dieser passt sie sich nicht ihrer veränderten Situation an, sie lehnt sie ab. Sie besitzt die intellektuellen und kulturellen Fähigkeiten, die es ihr erlauben würden, sich einem

neuen Leben zu öffnen, aber sie will nicht und verharrt in ihrer Opfer-
haltung. Ihre Freunde bemühen sich, sie aufzurichten und zu zerstreuen,
aber sind es wahrscheinlich irgendwann müde. Aus ihrer Verlassenheit
baut sich Emma eine Einsamkeit der Ablehnung auf.

Die Beispiele von Inès und Emma zeigen, wie das Durchleben einer
Einsamkeit es ermöglicht, das eigene Schicksal zu gestalten. Nicht
jeder ist fähig, «in sich hinabzusteigen», aber man kann es erlernen.
Auf diese Weise kann man zu einer Art Weisheit gelangen, um
seinem Leben einen Sinn zu geben, kann einen positiven Zustand
erreichen, der es einem gestattet, sich auf die Suche nach sich selbst
zu machen. Diese zum Nachdenken und für eine Suche nach inne-
rem Frieden notwendige Zeit erlaubt es einem, von einer Welt des
Scheins Abstand zu gewinnen. Anne:

> Ich muss in regelmäßigen Abständen ganz für mich allein sein. Nur so
> kann ich mich schützen. Es kommt vor, dass ich tagelang keinen Men-
> schen sehe. In diesen Fällen gehe ich nicht ans Telefon und rufe auch
> meine E-Mails nicht ab. Ich regeneriere mich.

Wie um einer Zeit zu trotzen, der es an Sinn fehlt, sind viele auf der
Suche nach einer transzendentalen Wahrheit. Sie beginnen, auf sich
und die anderen zu horchen. Angesichts der Unruhe der Welt streben sie nach einer Seelenruhe, die aus Mäßigung und Harmonie
entsteht. Es gilt, eine Art neutralen Zustand zu erreichen, ohne Leid
und ohne Vergnügen, ähnlich der Ataraxie der Stoiker.

Initiationsreisen

Die überzeugten Anhänger des Alleinreisens sehen in dieser Form
des Tourismus die absolute Freiheit verwirklicht: die Freiheit, den
Rhythmus der Reise selbst zu bestimmen, Pläne im letzten Moment
zu ändern und vor allem neue Bekanntschaften zu machen. Es ist
eine Gelegenheit, sich besser kennenzulernen, über sich selbst hin-
auszuwachsen, Vertrauen in sich zu fassen, indem man seine Eigenständigkeit unter Beweis stellt. Man kann Zwischenbilanz ziehen
und, warum nicht, ein Reisetagebuch führen oder einfach einzelne
Reiseeindrücke notieren.

Ein Ausflug zu mehreren ist zwar einladender und lustiger, aber er zwingt zur Einhaltung bestimmter Rahmenbedingungen, eines gemeinsamen Rhythmus. Die Präsenz eines Reisegefährten beeinträchtigt oft die Aufmerksamkeit gegenüber der Umgebung; der andere verstellt den Raum und verhindert, dass man sich der Landschaft öffnet. Das Wandern ohne Begleitung hingegen gestattet einem, seinen Gedanken freien Lauf zu lassen und in jedem Sinne des Wortes das Weite zu suchen. Es gibt einem Freiheit und ist eine geistige Wohltat. Es ist, als würde die Persönlichkeit in den Hintergrund treten, während der Blick auf die Natur geschärft wird, als würden alle in der Einsamkeit empfundenen Gefühle konzentriert, die die Anwesenheit eines anderen nur verwässern könnte. Jenny, 42, Krankenschwester:

> Wenn ich allein bin, habe ich Wallungen von Glück, Anwandlungen von Jugendlichkeit, ich fühle in mir eine unendliche Verfügbarkeit. Alles ist möglich. Wenn ich in Begleitung bin, lenkt mich die Aufmerksamkeit, die ich meinem Begleiter oder meiner Begleiterin entgegenbringen muss, von der Landschaft ab und verhindert andere mögliche Begegnungen. Oft sagt man zu mir: «Willst du diese Freude nicht mit anderen teilen?» Sicher, aber oft dämpft der andere meine Begeisterung, oder er kommt mit irgendetwas Belanglosem aus dem Alltag und verdirbt meine innere Bereitschaft.

Wenn man allein reist, stört man in keiner Weise die Ordnung der Welt. Es kommt zu Begegnungen, die in Begleitung nicht stattfinden würden, denn der Alleinreisende ist gezwungen, sich an Unbekannte zu wenden. Die lokale Bevölkerung geht viel bereitwilliger auf ihn zu, denn er ist leichter anzusprechen, sie hat vor ihm weniger Scheu, vielmehr erweckt er ihre Neugier. Man möchte ihm behilflich sein, ihm Ratschläge geben, ihn über die Gegend unterrichten. Man bringt ihm Sympathie entgegen, denn man bewundert seinen Mut, und manchmal, wenn man sich der Schwierigkeiten des Alleinreisens bewusst wird, erregt er sogar Mitgefühl. Christine, 53, ledig, hat begonnen, allein durch Afrika zu reisen, um ihrer Kontaktarmut in Paris zu entfliehen. Sie kennt Afrika gut und hat sogar Suaheli gelernt:

Ich fahre dort gewöhnlich mit Überlandbussen und den örtlichen Verkehrsmitteln und habe nie Probleme. Wenn man allein unterwegs ist, ist es viel leichter, vorne im Bus einen Platz zu finden und in der Menge zu verschwinden. Natürlich gehe ich keinerlei Risiko ein, ich sage, ich bin verheiratet und reise allein, weil mein Mann aus beruflichen Gründen in Frankreich bleiben musste. Ich stehe früh auf und gehe früh schlafen.

Das Herrliche, wenn man allein reist, ist, dass man nirgends stört. Es ist, als ob man gar nicht da wäre, man nimmt einfach alles in sich auf. Wenn man dagegen zu zweit ist, redet man untereinander, und da man mit dem anderen in einer engeren Beziehung steht, ist man für die Außenwelt weniger empfänglich. Sicher gibt es auch schwierige Momente am Ende des Tages, bei Einbruch der Nacht, wenn man die Tageserlebnisse gern mit jemandem teilen würde, aber die Wonne morgens beim Erwachen wiegt dieses Manko auf. In jedem Fall ist es besser, dass ich allein reise, denn wer wäre schon bereit, an manchen Tagen zwölf Stunden mit dem Bus zu fahren, nur um einen Sonnenuntergang an einem See zu bewundern? Überall begegne ich anderen Frauen, die allein reisen, aber Männern ganz selten. Warum?

Aus ähnlichen Gründen begeben sich auch die Einhandsegler, trotz Ängsten, Zweifeln und manchmal Notsituationen, auf die Suche nach sich selbst, fern aller Konventionen und Gewohnheiten, die das Leben im Umgang mit den anderen vergiften.

Die Entscheidung der Helden und der Schöpfer

Eine Liebesbeziehung ist nicht mehr die einzige Quelle des Glücks. Die Einsamkeit ist eine Öffnung, die es gestattet, sich von der Welt loszulösen, um sich anderen Möglichkeiten zuzuwenden, sei es der Kreativität, einer religiösen Hingabe oder ganz einfach der Liebe. Sie erlaubt es, sich ganz und gar auf das eigene Innenleben zu konzentrieren. Sich isolieren, sich zurückziehen kommt einer Art Läuterung, Erneuerung gleich. So kann man beobachten, wie immer häufiger ein persönliches Gleichgewicht gesucht wird, das die körperliche und die seelische Gesundheit einschließt, wobei Letztere als eine Lebenskunst und eine Suche nach Weisheit und Gelassenheit empfunden wird. Daher das wachsende Bedürfnis nach stillen Räumen, nach Stätten der Meditation. So ziehen sich in den letzten

Jahren immer öfter Menschen in Klöstern, egal, welcher Religion, vorübergehend zu Exerzitien zurück.

Der Mensch ist ein soziales Wesen, das sicher der Wechselbeziehung mit seinesgleichen bedarf, aber ebenso bedarf er eigener Interessen. Und viele in hohem Maße schöpferische Menschen, die in keiner Liebesbeziehung leben, führen dennoch ein sehr glückliches Leben, denn sie gehen mit Leidenschaft ihrer Arbeit nach und haben ein wichtiges Ziel vor Augen. Sie sind keineswegs asozial und unterhalten ein herzliches, umgängliches Verhältnis zu ihren Mitmenschen. Nicht zufällig haben Literatur, Film und Comic oft Einzelgänger als Helden inszeniert, die vermöge ihrer Unabhängigkeit notleidenden Personen helfen und «die Menschheit retten» konnten.

Generell bedürfen schöpferisch tätige Personen der Einsamkeit, denn sie suchen in ihrem Innern nach Material für ihr Werk. Die meisten Philosophen, Denker, Schriftsteller oder Mystiker haben ihre Inspiration in einem Dasein der Einsamkeit gesucht. Als er seinen *Discours de la méthode** zu schreiben beabsichtigte, verspürte Descartes das Bedürfnis, sich in einen «Ofen» (ein kleines, gut geheiztes Zimmer) einzuschließen, und Montaigne verließ seine berühmte «Bücherstube» nur, wenn es unbedingt nötig war. Andere ziehen sich in die Stille der Klöster zurück und praktizieren, wie Michaux sagte, «die Wissenschaft der entzückten Zurückgezogenheit». In seiner Dankesrede nach der Verleihung des Literaturnobelpreises 2006 verwies der türkische Schriftsteller Orhan Pamuk mit Nachdruck darauf, wie notwendig es für ihn als Schriftsteller sei, «allein in einem Raum zu verweilen, um sich unter die Menge seiner Träume zu mischen».

Auch weniger berühmte Menschen fassen den Entschluss, sich von der Welt zurückzuziehen. Ob Leuchtturmwärter, Forscher, Einhandsegler, Mönche oder Nonnen, sie alle haben sich für eine Tätigkeit entschieden, die es ihnen gestattet, ganz ihrer Liebe zur Natur und ihrem Hang zur Einsamkeit zu leben. So verbringt der Franzose David Grangette sechs Monate im Jahr allein auf einer Insel des Kerguelen-Archipels, um dort seine Schafe zu hüten.[2] Wie

* «Abhandlung über die Methode des richtigen Vernunftgebrauchs und der wissenschaftlichen Wahrheitsforschung»,1637 *(Anm. d. Ü.)*.

viele Einzelgänger sagt auch er, dass er schon als Kind sehr schüchtern gewesen sei und das Alleinsein liebte. Später, als Erwachsener, hatte er dann das Glück, eine Tätigkeit zu finden, die es ihm noch heute gestattet, sein Bedürfnis nach Einsamkeit zu befriedigen. Die Entscheidung für die Einsamkeit, die sich früher ausnahmsweise auf die Bereiche des Religiösen und des Heldentums beschränkte, ist heute zu einer Option geworden, die jedem offensteht, wie ein teures Geschenk, das man sich selber machen kann.

Aber selbst noch in unserer Zeit erscheint die Einsamkeit manchen verdächtig und macht ihnen Angst. Sie soll eine atypische Situation, eine Ausnahme bleiben. Man akzeptiert sie bei einigen starken Persönlichkeiten, bei außergewöhnlichen Temperamenten, bei Sonderlingen und bei Verrückten gemäß einer alten Tradition. So wurde in den Klöstern zu viel Alleinsein mit der Sünde in Verbindung gebracht (ein Mönch war verpflichtet, sich zum Gebet zurückzuziehen, aber seine Einsamkeit durfte ein bestimmtes Maß nicht überschreiten, sonst lief er Gefahr, in die *Acedia*, eine Art Trägheit des Herzens und des Geistes, zu verfallen, einen Zustand, der die Vernachlässigung der religiösen Pflichten nach sich ziehen konnte).

In der Tat ist Alleinsein gewagt, ja gefährlich. Manchmal wirkt es wie eine Droge, nach der man süchtig wird. Erinnern wir uns nur an den Segler Bernard Moitessier: 1968, als er bei der ersten Einhand-Weltumsegelungsregatta ohne Zwischenstopp in Führungsposition lag, weigerte er sich, die Ziellinie zu überqueren, verließ die Regatta und brach zu einer neuen Weltumsegelung auf: «Ich segele ohne Unterbrechung weiter mit Kurs auf die Pazifikinseln, weil ich auf See glücklich bin, und vielleicht auch, um meine Seele zu retten.»

Dem Entschluss zu einem Leben in Einsamkeit stehen folglich viele weiterhin ablehnend gegenüber, unter anderen auch einige Psychoanalytiker wie Alain Valtier: «Allein lebt man in Ermangelung eines Besseren, weil es einem nicht gelingt, eine Zweierzelle zu gründen. [...] Allein leben ist niemals ein Projekt.»[3] Seiner Ansicht nach gibt es sozusagen die Begabten, die es geschafft haben, eine Beziehung aufzubauen, und dann die anderen, die die Prüfung nicht bestanden haben.

Für die anderen verfügbar sein

Der Entschluss zur Einsamkeit bedeutet keine Ablehnung der anderen noch Gleichgültigkeit gegenüber den anderen, sondern ein Abstandnehmen, das in unserer Zeit, in der enges Zusammenleben angesagt ist, zu Unrecht als generelle Verweigerung gedeutet werden kann. Alleinsein schließt nicht die Anwesenheit des anderen aus, denn wenn ich mit mir selber in Frieden lebe, werde ich dadurch zwangsläufig offener und empfänglicher gegenüber anderen: Es geht schlicht und einfach darum, sich nicht von dem anderen ausnutzen zu lassen. Um für die anderen verfügbar zu werden, muss man zuvor sich selbst gegenüber wach werden, mit sich selbst im Reinen sein. Diese Erfahrung machte Gina, 51:

> Eigenartigerweise fühle ich mich weniger einsam, seit ich allein lebe. Als ich noch verheiratet war, war ich ununterbrochen mit dem Haushalt, den Kindern und meiner beruflichen Arbeit beschäftigt. Wenn wir Gäste hatten, sorgte ich mich mehr darum, dass alles perfekt war, als darum, einen netten Abend zu verbringen. Wir luden uns immer unter Ehepaaren ein ... Heute treffe ich mich und unterhalte mich, mit wem ich will, und gehe mehr aus als früher ... Insgesamt bin ich für die anderen viel verfügbarer, und natürlich kommen auch die anderen mehr auf mich zu.

Allzu oft wird Einsamkeit mit Narzissmus verwechselt, aber in Wirklichkeit handelt es sich dabei um entgegengesetzte Prozesse: Der Narziss ist allein, weil er von Spiegeln umgeben ist, die ihn daran hindern, die anderen um ihn herum wahrzunehmen. Der Einsame hingegen stützt sich und vertraut auf sich selbst. Pascal sagte: «Der Mensch, der nur sich selbst liebt, hasst nichts so sehr, als mit sich allein zu sein.»

Zu Unrecht verbindet man die Einsamkeit mit Egoismus und Egozentrismus, denn das Alleinleben – und insbesondere das Ledigendasein – kann eine Öffnung gegenüber der Welt beinhalten, die in einer Paarbeziehung so nicht möglich ist, und die Einsamkeit ist manchmal die treibende Kraft, um seinem Leben eine andere Richtung zu geben. Die Schwierigkeit, in einer ungewissen Welt feste Beziehungen aufzubauen, veranlasst die Menschen, sich anderen Zielen zuzuwenden. Affektiver Mangel, Scheitern und Leiden dienen dann als Ansatz, um sich weiterzuentwickeln. Man kann daraus neue Kraft schöpfen, um neue Arten der Bindung für sich zu finden.

Da uns die Fähigkeit, allein zu sein, für die anderen verfügbarer macht, bringt sie uns auch der Liebe näher, nicht im Sinne einer flüchtigen Liebe auf den ersten Blick, sondern im Sinne einer innigen Gemeinschaft zweier Personen. Während viele noch in der Vorstellung leben, dass die Liebe ihre Einsamkeit beenden wird, ist es im Gegenteil die Fähigkeit zum Alleinsein, die uns für die Liebe verfügbar macht. Erst wenn wir nicht mehr glauben, dass der andere unsere Mängel beheben wird, wenn wir nicht mehr von ihm erwarten, dass er uns unsere Ängste nimmt, können neue Bindungen entstehen.

Die Einsamen sind in Bezug auf die Qualität ihrer Beziehungen zu anderen anspruchsvoller. Gegenüber einer Welt, in der die menschlichen Beziehungen sich immer mehr auf die Arbeit und den Sex beschränken, das heißt auf Kontakte, die auf Interessen und Verführung basieren, haben sich neue Formen von Gesellschaftlichkeit, Liebesbeziehungen, Solidarität und Freundschaft entwickelt: uneigennützige Beziehungen, die allein auf dem Vergnügen am Zusammensein beruhen. Man hält sich von der Oberflächlichkeit flüchtiger Bekanntschaften fern, um tiefer gehenden Freundschaften den Vorzug zu geben.

Auf diese Weise wurden zahlreiche kleine, unkonventionelle Gruppen und Vereinigungen ins Leben gerufen mit dem Ziel, gegen die Isolation und die Labilität der Beziehungen zu kämpfen, Stätten des Austauschs zwischen den Generationen, lokale Initiativen zur Schaffung neuer sozialer Bindungen. Desgleichen entstehen immer mehr freundschaftliche Beziehungen, die haltbarer sind als feste Paarbeziehungen. Sie überdauern oft verschiedene Lebensphasen und mehrere Partnerwechsel: Darunter sind Freunde, Kumpel, Bekannte und, mit Unterbrechungen, hin und wieder auch Liebesbeziehungen. Im Internet ist es möglich, Leute kennenzulernen, denen man nirgendwo sonst begegnet wäre und mit denen man sich wirklich austauschen kann, auch wenn dieser Austausch nur eine Facette von uns betrifft. In einer Welt, die sich als immer ungewisser erweist, ist es besser, mehrere Beziehungen gleichzeitig zu unterhalten, wodurch es möglich wird, jede Bindung den unterschiedlichen Facetten unserer Persönlichkeit anzupassen. In dieser neuen Art zu leben wird es mehrere Personen geben, die einem etwas bedeuten, man wird für niemanden mehr der «Einzige» sein.

Anmerkungen

Das Gefühl der Einsamkeit

1 Sitzungsprotokoll des Nationalkonvents vom 15. Floréal des Jahres II (Zitat: Jean Borie, *Le Célibataire Français*, Le Sagittaire, Paris 1976).

2 Michel HANNOUN, *Solitudes et sociétés*, PUF, coll. «Que-sais-je ?», Paris 1993.

3 Tzvetan TODOROV, *La Vie commune. Essai d'anthroplogie générale*, Seuil, Paris 1995. Deutsch: Abenteuer des Zusammenlebens. Versuch einer allgemeinen Anthropologie. Berlin 1996.

4 Jean-Louis PAN KÉ SHON, «Vivre seul, sentiment de solitude et isolement relationnel», *Insee première*, n° 678, Oktober 1999.

5 François DE SINGLY, *Libres ensemble. L'individualisme dans la vie commune*, Nathan, Paris 2000.

6 Jean-Claude KAUFMANN, *La Femme seule et le prince charmant*, Nathan, Paris 1999.

7 Serge CHAUMIER, *La Déliaison amoureuse. De la fusion romantique au désir d'indépendance*, Armand Colin, Paris 1999.

8 Gérard MERMET, *Francoscopie 2007*, Larousse, Paris 2006

9 Robert S. WILSON et alii, «Loneliness and risk of Alzheimer disease», *Archives of General Psychiatry*, vol. 64, n 2, 2007, S. 234–240.

10 *Le Monde*, 6. September 2006.

Die Unabhängigkeit der Frauen

1 *Le Monde*, 17. Januar 2007.

2 Siehe Margaret MARUAN (Dir.), *Femmes, genre, et sociétes, l'état des savoirs*, La Découverte, Paris 2005.

3 Pascale MOLINIER, *L'Énigme de la femme active*, Payot, Paris 2003.

4 Studie «LG Electroménager»/Ipsos, Januar 2005 (zitiert von Gérard MERMET, *Francoscopie 2007*, Larousse, Paris 2006).

5 Betty FRIEDAN, Der Weiblichkeitswahn oder die Selbstbefreiung der Frau. Reinbek 1970.

6 Siehe Michèle FITOUSSI, *Le Ras-le-bol des superwomen*, Calmann-Lévy, Paris 1988. Deutsch: Zum Teufel mit der Superfrau. München 1991.

7 (Originaltitel: *The Shore of Women*, 1986) Deutsche Erstveröffentlichung: 1993, Heyne Science Fiction & Fantasy 5060, Heyne, München, Übersetzung: Irene Bonhorst.

8 Alberto EIGUER, *L'Éveil de la conscience féminine*, Bayard, Paris 2002.

9 Françoise Lapeyre, *Femmes seules retirées loin des villes*, J.-C. Lattès, Paris 2003.

10 Es sei daran erinnert, dass in Frankreich die ärztliche Zeugungshilfe nur heterosexuelle Paare in Anspruch nehmen können, die sich im gebärfähigen Alter befinden und verheiratet sind oder den Nachweis erbringen, dass sie seit mindestens zwei Jahren zusammenleben (Bioethisches Gesetz von 1994).

Die Verwirrung der Männer

1 Christophe DEJOURS, *Souffrance en France*, Seuil, Paris 1998.

2 *Le Quotidien du médecin*, 25. Mai 2007.

3 Françoise HÉRITIER, «Privilège de la féminité et domination masculine», *Esprit*, 2001, Nr. 3–4.

4 Daniel ALOI, «Men overcompensate when their masculinity is threatened, Cornell study shows», 2. August 2005, <www.news.cornell.edu/stories/Aug05/soc.gender.dea.html>.

Die Veränderungen in der Paarbeziehung

1 Virginie DESPENTES, *King Kong théorie*, Grasset, Paris 2006.

2 Serge CHAUMIER, *La Déliaison amoureuse*, op. cit.

3 Zitiert von Évelyne LE GARREC, *Un lit à soi*, Seuil, Paris 1979.

4 Zygmunt BAUMAN, *L'Amour liquide. De la fragilité des liens entre les hommes*, Le Rouergue/Chambon, Rodez 2004.

Immer härtere Beziehungen

1 Irène THÉRY, *Le Démariage. Justice et vie privée*, Odile Jacob, Paris 1993.

Wenn die Arbeit einsam macht

1 Christophe DEJOURS, zitiert in L'Express, 17. Mai 2007.

2 Marie-France HIRIGOYEN, *Le Harcèlement moral. la violence perverse au quotidien*, Syros, Paris, 1998. (deutsch: *Mobbing – Wenn*

der Job zur Hölle wird. Seelische Gewalt am Arbeitsplatz – und wie man sich dagegen wehrt, München: Deutscher Taschenbuch Verlag 2004).

Die Illusionen der Kommunikation und des Virtuellen

1 Michel LEJOYEUX, Overdose d'infos. Guérir des névroses médiatiques, Seuil, Paris 2006.

2 *Le Monde*, 18. November 2006.

3 Harold PINTER, Die Kollektion. Fünf Dramen. Reinbek 1967.

4 Pascal LARDELLIER, *Le Cœur NET. Célibat et amour sur le Web*, Berlin, Paris 2004.

5 Jean ULLMAN, zitiert von Bruce BENDERSON, *Sexe et solitude*, Rivage poche, Paris 2001.

6 Lucía Etxebarria, *Aime-moi, por favor*, 10/18, Paris 2006.

7 «Se dévoiler sans s'exposer», Interview mit Serge TISSERON, *Le Nouvel Observateur*, 7. Dezember 2006.

8 Keru, virtueller Roboter, zitiert in *Le Monde 2*, 2. Dezember 2006.

9 Ariane BEKY, «Meetic: une internaute est condamnée pour usurpation d'identité», <www.neteco.com>, 26. Juni 2006.

10 Anthony GIDDENS, Wandel der Intimität. Sexualität, Liebe und Erotik in modernen Gesellschaften. Frankfurt a. M. 1993.

11 Richard POULIN und Amélie LAPRADE, *Hypersexualisation, érotisation et pornographie chez les jeunes*, <http://sisyphe.org/>, 7. März 2006.

12 Janis WOLAK et alii, «Unwanted and wanted exposure to online pornography in a national sample of youth internet users», *Pediatrics*, n° 119, 2007.

13 David LE BRETON, *L'Adieu au corps*, Métailié, Paris 1999.

Die Macht des Konsums und des Narzissmus

1 Miguel BENASAYAG, *Le Mythe de l'individu*, La Découverte, Paris 1998.

2 David RIESMAN, Die einsame Masse. Hamburg 1958.

3 Gilles LIPOVETSKY, *La Société de déception*, Textuel, Paris 2006.

4 LA BRUYÈRE, *Les Caractères*, Kapitel X: «De l'homme», De Gigord, Paris 1914. Deutsch: Charaktere. Vom Menschen. München 1968.

5 Alain EHRENBERG, *La Fatigue d'être soi*, Odile Jacob, Paris, 1998.

6 Sigmund FREUD, *Das Unbehagen in der Kultur*, 1929.

7 Charles MELMAN, *L'Homme sans gravité. Entretiens avec Jean-Pierre Lebrun*, Denoël, Paris 2002.

8 Maurice CORCOS, «Mise au point sur l'alexithymie», *Le Blog de Dominique Autié*, <http://blog-dominique.autie.intexte.net/blogs/index. php/all?cat=16>, 13. Juli 2005.
9 Maurice CORCOS, Olivier GUILBAUD und Gwenolé LOAS, «Métapsychologie de l'alexithymie dans les addictions, *Neuropsy News*, vol. 6, n° 2, März/April 2007.
10 Hervé CHNEIWEISS, *Neurosciences et neuroéthique. Des cerveaux libres et heureux*, Alvik Éditions, Paris 2006.

Die Datingsites
1 Andrew R. T. FIORE, *Romantic Regressions. An Analysis of Behavior in Online Dating Systems*, Master-Thesis, Massachusetts Institute of Technology, September 2004, <www.ischool.berkeley.edu/>.

Die Leidenschaftslosen
1 Ferdinand TÖNNIES, *Gemeinschaft und Gesellschaft. Grundbegriffe der reinen Soziologie,* Wiss. Buchgesellschaft, Darmstadt 2005.

Das Leben ohne Sex
1 *Le Monde*, 7. Dezember 2006.
2 *Le Monde*, 25. Oktober 2006.
3 Michel HOULLEBECQ, *Extension du domaine de la lutte*, Maurice Nadeau, Paris 1998. Deutsch: Ausweitung der Kampfzone. Berlin 1999.
4 Michel SCHNEIDER, *La Confusion des sexes*, Flammarion, Paris 2007.
5 Gérard MERMET, *Francoscopie 2007*, op. cit.
6 <www.asexuality.org>.
7 Élisabeth ABBOTT, *Histoire universelle de la chasteté et du célibat*, Fides, Montréal 2001.
8 Alain EHRENBERG, *La Fatigue d'être soi*, op. cit.

Die Fähigkeit, allein zu sein
1 Donald W. WINNICOTT, Die Fähigkeit zum Alleinsein; in: Reifungsprozesse und fördernde Umwelt. München 1974.
2 Rainer Maria RILKE, *Briefe an einen jungen Dichter*, Insel-Verlag, Frankfurt 2007.
3 Christian BOBIN, «L'irradiance du dénuement», in *La Grâce de solitude*, Albin Michel, Paris 2006.

Die Entscheidung für die Einsamkeit

1 MONTAIGNE, *Essais, I.* Von der Einsamkeit. Zürich 1953.
2 *Le Monde*, 5. Januar 2007.
3 «Débat: vivre en solo: un désir inconscient?», *Psychologie Magazine*, April 2003.

Psychologie bei C. H. Beck – eine Auswahl

Verlag C. H. Beck München